KB265673

고용복지론

적극적 노동시장 정책의 핵심

고용복지론

적극적 노동시장 정책의 핵심

김수원 · 박동현 · 오성욱 · 이승구 · 한태욱 지음

Welfare to Work

한국학술정보(주)

인간은 누구나 행복해지길 원한다. 이러한 행복의 문제는 과거나 현재의 상황보다는 미래와 관련된 어떤 것이다. 결국 우리는 앞으로 어떻게 살아가야 하는가의 문제를 가장 중요하게 여기게 된다. 미래는 단순하게 다가오는 시간만이 아니라 행복과 희망에 대한 기대를 의미한다. 사람들이 만약 미래에 대한 관심이 없다면 저축이나 교육에 대해서도 무관심해질 것이다. 미래의 보상은 현재의 희생과 투자를 통해서만 이루어지기 때문이다. 행복감을 느끼는 척도는 개개인에 따라 다르며 따라서 행복을 결정하는 요소는 다양하게 존재한다. 하지만 자신이 할 수 있는 일이 없는 상황에서 행복해질 수는 없다. 일을 한다는 것, 즉 직업이 있다는 것은 자신의 존재감을 확인하는 것이며, 가족의 생계를 유지하고, 사회를 위해 기여할 수 있는 계기가 된다는 것을 의미한다.

한국 사회에는 여러 가지 통과의례가 있다. 그중에서 좋은 직장을 잡는 것은 책임감 있는 사회인으로 성장하기 위해 반드시 필요한 절차이다. 그러나 일자리를 찾는다는 것은 외환위기 이후 불안정한 경제상황에 처한 우리의 형편에서 쉽지 않은 노릇이다. 최근 우리사회는 지속적인 경제적 곤란을 겪고 있다. 특히 지표상의 실업률은 완전고용의 상태이나 체감 실업은 반대로 점차 심화되고 있어 개인들의 안정적인 삶이 보장받지 못하고 있는 상황이다. 일을 한다는 것, 즉 노동자가 된다는 것은 미래의 안락한 노후를 기대하는 것이며 고용관계에 들어선다는 것은 정당한 사회적 대가였다. 자본주의 사회는 맡은 일을 잘하면 계속해서 일을 할 수 있게 해준다는 고용주와 고용인 간의 암묵적인 계약을 통해 유지된다. 그러나 이러한 계약이 종말을 맞이하였다. 특히 평생직장의 개념을 가지고 고용계약을 해왔던 이전의 관행이 무너지고 있다. 구조조정과 노동유연성, 비정규직 등의 문제는 이전의 관행이 무너지고 새로운 방식으로 고용계약이 이루어지고 있음을 보여준다. 또한 20세기 후반 이후 정보화로 인한 기술의 발전으로 여러 과정으로 분리되어 있던 생산방식이 점차 통합되고 그 과정에서 소수의 노동력을 통해 생산과정이 통제될 수 있는 상황이 전개되면서 산업 전반적인 재구조화(restructuring)가 진행되었다. '고용 없는 성장'의 시대가 시작된 것이다.

사회복지의 영역은 개인의 자선에서 시작되었다. 사회규모가 거대해지고 그 기능이 복잡해질수록 공동체 혹은 공적 영역으로서의 국가의 역할에 대한 요구가 점차 커지고 있다. 이러한 요구가 나타나는 영역이 복지사회와 복지국가에 대한 요청이며 정책으로서의 사회복지에 대한 기대감이라 할 수 있다. 한국사회의 경우 외환위기를 통해 공적인 영역에서의 사회안전망이라는 것을 처음으로 겪게 되었고, 이를 통해 다소나마 국민들은 위기를 감소시킬 수 있었다. 그동안 경제성장을 국가 발전의 최우선 목표로 추진해 오는 과정에서 대량실업 등 사회적 위험에 대비할 수 있는 안전망을 제대로 확보하지 못했고 이로 인해 개개인이 그 고통을 안아야 했다. 성장과 분배의 논리에 대해 성장보다는 분배를 우선시하는 최근의 국민의식은 개개인의 일상생활이 붕괴되는 경험을 한 불안심리의 반대급부적인 결과로 이해할 수 있다. 이러한 결과로 특히 고용문제는 기업과 노동자의 계약으로 이루어지던 관계를 넘어서 다양한 방식으로 사회적인 개입이 확대되고 있다. 즉 복잡하고 상호의존적인 산업사회의 형성으로 인해 다양한 사회문제에 대한 해결책이 정책적인 차원에서 필요하게 되었다는 것이다.

현대사회에 있어서 사회복지란 전체 국민을 다양한 방법과 차원에서 안전하게 할 수 있는 모든 사회적 노력의 총체라고 할 수 있으며, 이는 복지를 클라이언트에 대한 단순한 도움을 넘어서 모든 사회구성원들에게 기회를 제공하는 것으로 확대 해석할 수 있는 계기를 제공한다. 서구의 사회복지제도가 최근 무조건적인 복지를 지양하고 '일하는 복지', '선택적 복지' 등의 차원으로 변화하는 것은 복지의 수동적 보호의 영역에서 능동적이고 자율적인 권리와 의무의 영역으로 변화하고 있다는 것이며 이는 최근의 복지제도가 적극적인 정책적 개입으로 변화하고 있다는 것을 의미한다.

이러한 변화의 중심에서 다루어지고 있는 것이 고용정책이라 할 수 있다. 결국 복지제도는 끊임없는 사회적 재투자의 과정이며, 이를 선순환적으로 해결하기 위해서는 지속적인 성장과 투자가 병행되어야 한다. 성장과 분배 중 무엇을 우선시할 것인가의 문제는 아이에게 엄마와 아빠 중 누가 더 좋은가를 묻는 것과 마찬가지이다. 이런 차원에서 본다면 고용을 창출하고 고용의 질을 높이는 것은 현재 한국사회가 할 수 있는 가장 효율적인 복지제도의 실현이라 할 수 있다. 고용문제의 해결은 사회적 안전망을 더욱 공고히 하는 출발점이 되며, 따라서 이는 고용문제에 대한 정책적 개입으로서 보다 적극적인 복지의 영역이라고 할 수 있다. 또한 고용의 영역은 단순하게 노동의 계약만으로 이루어지는 것은 아니다. 고용의 문제는 현재의 문제일 뿐만 아니라 미래의 문제이기도 하다. 따라서 미래의 더욱 양질의 고용을 창출하기 위해 우리는 사회 각 분야에서 시간과 인력과 자본을 투자하고 있다. 이러한 결과 한국사회의 구성원들은 높은 단계의 기회를 가질 수 있게 되는 것이다. 본 저서는 고용문제와 그 해결의 영역이 적극적인 사회복지의 본질이 될 수 있을 것이라는 문제의식에서 출발한다. 결국, 우리 사회의 고질적인 문제인 양극화 의 해결과 절대다수 국민의 행복은 사회구성원 개개인이 스스로의 능력에 맞는 일을 찾고 그 대가를 합법적으로 얻는 것에서 출발하며, 이는 기회의 평등이라는 문제로 귀결될 수 있을 것이다.

　본 저서는 총 7장으로 구성되어 있다. 우선 고용복지의 개념과 접근방법, 보다 적극적인 노동시장 정책으로서의 고용복지에 대한 소개를 통해 아직 정확하게 개념화되지 못한 고용복지에 대한 개괄적 이해를 시도하였다. 두 번째로 한국의 노동시장 및 고용정책과 선진국의 사례, 그리고 최근의 고용이슈에 대한 소개를 통해 고용복지의 현실과 적용전략은 어떻게 구성될 수 있는지를 살펴보았다. 정책적인 측면에서 본 세 번째 글은 고용을 사회복지서비스의 한 영역으로 볼 때 실질적인 차원에서 나타나는 고용정책이 어떠한 절차와 과정을 거치는지를 살펴보기 위해 고용보험과 정부의 일자리 창출 정책을 살펴보고 현실적으로 적용할 수 있는 대안들을 제시해 보았다. 고용서비스론에서는 공공의 영역이 사적 영역에 어떻게 개입할 수 있는가를 알아보기 위해 고용을 정책서비스의 입장에서 바라보고, 그 중요성과 기능을 설명해 보았다. 또한 선진국의 고용서비스는 어떠한 과정을 통해 성립되었는지를 검토해 보았다. 고용문제는 단순히 일자리의 제공만을 의미하는 것이 아니며 보다 포괄적인 차원에서 접근해야 할 영역이다. 따라서 직업훈련은 미래의 고용시장을 질적으로 향상시키며, 또 다른 개념의 사회안전망의 역할을 담당하는 복지제도의 영역이라 할 수 있다. 이에 직업훈련은 어떤 역사적 발전을 해 왔으며, 한국 사회에서는 어떠한 의미를 가지고 있는지 해외의 직업훈련은 어떠한 방식으로 고용시장과 결합되어 있는지를 살펴보았다. 복지서비스의 일환으로 고용의 문제를 본다면 결국 어느 한 지점에서 클라이언트와 대면하게 된다. 원활한 서비스를 진행하는 데 있어 특히 고용문제라는 특수한 영역에서는 심층적 차원에서 직업상담이라는 서비스가 제공될 수밖에 없으며 이에 따른 상담의 기법과 주요 용어에 대한 해설을 첨부하였다. 고용복지의 영역은 더욱 적극적인 문제 해결을 위한 개입의 방식이다. 따라서 이전과는 다른 방식으로 접근해야 하며, 미래의 사회변화와 관련해서 설명해야 할 부분이다. 세계화와 정보화에 따른 고용시장의 변화와 고용복지 영역의 확대, 고용구조의 변화에 따른 기존의 산업사회적 조직문화의 변화와 재구성의 부분, 고용형태의 변화에 따른 노동의 변화 등을 설명하면서 고용복지의 미래에 대해 간략하게 설명하였다. 또한 인적 자원의 재투자와 분배의 차원에서 고용복지를 설명하기 위해 인적 자원관리와 직무분석, 경력개발의 지속성과 그에 따른 고용안정성의 문제를 통해 고용의 질적 수준을 높여야 한다는 차원에서 고용복지의 영역이 가지는 중요성에 대해 동시에 언급하였다.

최근 사회 각 영역에서 고용문제에 관심을 가진 연구자나 대학이나 대학원에서 사회복지 정책으로서의 고용에 대한 수업을 전공으로 하는 학생들이 점차 늘어가고 있다. 또한 사회복지시설이나 학교에서 진로지도에 종사하는 현장의 담당자들도 보다 전문적인 고용정책에 대한 이해와 전망이 필요한 시점이다. 하지만 이러한 요구에도 불구하고 고용정책과 연계된 복지의 개념을 쉽게 이해할 수 있는 참고 서적이 없었던 것이 현실이다. 이들에게 고용복지론의 탄생이 조금이나마 도움이 되었으면 하는 바람이다.

이 책은 고용문제의 해결이 현재 한국사회의 문제점을 풀 수 있는 방법이라고 생각하던 몇 분의 연구자들이 교재의 필요성을 동감하였던 만남에서 출발하였다. 세부적인 생각이 조금씩 다르고 개성이 다른 사람들이 모여 각자의 영역을 저술한 결과 생각보다는 많은 시간이 흘렀다. 글을 정리하면서 좀 더 쉽게 그리고 체계적으로 글쓰기를 하고 싶었지만 조금이라도 빠르게 자료를 만들어야 한다는 생각에 다소 거칠고 어색한 문장이 눈에 밟혀 죄송한 마음이 앞선다. 이 책과 관련된 모든 문제는 저자들의 공동책임임을 밝히며 부족하나마 고용문제에 관심 있는 많은 사람들에게 조금이라도 도움이 되었으면 하는 바람뿐이다.

2008년 9월
글쓴이 일동

V. 직업훈련기관 및 직업능력개발 프로그램 ····························183

I.

고용복지론

1. 고용복지 개념 접근

고용복지에 대한 개념은 아직 대중화되지 못한 생소한 개념이다. 따라서 이를 언급하기 전에 먼저 고용문제와 연계된 복지의 개념적 특성을 살펴볼 필요가 있다. 고용연계복지란 욕구에 근거한 복지대상자들의 급여수급조건을 국가의 공적 이전소득 대신에 노동이나 생산적 활동과 연계시켜 복지급여를 제공하는 것을 의미한다.

이와 관련하여 킬달(Kildal, 2001)은 유럽의 복지개혁과정에서 나타난 정책 프로그램 수준에 따라 적극적 노동시장정책(active labor market policy), 워크페어(workfare), 근로를 통한 복지(welfare – to – work)의 세 가지 유형으로 고용연계복지를 구분하였다. 톨핑(Torfing, 1999)은 취업촉진전략(labor force attachment model)과 인적 자본전략(human capital model)으로 구분하였다. 취업촉진전략은 복지수급자의 취업을 최단 시일 내에 이루어질 수 있도록 도와주는 것에 중점을 두며, 인적 자본전략은 복지수급자의 취업능력을 고취하기 위해 교육, 훈련에 중점을 둔다.

〈표 Ⅰ-1〉 취업촉진전략과 인적 자본전략 비교

구 분	취업촉진 전략	인적 자본개발 전략
목적	● 조기취업 또는 노동시장 편입 ● 일자리 우선	● 고용가능성 제고 　좋은 일자리를 위한 능력강화
내용	● 집중적인 상담 ● 구직활동 서비스 ● 교육 및 훈련서비스 제한적	● 교육, 구직상담 등 지원서비스 ● 노동시장편입을 위한 탁아, 의료서비스 연계
수단	● 급여 제재 및 노동시장 참여 조건화	● 교육과 훈련기회의 제공 ● 프로그램 참여의 일부 의무화
장점	● 목표의 명확성 ● 행정의 단순성 ● 비용 효용성	● 인적 자본함양을 통한 좋은 일자리로 상향 이동 ● 개인별 특성 고려
단점	● 개별적인 기능 / 기술함양에 소극적 ● 불안정한 취업	● 시간과 비용의 과다 ● 노동시장 수요부족 시 효과 의문

출처: Torfing J.(1999), Workfare with welfare: recent reforms in the Danish welfare state, Journal of European Social Policy, Vol.1. pp.5～28.
Kildal, N.,(2001), "Workfare Tendencies in Scandinavian Welfare Policies", ILO Working Paper, February, Geneva.

고용연계복지에 대한 용어도 미국은 workfare,[1] 영국은 welfare-to-work,[2] 덴마크나 스웨덴은 activation policies[3] 등 국가별로 상이한 용어를 사용하고 있는

---

1) workfare라는 용어가 처음 사용된 것은 1967년 미국의 노동유인정책에서이다. 존슨 행정부에 의해 추진된 1964년의 '빈곤과의 전쟁'에 의해 사회복지분야의 정부지출이 급격히 늘어난 것에 대한 보수층의 대안인 WIN프로그램에서 유래한다. 즉 국가의 부담을 줄이고 복지수급자의 접근 유인을 감소시키는 다소 반복지적이고 소극적인 의도가 포함된 의미로 사용된 것이다.
2) 1979년 집권한 대처정부는 작고 강한 정부라는 목표를 내세우고 과감하게 사회보장제도를 개혁함으로써 신자유주의 정책을 실시했다. 노동당은 새로운 정세변화에 대처하기 위해 새로운 방법으로 제3의 길을 제시하였으며 사회복지와 고용이 중심이 되는 새로운 패러다임으로 welfare-to-work 프로그램을 제안하였다.
3) 스웨덴 국정 목표에는 완전고용, 경제성장, 경제적·사회적 평등 확대, 물가안정, 공정한 배분, 지역 간의 균형, 그리고 쾌적한 환경이 포함되어 있다. 이 중 가장 우선적인 목표가 완전고용추구이며 1940년대 말 렌(Josta Rehn)과 마이드너(Rudolf Meidners)에 의해

데 다양한 복지수준과 초점에 따라 용어 사용이나 개념 정의에 대한 차이가 있다. 미국의 경우에는 상대적으로 비용절감이나 의존성 방지에 두었다면, 유럽의 경우는 권리와 의무의 균형적 조정에 중점을 두고 있다. 또한 정책목표나 주요 전략적 유형의 차이는 복지국가의 유형과도 밀접히 연관되어 있으며, 지배적인 이데올로기를 반영하고 있다고 볼 수 있다. 에스핑 – 앤더슨(G.Esping – Andersen)은 노동연계 복지전략을 노동시장으로 편입시키는 프로그램의 성격과 방식을 기준으로 복지국가를 구분하였다.

〈표 Ⅰ-2〉 에스핑-앤더슨의 복지국가 유형별 노동연계 복지전략비교

구 분		자유주의적 복지국가[4]	조합주의적 복지국가[5]	사민주의적 복지국가[6]
복지체계	정당화 논거	● 시장순응적 체제 ● 지배적 노동윤리	● 사회적 보호를 통한 정치적 안정화	● 사회적 시민권 ● 평등 추구
	노동 – 복지 체계	● 다수를 위한 시장 / 국가보험 ● 한계집단을 위한 자산조사형 부조 ● 사회프로그램에 대한 잔여적, 최소한의 접근	● 사회프로그램의 범주적 계획 ● 노동시장행위자의 조합주의적 관여	● 보편적 프로그램 ● 관대한 사회적 공여 ● 완전고용 지향 ● 복지와 노동의 병행
	노동시장 정책	● 수동적 소득보장 ● 정치적, 인구학적 압력에 반응	● 실업증가와 연계 ● 좌파 정치권력에 반응	● 확충적, 적극적 접근 ● 경기조절압력에 반응
	이데올로기	● 임시적, 개인주의적 문제로서 사회부조 ● 복지수급자의 낙인화	● 조합주의, 구조화된 기술, 사회적 안정성 ● 계급과 지위에 기초한 권리	● 보편적 권리와 책임성 공유: 적극적 복지지향

제안된 정책이다.
4) 미국, 캐나다, 호주 등에서 시행되며 소득조사에 의한 공적 부조 프로그램을 중시한다. 급여의 대상을 저소득층에 맞추며, 사회복지의 확대는 전통적 자유주의적인 노동윤리에 의하여 제약을 받아 복지혜택을 일하지 않으면 받는 벌로 여긴다.
5) 프랑스, 독일, 이탈리아에서 시행되며 사회복지의 제공은 계급과 사회적 지위에 밀접한 관계가 있다. 이러한 국가들은 보험원칙을 강조하는 사회보험에 크게 의존한다.
6) 북유럽국가에서 잘 드러난다. 이들 국가에서는 국가 대 시장, 노동계급 대 중간계급 사

구 분		자유주의적 복지국가	조합주의적 복지국가	사민주의적 복지국가
노동연계복지전략	지향	● 시장주의적 ● 개인주의적 접근: 행동수정과 인센티브 ● 복지의존성 탈피	● 국가주의적 ● 노동시장의 조정과 기술에 대한 강조 ● 노동가치에 대한 강조 ● 구조적 실업예방	● 사회민주주의적 ● 사회민주적 수단을 통한 노동시장 조정 ● 보편주의와 사회적 재분배 지속
	노동연계 복지모델	● 노동력부착접근 ● 복지자격과 급여의 제한	● 노동－시장 재통합 접근 ● 적극적 노동시장정책에 대한 잔여적 위임 ● 분화적 전략	● 인적 자본접근 ● 정책형성과 프로그램전달에서 노동－시장 협력
	이데올로기 /담론	● 도덕적 규제: 가족가치와 노동윤리	● 계급/지위의 권리에 따른 노동가치	● 복지주의적 접근의 구조적 재정향
	규제의 딜레마	● 노동연계 복지비용과 사회지출 축소 목적 간의 모순 ● 사회통제와 자유방임 간의 관계	● 대규모적이고 포괄적인 노동연계 복지프로그램에 대해 소극적 ● 자유방임과 조정 간의 관계	● 가부장주의 ● 노동－시장의 목적과 개인의 자율성 간의 긴장 ● 조정과 사회통제 간의 관계

　　고용복지프로그램을 강조하는 이유는 첫째, 지원받을 수 있는 수급자들을 선발하는 것이다. 일을 하거나 일할 의지를 갖춘 사람에 대해서 사회적 지원을 할 필요가 있다는 것이다. 둘째, 수급자들의 자존감과 관련이 있다. 즉 단순한 급여수급보다는 근로를 하는 것이 수급자들의 자존감을 더 높인다는 것이다. 셋째, 시민으로서의 사회적 책임성과 관련이 있다. 복지수급은 단순히 권리로서 제공되는 것이 아니라 사회적 책임과 의무를 다하는 경우에만 제공될 수 있다는 상호책임성과 관련이 있다. 즉 국가와 국민 간 상호책임(mutual obligation)의 원칙하에 일할 능력이 있음에도 실업상태에 있는 자의 적극적인 취업을 유도하기 위한 시책들을 추진한다. 예

이의 이분법적 구분을 피하고 최소한의 생활수준 보장을 넘어 최대한 수준에서의 평등을 추구한다. 즉 개인의 복지가 가족에 의존하는 것을 기대하기보다는 미리 개인의 독립능력을 확대한다. 이러한 복지국가의 주요한 특징은 복지와 일을 적절히 배합하는 것이며, 이것은 완전고용정책과 직접 관련되어 있다.

를 들어 정부가 상담, 구직활동지원 기타 재취업 지원서비스를 제공하고 복지수혜자에게는 적극적 구직활동·훈련 등 취업가능성을 높이는 조치에 참여할 의무를 부과하는 것이 그 예라 할 수 있다. 넷째, 능동적 의미에서 스스로 자신의 삶을 통제할 수 있는 경우에 보장되는 것으로서 일을 한다는 것은 스스로 자신의 삶을 통제할 수 있는 중요한 기반이 되기 때문이다.

고용연계복지에 대한 개념은 단일화하기 쉽지 않으나 고용복지의 개념은 노동시장정책 또는 고용정책의 개념에서 찾아볼 수도 있다. 독일의 연방고용청에서 정의한 노동시장정책의 개념을 살펴보면 "현존하는 일자리와 직업훈련 자리의 전적인 이용, 그 증대 그리고 높은 수준의 직업훈련에 상응하는 고용을 목적으로 하는 공공기관과 민간기관의 사업 또는 제도"로 정의하고 있다(BA 1978). 이를 광의의 개념으로 본다면 "기업이나 행정기관 내·외 그리고 그 사이에서 노동시장에서의 수요와 공급 간의 관계에 영향을 미치는 법령, 행위, 시설의 합으로서 노동시장의 질서 정책, 완전고용정책, 노동시장 조정정책으로 분류되며 이때 정책의 주체는 국가이며 국가 이외의 노동시장 참여자는 국가의 의도를 전달하는 한정된 주체적인 행위자로 파악하는 등 노동시장과 관련된 광범위한 사업과 제도를 포괄한다."라고 정의할 수 있다(Lampert, 1994). 협의의 노동시장정책은 "고용정책기본법, 고용보험법, 근로자 직업능력개발법, 직업안정법에 의한 제도에 기반을 둔 법률적, 경제적, 환경적, 교육적 정책"을 의미한다.

따라서 노동시장 정책은 다양한 개입형태가 이루어지며, 취업자, 실업자, 사업주, 직업교육훈련기관 및 공공직업안정기관, 민간취업알선기관 등 정책 수행에 개입되는 행위자가 다양하다는 점이 특징이다(정연택, 1997). 노동시장정책이 사회복지측면과 빈번하게 연계되지 못한 이유로는 다음과 같은 점을 들 수 있다. 첫째, 사회복지학의 대상이 되는 제도 자체가 없었거나 제도에 대한 접근이 쉽지 않았다. 둘째, 사회보험과 관련된 제도는 학위논문 등에서 요구하는 제도분석이 이를 충족시키지 못한 점이 있으며, 셋째, 접근방법과 관련하여 소득재분배, 사회적 불평등과 같은 가치판단과 관련된 연구가 주로 이루어졌다는 점 등이다(정연택, 1997). 이상의 개념논의를 통해서 고용복지에 대한 접근은 노동시장정책에 기반을 둔 복지정책의 실천을 고려해야 함을 시사하고 있다. 또한 노동시장정책에 대한 접근방법이 경제학이나 사회학, 정치학 또는 행정학 등 복합적이고 사회과학적인 시각이 동시에 적용되어야 한다는 점에서 더욱 현실적이고 다차원적인 논리의 개발이 필요함을 의미하고 있다.

　노동시장정책 또는 고용정책과 관련한 각국의 개념을 살펴보면 미국의 경우 "양질의 직업훈련, 고용, 노동시장 정보 및 고용유지 서비스를 통하여 미국의 노동시장의 기능이 더욱 효율적이 되도록 하는 것"이라고 정의하였으며 이를 위해서 다양한 프로그램을 운영할 필요가 있음을 지적하고 있다. 싱가포르에서는 효과적이고 유연한 노동시장 및 인력수급의 균형을 통하여 산업수요를 충족하는 경쟁력 있는 노동력을 개발하기 위한 정책에 무게를 두고 있다. 스웨덴은 구직자와 일자리 간의 효율적인 연결시스템을 구축하여 효과적이고 유연한 노동시장을 형성하는 것에 중점을 두고 있다. 이를 통해 실직자의 능력개발과 고용촉진을 위한 정책, 노동시장의 이탈을 예방하고 노동력이 약화되는 것을 예방하기 위한 대책, 장기 실직예방대책 등 관련 정책이 시행되고 있다.

2. 고용복지의 접근방법

　고용이란 범주를 중심으로 사회복지적 접근을 통한 일련의 연구를 논할 때 고용복지론이라고 칭할 수 있을 것이다. 많은 대학에서 산업복지론 또는 노동복지론의 이름으로 강좌가 개설되어 있고 심지어 산업복지학과라는 독립된 학과 개설을 감안한다면 고용복지론에 대한 중요성은 앞으로 더욱 강조될 것이다.

　자본주의 사회의 성숙과 함께 발전한 복지국가 또는 이의 핵심인 공공복지가 노동이라는 범주와 불가분의 관계가 있으며(홍경준, 1997), 실업문제와 같은 노동시장에서의 심각한 문제가 사회적 안전망으로써의 주요 공공복지제도들에 대한 연관성을 다룰 때 고려될 수 있는 것이 고용복지적 접근방법은 유효할 것이다.

사회복지의 접근방법이 사회정책적 접근과 사회사업적 접근으로 대별되는데 노동복지도 이에 기반을 두어 접근할 수 있다. 사회정책적 접근은 노동시장에서 발생하는 각종 비복지문제에 대한 가치론적 판단에 입각해서 그의 완화나 해결방법에 대해 관심을 가지며, 사회사업적 접근은 산업현장에서 제기되는 노동자의 사회적 기능향상을 목표로 하는 사회복지 전문가의 효과적인 개입에 대해 우선적으로 관심을 가진다(홍경준, 1997). 고용복지도 이와 같은 차원에서 접근한다면 사회정책적 측면에서는 외부노동시장에서 발생하는 비복지적 문제에 초점을 맞추어 이를 완화 및 해결하는 방법에 관심을 가지며, 사회사업적 접근은 외부노동시장에서 제기되는 실직자의 사회적 기능향상을 목표로 이를 해결을 위한 효과적인 개입에 대해 관심을 가지는 것에 초점을 맞출 수 있다.

가. 사회정책적 접근

(1) 노동력 상품의 시장 거래: 비복지의 소재

노동은 근대사회발전의 중요한 동인으로 작용하면서 개인을 사회적 존재로 만드는 가장 중요한 가치이다. 인간은 생존을 위해서 노동을 하는 동물과 다르게 자신의 생물학적 욕구가 채워진 뒤에도 노동과정 속에 '속박'되어 그 속에서 안정감을 찾기를 원한다. 헤겔(Hegel)과 마르크스(Marx)는 이러한 인간의 이중적 욕구를 무한한 사회의 발전을 위한 동력으로 삼았고, 이를 통해 근대의 노동은 사회를 위한 인간의 육체적 정신적 헌신으로 재탄생된다. 노동에는 두 가지 측면이 있다. 특정한 노동, 그리고 사회가 요구하는 재화와 가치를 생산하는 모든 사회구성원들의 개별적 노동의 총체가 그것이다. 그 두 번째 측면에서 노동은 사회적 의미를 갖게 된다. 인간이 생산을 사회적으로 시작함과 동시에 사용가치는 사회적 조직의 관계 속으로 들어가게 되고 사용가치의 그러한 성질이 특정의 개별적 노동으로부터 독립하게 된다. 사용가치는 사회의 총 노동의 일부분의 산물이 된다. 이것은 더 나아가 개별적 노동이 일반화되었음을 의미한다. 개별적인 노동이 사회적 노동의 일부가 된 것이다(Roll, 1989:245 – 246). 개인의 노동은 그 대립물인 사회적 노동으로 발현되어야 한다. 이렇게 사회적 노동으로 변형된 노동이 또한 개별적 노동이 되는 것이다.

이제 노동은 사회적인 책임감을 고려해야 하는 동시에 개인의 욕망을 충족시켜야 하는 보이지 않는 이중적 부담이 된다. 한국사회에서 가장을 중심으로 하는 가계의 운영은 이러한 이중적 부담을 잘 드러내는 사례이다. 이러한 부담감을 극복하기 위해 사회성원 각자는 서로의 교환가치를 인정해 주며 자신의 능력을 환산하여 판매할 수 있는 관계를 유지하게 된다. 노동은 개인이 양도할 수 없는 소유물이다. 따라서 자본주의하에서 노동자와 자본가의 관계는 노동능력의 판매, 즉 소유권 이전이라는 의미가 아니라 단지 시간제 대여일 뿐이다. 노동자는 노동능력을 계속 보유하고 있으며, 자본가는 단지 노동자를 일하게 하고 거기에 따르는 이익을 보는 것이다. 즉 자본가가 구매하는 것은 계약된 노동량이 아니라 계약된 시간동안의 노동력이다(Braverman, 1974:50).[7]

생산과정에서의 강제적 노동은 유적존재의 소외와 인간에 의한 인간의 소외현상을 발생시키며, 이는 생산관계의 연결망 속에 내재되어 있다. 이런 문제점의 해결

---

7) 그러나 실제적으로 자본주의 사회에서는 아니 전 역사를 통해 노동력을 구매한 자는 노동자의 노동시간만을 구매하는 것이 아니라 노동자의 생활 자체를 구매하는 것과 마찬가지로 된다. 일상에서 빈번하게 일어나는 회사생활과 가정생활 선택의 기로에서 "바깥일"이 우선시 되는 것이 현실이다. 노동시간이 사회적으로 비교적 잘 합의되어 있는 서구사회에서도 직장일을 집에서 하는 경우가 드물지 않다. 특히 문제는 공장노동자보다는 사무직 노동자의 노동 강도의 증가 현상이 두드러진다는 것이다. 이렇게 볼 때 실제적으로 자본가는 계약된 시간 동안의 노동력을 구매하는 것이 아니라 계약 노동자의 생활시간 전체를 계약하는 것이라고 보아야 한다.

은 기술의 발달을 이용해 인간의 육체적 노동을 감소시키는 노력과 노동과정에 대한 자율권을 부여하는 노동의 인간화 과정의 접목으로 나타난다. 노동의 인간화는 오히려 노동이라는 인간의 행위를 구체적으로 어떻게 조직하고 설계하면 인간으로 하여금 노동하는 즐거움을 맛보게 할 수 있을까 하는 데 관심을 갖는다. 또한 이로 인한 다양한 사회적 관계의 형성과 사회적 지위의 부여 등을 통해 인간은 노동을 통해 사회화된다는 관념을 받아들이게 된다.

결국 노동이란 것이 인간에게 중요한 의미로 다가오는 것은 과연 무엇 때문인가? 생계를 지탱하는 것 이상으로 인간이 정열과 시간을 투여하는 것은 무슨 이유인가? 우리가 사는 사회에서 노동은 미덕이며, 일하지 않는 것은 스스로의 사회적 관계를 위태롭게 한다. 일이 주는 가장 근본적인 만족감은 필요한 것을 가질 수 있는 수단을 제공받을 수 있다는 것이다. 또한 일을 통해 자기 주변의 생활을 조직화하고 거기에 자신의 영향력이 미칠 수 있다는 점 때문일 것이다. 노동은 스스로 생산함으로써 자신과 주변 사람들의 생계를 영위시키며, 사회적 교환관계 속에서 자신의 사회적 존재감과 역할을 부여하게 된다. 이런 의미에서 일이 없다는 것, 즉 노동이 없는 생활을 영위한다는 것은 자본주의 사회에서 사회적 관계를 더 이상 확장시킬 수 없다는 것을 의미한다.

노동이 이러한 사회적 의미를 가진다면 시장경제를 기반으로 하는 자본주의 사회에서 노동력은 거래되는 하나의 상품이 된다. 그런데 노동력 상품은 일반상품과 다른 특징을 가진다(Bowles & Gintis, 1987). 첫째, 노동과 노동을 제공한 개인은 분리될 수 없다는 점이다. 일반적인 상품에 대한 사용과 달리 노동과정에서 노동력 상품을 사용한다는 것은 그것에 결부된 판매자로서의 노동자를 노동과정에 투입시킴을 뜻한다. 노동력 상품이 가지는 또 다른 특성은 그것의 사용이 집합적으로 이루어진다는 것이다. 즉 자본주의적 생산방식의 특성상, 노동자들이 한 장소에 모여서 생산활동을 수행하는 것이 보다 효율적이기 때문이다.

이런 노동력 상품의 특성은 그것을 판매자와 구매자에게 각각 독특한 과제를 부과하는데, 우선 노동력의 구매자는 경제적, 정치적 측면에서 해결해야 하는 과제를 가진다. 따라서 노동력 상품의 특수성은 노동력 판매자에게 중요한 문제를 부과하는데 주로 비복지문제로 표현된다. 그 특징을 살펴보면, 첫째, 노동시장에서의 경제적 불평등성이다. 노동력의 판매자는 노동시장에서 자신의 노동력을 구매할 사람을 찾는다. 이 과정에서 임금과 노동력의 짝짓기(Matching)과정이 이루어지는데 이 과정은 분배적 정의라는 관점에서 볼 때 바람직하지 않은 결과를 산출한다. 둘째, 노동과정에서 제기되는 비복지문제이다. 노동력을 판매함으로써 노동자는 노동과정에 편입되는데 이 노동과정에서 또한 비복지의 문제가 발생한다. 즉 노동력 상품으로부터 효율적으로 노동을 끌어내기 위한 각종 통제기제들은 인간의 기본적 욕구의 충족을 저해한다. 세 번째 문제는 노동력의 재생산을 저해하는 사회적 위험이다. 자신과 자신이 부양하는 가족의 생계유지가 노동력의 판매를 통해서만 가능하다는 점 때문에 노동력의 판매가 곤란해질 때 노동자는 비복지의 문제에 직면한다. 즉 질병, 노령, 실업 등으로 인해 노동력 상품을 영구적으로 또는 일시적으로 판매할 수 없게 된다면, 생계유지 등의 문제에 직면할 수밖에 없게 된다(홍경준, 1997).

(2) 비복지문제에 대한 국가개입

노동력 상품의 시장거래에서 발생하는 비복지문제는 국가개입에 의해 완화된다. 비복지문제와 관련된 국가개입은 노동시장, 노동과정, 노동력재생산에 따라 개입방식으로 구분할 수 있는데 특히 노동력재생산과 관련한 고용복지가 고용복지의 핵심이 될 수 있다.

1995년에 도입된 고용보험제도는 노동력 재생산 영역에 대한 국가개입으로 대표될 수 있는데 이것은 실업이라는 사회적 위험으로 인해 노동력을 재생산하기 곤란한 노동자들에 대한 소득보장의 성격과 함께 노동시장정책으로서의 역할을 수행한다는 것이다. 고용보험제도에 실업급여제도 이외에 고용안정 및 직업능력개발사업이 포함되어 있다는 데서 잘 나타난다. 따라서 고용보험제도는 노동력 재생산과 관련된 국가개입임과 동시에 외부노동시장에서의 국가개입과도 관련이 있다.

고용보험은 고용안정이라는 사회문제에 대한 경제적이며 정치적인 해결점이자 타협점이다. 정치적 영역에서 본다면 집단적 노사관계의 타협이자 잠재적이고 현실적인 사회불안요소의 해결이다. 또한 국가를 형성하는 인적 자원의 적절한 배분과 능력의 향상을 동시에 의미한다. 이에 반해 경제 영역에서의 고용문제는 완전경쟁 노동시장에서 탈락하거나 적응하지 못하는 노동자에 대한 안전망의 제공과 산업구조조정이나 노동유연성에 따른 고용구조의 변화가 초래하는 실업자의 보호와 관련성을 가진다.

고용보험제도는 실업의 위험성이 개인적인 차원에서만 그치는 것이 아니라 모든 사회적 구성원들이 노출되는 보편적인 위험이라는 점을 국가와 시장이 공감하는 데서 출발한다. 따라서 보험이라는 사적인 개념에도 불구하고 공적인 영역에서 유지되고 관리되는 것이다. 또한 정책적인 배려와 지원이 동시에 진행된다는 의미에서 비복지적 문제인 실업에 국가가 개입할 수 있는 여지를 제공하는 것이다.

외환위기 이후 급격하게 증가했던 고용보험제도에 대한 관심과 관련기금의 사용은 실제로 고용불안정이라는 위기에 처해 있던 노동자들에게 경제적이고 심리적인 방어막으로 작용했던 것이 사실이다. 초기의 고용보험이 실업률의 상승과 더불어 실업급여제도를 중심으로 인식되었다면 최근 실업률의 안정 속에서 고용보험 제도는 실업급여적 성격은 점차 축소하고 고용안정과 능력개발사업을 중심으로 하는 적극적인 고용정책과의 연계성을 강화하는 측면으로 진행되고 있다. 즉 단기적인 고용복지를 실현하는 것보다는 장기적인 예방의 차원으로 고용복지를 인식하고 있다는 것이다. 한국의 고용보험 제도는 단순히 실업자의 생계보장에만 그치는 것이 아니라, 산업구조조정과정에서 발생할 수밖에 없는 노동력 수급불균형을 직업안정 기능과 고용안정사업을 통해 고용시장에 재배치시키는 목적을 동시에 수행한다.

고용은 복지의 측면보다는 시장의 측면이 강한 개념이다. 즉 고용의 영역은 고용주와 피고용인의 자의적인 선택의 영역이 존재한다는 것이고, 이로 인해 고용을 복지의 영역보다는 시장의 영역으로 파악한 것이 사실이다. 하지만 최근 서구의 복지

제도를 중심으로 고용과 복지가 연계되어 실행되고 있고 한국의 경우도 복지의 문제가 빈곤과 실업으로 인한 사회적 안전망의 붕괴로 이어지면서 이를 복지와 연계해서 파악하려는 시도가 나타나고 있다. 특히 고용보험제도는 인력수급의 원활화를 위한 제도적 장치로서의 고용안정사업과 노동자의 능력을 강화시켜 고용안정성을 확보하려는 직업능력개발사업, 노동자의 심리적·경제적 안정을 확보하는 데 도움을 줄 수 있는 실업급여 등을 통해 고용과 복지가 연계될 수 있는 계기를 제공하고 있다.

나. 사회사업적 접근

사회사업적 접근에 입각한 고용복지론에 대한 연구는 매우 적다. 여기에는 여러 가지 이유가 있으나 기존의 사회복지의 측면에서 시작되는 사회사업적 접근은 주로 구성원들의 사회적 문제해결에 집중하는 사회복지 전문가의 효과적인 개입방안이 한계를 가질 수밖에 없다는 점을 들 수 있다. 이는 사회복지 실천영역에 노동력 상품이 거래되고 소비되는 고용복지 영역이 아직 구축되지 못하였기 때문에 사회복지 전문가의 적절한 개입을 통해 고용복지의 문제를 해결할 수 있는 전문성의 부재가 접근의 현실 적합성을 결정한다고 볼 수 있다. 따라서 고용복지는 사회복지와 달리 별도의 전문가 즉 노동시장과 실직자를 동시에 이해할 수 있는 전문 인력에 의해서 사회사업적 접근들이 시도되어야 함을 시사하고 있다. 따라서 고용복지의 수혜자들은 자신들의 고용가능성을 높여 노동력의 재생산을 가능하도록 하는 고용서비스기관을 통해 복지서비스를 경험하게 된다.[8]

고용복지론의 주요영역은 노동력 상품의 시장거래라는 영역이라 할 수 있다. 즉 노동력 상품이 시장에서 거래됨에 따라 노동력 상품을 판매하는 노동자는 우선 자신의 노동과 결합되는 임금을 통해 생계를 조직화한다. 하지만 노동자의 생계는 임

---

8) 고용서비스에 대한 자세한 사항은 별도의 장에서 살펴보기로 한다.

금이라는 등가교환형태만을 통해 조직화되는 것이 아니다. 예컨대 노동력 상품의 시장거래에 있어서 등가교환 형태의 생계조직화 방식에 가려져 있는 호혜나 재분배형태의 생계조직화 방식을 규명하는 데 초점을 맞추어 접근하는 것이라 할 수 있다. 노동력 상품은 단순히 고용주와 피고용인의 거래에만 머무는 것이 아니라 모든 사회관계를 형성하는 자본주의 사회의 매개체이며, 사회적 자본이라고 할 수 있다.

　일반적으로 노동력 상품을 통해 생계유지라는 것이 가능하고 이를 지원하는 것은 시장의 영역이었다. 그러나 최소한의 복지를 지향하는 현대국가는 국민들이 최소한의 경제적 활동을 할 수 있는 다양한 지원책을 모색해 왔다. 우리나라의 경우 가장 대표적으로 최소한의 생계를 지원하는 정책으로 생활보호법이 있으며, 이를 대체하기 위해 1999년 제정되어 2000년 시행된 국민기초생활보장법이 있다. 생활보호법하에서 복지는 어려운 사람을 도와주는 시혜적 보호의 개념이었으나 국민기초생활보장법은 노동하는 사람이 누릴 수 있는 국민의 권리와 국가의 의무로 사고가 전환되는 기회를 제공했다. 국민기초생활보장법은 빈곤선 이하의 절대빈곤층에 대한 기초생활을 보장하고 근로능력이 있는 국민에게 체계적인 자구책을 마련할 수 있는 자활지원서비스를 제공하여 원하는 사람은 일할 수 있도록 하는 생산적 복지의 개념을 구현하는 것을 목적으로 하였다.

　외환위기로 인한 저소득층 국민의 극심한 생활난과 기존의 고용시장을 중심으로 움직이던 최저생활의 기준이 붕괴되면서 실직이나 가족해체, 자살, 노숙자 문제, 빈부격차의 심화 등으로 다양한 사회문제가 발생하였다. 이를 해결하기 위해 사회안전망이 구축되었으나 단순한 생계지원이 아닌 자립과 자활을 지원할 수 있는 종합적인 대책의 필요성이 제기되었다. 또한 경제성장과 국민소득의 증가로 인해 생활양식이 변화하고 전반적인 생활수준의 향상이 이룩되면서 빈곤을 중심으로 하는 복지에서 실업, 고령화, 가치관의 변화 등으로 복지수요가 증대되고 복지를 국민의 권리로 주장하는 움직임이 사회 전반으로 확산되면서 고용을 중심으로 하는 복지대책이 나타나기 시작했다. 즉 적극적인 의미의 '일을 통한 복지'라는 개념이 탄생하게 되었다.

　이러한 개념의 시작은 외환위기 이후 한시적 사업으로 시작된 공공근로와 생업자금과 창업자금에 대한 다양한 지원책이었으며 이를 통해 고용을 사회복지의 영역으로 포괄 시행하였다. 자활지원사업은 이러한 포괄적 개념에서 접근한 사회사업의 일환이다. 취업알선, 직업훈련, 자활공동체사업 등 자활지원서비스를 제공하고 보육·간병·재가복지 등 지역사회 복지자원을 연계하여 고용의 능력이 있는 자들이 안심하고 근로활동에 종사할 수 있는 가구여건을 조성하는 것을 주요한 목적으로 지정하였다. 이러한 사업의 진행을 통해 수혜자들에게는 생계급여, 주거급여, 긴급급여, 의료·교육·해산·장제보호에 관련된 지원금을 받을 수 있도록 하는 제도적 장치를 마련하였다. 이로써 고용을 시장의 영역에서만 취급하지 않고 사회사업의 영역에서도 다룰 수 있는 사회적 근거를 확보했다는 의의를 가지게 되었다.

3. 노동시장정책 및 고용정책

노동시장정책은 고용정책과 같은 의미로 사용되거나 더 넓은 의미로 사용되기도 한다. 노동시장정책을 크게 인력개발정책과 직업안정정책, 근로감독, 보호정책과 차별금지정책으로 구분하고 인력개발정책에는 인력수급의 예측, 직업훈련, 연소 근로자 및 기혼여성과 고령자 그리고 심신장애자 등에 대한 대책을 포함하였으며 직업안정정책은 장기고용대책 기본계획의 수립과 적성검사 및 취업지도, 직업소개 그리고 해외 고용관리 등을 포함하였다(배무기, 1989).

또한 노동시장정책은 노동력을 가장 적절하게 배분하고 활용할 수 있도록 노동시장을 형성하고 기능하게 하는 여러 가지 정책이다(김성중, 성제환, 2005). 즉 노동력이라는 상품이 만들어지기 위해서는 교육과 훈련이 필수적이다. 노동력이 있는 사람들을 적재적소에 배치하여 최대한 능력을 발휘하게 하는 취업알선과 취업 후 산업안전, 재해보상 및 재활, 임금정책과 근로조건의 보호 등을 포함한다. 취업자에게는 실업예방 노력을 경주하여야 하고, 실업이 될 경우 가능한 조속히 노동시장에

복귀할 수 있도록 지원하며 사회안전망을 구축하여 빈곤의 늪에 빠지지 않도록 하는 데 있다고 볼 수 있다. 따라서 노동시장정책은 노동시장을 구성하는 노동자에 관한 모든 정책을 포괄한다고 볼 수 있다.

반면, 고용정책은 고용의 유지, 안정 및 확대는 물론, 실업자에게 생계의 보조, 실업자의 재취업 등에 관련되는 일련의 정책을 말한다(배무기, 1981). 고용이란 경제의 전반적인 동향과 표리의 관계에 있어 아주 넓은 의미의 고용정책은 장기적인 취업 재편성에서부터 단기적으로 노동시장에 관련된 것뿐만 아니라 산업생산수준에 영향을 미치는 모든 부문, 교육·훈련에 관련되는 부문, 자원·에너지, 국제경제환경, 물가동향 등 관련이 없는 것이 없다(배무기, 1981). 또한 고용정책은 실업대책의 범주 안에서 재정·금융정책과 적극적 노동시장정책, 직업소개제도, 그 외 실업대책사업과 실업보험제도를 다루며(전기호, 1983), 완전고용을 달성하고자 하는 거시경제정책부터 시작해서 인력개발정책, 미시적 인력정책, 임금정책 및 노사관계 내지 노동복지에 이르는 광범위한 문제가 포함된다(김수곤, 이주호, 1989).

고용정책의 개념과 범위는 케인즈(J.M.Keynes)의 유효수요이론에 바탕을 둔 총수요확대정책에 의한 완전고용정책으로 최적고용을 달성하기 위해 거시적 정책과 미시적 정책으로 대별된다(김유배, 1994). 거시적 정책은 경기변동의 안정화로 경제 전체의 노동력 수급의 균형을 도모하여 거시적 균형 조건을 실현하고 유지하기 위한 정책을 말한다. 안정 성장을 위해 금융·재정정책과 임금과 물가의 안정이란 정책도 포함된다. 반면 미시적 정책은 노동력에 대한 수급예측을 통해 정책자료를 작성하고 직업소개와 취업지도를 하며, 노동수급 조정을 위해서 노동력 이동을 지원하고 직업훈련과 재훈련, 잠재적 잉여노동력의 노동력화를 조성하는 등 노동력 수급의 질적 조정기능 수행에 초점을 둔다(김성중, 성제환, 2005).

즉 일하려는 사람에게 일할 수 있는 능력을 갖추어주고, 차별을 받지 않으면서 원하는 일자리에 취업할 수 있게 하며, 적정한 근로조건으로 일하여 생활할 수 있게 하고, 실업을 예방하며 실업하게 되었을 때 다양한 지원방안을 시행함으로써 사회의 노동력을 생성하고 효율적으로 사용하여 개인의 행복과 사회적인 안정을 도모하면서 경제적인 발전을 이룩할 수 있게 하는 종합대책이라고 할 수 있다. 예를 들어 인력수급예측, 직업훈련 등 인력개발, 취업알선, 임금정책, 근로시간, 해고제도, 직업안정, 실업대책, 고용보험 등이 관련된 정책들이라고 할 수 있으며 특히 직업안정과 실업대책 및 고용보험관련 사업 및 인력개발과 관련된 직업훈련정책은 적극적 노동시장정책의 핵심정책수단이라고 할 수 있다.

특히 고용정책은 노동시장에서 생성되며 노동시장을 대상으로 한다. 따라서 노동시장에 관한 이론들은 고용정책 형성의 기초가 된다. 노동시장의 역할은 자발적이고 상호이익이 되는 거래를 촉진시키는 데 있다. 만약 시장이 그러한 역할을 하는 데 실패하게 된다면, 정부는 시장의 실패(market failure)를 시정하여 시장의 기능을 회복하게 하려고 시장에 개입하게 된다. 사장의 실패에는 여러 가지 원인이 있다. 첫째는 정보의 부재라 할 수 있다. 둘째는 상호간 유익한 거래를 할 수 없게 하는 장벽이 존재한다. 셋째, 세금이나 보조금 등의 가격 왜곡이 일어난다. 이러한 것들은 당사자들의 선호를 명확히 밝혀 주지 못하여 가격의 결정에 장애가 된다. 넷째로 실제시장이 존재하지 않을 수 있다는 것이다. 정부는 이러한 시장의 실패를 시정하고 시장에 맡겨 두면 생산되지 않는 공공재(public goods)를 생산함으로써 시장을 보완하고 자원의 최적배분(pareto efficiency)을 가능케 하려는 노동시장정책을 펴게 되는 것이다.

이때 정책은 전체 사회에 대한 가치의 권위 있는 배분으로 보기도 하고 어떤 목적이나 가치를 지향하는 일반적인 패턴의 의사결정이나 행위라고 정의되기도 하며, 공공문제 해결을 위한 정부의 활동이라고 정의하기도 한다. 이러한 정의들은 정부가 만들어 집행하고 있는 정책을 모두 부분적으로 내포하고 있는 것으로 보아 정부가 어떠한 사회를 어떻게 만들겠다고 하는 것을 권위 있게 결정해 놓은 것이라고 정의하기도 한다(노화준, 2003). 따라서 여기서의 고용정책이란 완전고용의 실현과 인력의 최적배분을 이룩하기 위하여 정부가 실행하기로 결정한 활동이라고 할 수 있다(김성중, 성제환, 2005).

기업은 노동시장에서 근로자를 고용할 때 많은 애로를 느낀다. 수많은 지원자 중에서 과연 어떠한 사람이 자기 회사에 적합하여 회사의 발전에 최대한 기여를 할수 있는지 알아보려고 애를 쓴다. 여러 가지 채용기준을 정하고 열심히 직업을 탐색(job search)한다. 이때 기업과 근로자의 탐색활동이 원활하게 이루어지게 지원하는 취업알선은 노동시장의 기능을 보강하는 차원에서 대단히 중요하며 이런 차원에서 노동시장정책 또는 고용정책을 설립시키는 바탕이 된다.

따라서 노동시장정책 및 고용정책은 경제정책적으로 여러 가지 기능을 한다. 먼저자원의 효율적 배분이 가능한 노동시장을 조성한다. 구인자와 구직자를 연결시키고그들에 관련된 여러 가지 정보와 자료를 제공함으로써 여러 형태의 노동시장을 형성하게 하는 것이다. 그리고 산업구조 변화에 따른 인력수요를 추정하고, 양성훈련, 재훈련 등의 훈련 수요를 파악해 내며, 사양산업에 대해서는 직업 전환을 유도함으로써 인력형성을 유도한다. 또한 적성검사 등을 이용한 진로지도로 적합한 진로선택을하도록 하며 직업연구와 직무분석을 통하여 그들이 취업할 수 있는 일자리를 제공하며 인력수급을 조정하여 인력의 효율적 배분을 가능하게 한다. 사회정책적인 측면에서 가장 중요시되는 것은 실업대책이다. 휴·폐업방지를 위한 각종 지원책을 강구하고 일자리를 늘릴 수 있는 정책을 펴게 함으로써 실업문제를 해소해 나간다. 또한취업애로계층인 여성과 청소년, 장애인, 고령자 및 장기실직자 등의 취업기회를 확대하는 데 기여한다. 아울러, 고용보험을 통하여 실업자들에게 실업 기간 중의 최소생활을 가능하게 하며, 실직 기간을 단축시키고 재취업의 가능성을 높여 나간다.

우리나라는 경제개발과정에서는 고용정책이 산업인력의 효율적 수급이라는 경제적 측면에 큰 비중을 두고 정책집행이 이루어졌으며 개별 근로자의 생계유지 및 생활안정과 나아가 사회안정으로 연결되는 일련의 정책효과에 대해서는 상대적으로비중이 적었다. 최근 경제성장이 곧 사회안정이라는 등식이 성립되지 않으면서 산업사회의 사회적 안정은 근로자의 직업안정에서부터 시작된다는 것을 인식할 필요성이 대두되었다. 따라서 이러한 인력수급의 경제정책적 요구와 근로자 생활안정이란 사회정책적 요구에 부응하기 위해서는 노동력을 적재적소에 공급하고 개인의 능력을 최대한 발휘하게 할 수 있는 고용정책의 필요성이 대두되었다(김성중, 2005).

가. 노동시장정책 분류

(1) 직업안정 정책

직업안정 정책은 근대 자본주의의 경제와 밀접한 관계를 가지고 직업소개제도를 중심으로 발달하여 왔다. 당초 직업소개제도는 구빈(救貧)적인 성격이 강했지만, 산업자본주의가 확립되고 전쟁 및 경제공황을 겪으면서 차차 실업자에 대한 취업기회를 부여하고 실업 기간을 단축시키는 제도로 그 성격이 크게 바뀌어 왔다.

직업안정정책이란 고용자와 구직자가 필요로 하는 정보를 수집하여 신속히 제공함으로써 노동시장의 결함을 시정하여 완전경쟁시장의 기능을 회복시켜 나가는 것이다. 이를 위하여 직업안정기관은 구직자에 대하여 적성검사를 실시하고 업무능력에 대한 자격을 부여하여 고용주에게 구직희망자에 대한 정보를 충실히 제공한다. 일자리와 고용조건 등을 지역별·산업별·직종별로 수집하여 구직자에게 제공하며, 노동시장의 실태를 파악하여 인력정책의 기틀로 활용한다. 직업안정은 개인적으로는 취업의 기회를 보장받음으로써 생활의 안정을 기할 수 있는 것이며, 사회적으로는 인력수급의 균형을 달성하여 실업률을 최소화함으로써 사회적 안정을 목적으로 하고 있는 것이다. 결국 직업안정은 산업사회에서 필연적으로 대두되고 있는 개인의 취업문제를 사회의 구조적 관점에서 파악하고, 직업소개 등을 국가정책에 포함하여 해결하고자 하는 것이다.

(2) 인력개발 정책

인간의 능력을 개발하는 과정에는 학교교육과 직업훈련이 있는데, 학교교육은 학생을 대상으로 인격 형성과 전문적 지식을 배양하는 것임에 있다면, 직업훈련은 취업자나 구직자를 대상으로 사회에 적용할 수 있는 기능을 습득시키는 데 그 목적을 두고 있다. 특히 직업훈련(Vocational Training)은 1939년 ILO권고에 의하여 "기술적 또는 직업적 지식을 습득시키거나 향상시킬 수 있는 모든 훈련방식을 말하며 훈련이 학교에서 실시되건 작업장에서 실시되건 불문한다"고 정의하였고, 1950년에는 기술적·직업적·감독적 지식 또는 기능을 습득하거나 계발할 수 있는 고용을 위한 모든 형식의 훈련으로서 그 훈련이 기업 내에서 행해지든 기업 외에서 행해지든 불문하고, 또는 재훈련을 포함한다고 정의하였다. 또한 1962년에는 경제활동의 모든 분야의 고용 또는 승진을 위한 준비 또는 재훈련을 목적으로 하는 모든 훈련(일반적·직업적 및 기술적 교육을 포함)에 대하여 적용한다고 하였다.

최근에 직업훈련의 개념이 확대되어 직업생활에 필요한 모든 분야의 능력을 배양한다는 의미에서 직업능력개발정책이라는 용어가 널리 사용되고 있다. 따라서 인력개발정책(Manpower development policy)은 넓은 의미로 현존하는 노동력 및 잠재적인 노동력을 창출하고 유지하며 활용하는 정책이라고 할 수 있으며 좁은 의미의 인력개발정책은 주로 구조적 이유로 발생한 실업자에 대한 대책이라고 볼 수 있다.

(3) 실업대책

실업대책은 거시적 경제정책의 의미로서는 케인즈주의적 경기부양책을 말하며 미시적 실업대책으로 실업상태에 빠지지 않게 하려는 고용안정 정책, 고용창출 정책, 실직자에 대한 사회안전망(Social-safety net)형성 정책 등을 말한다. 고용안정 정책은 취업알선 등 고용서비스, 직업훈련의 효율성 제고, 기업의 고용유지 및 무분별한 해고 제한 노력지원책 등이 주된 내용이다. 고용창출정책으로는 성장산업에 대한 창업지원, 창업을 위한 인프라 구축, 각종 기업 활동에 대한 규제 완화, 노동시장 유연성 제고 등을 들 수 있다. 사회안전망 형성 사업으로는 고용보험의 적용범위 확대, 저소득 계층에 대한 실업부조, 생계지원사업 등을 들 수 있다.

나. 노동시장정책의 유형

(1) 자유방임형

사업주와 근로자 모두가 고용과 관련해서 스스로 결정해야 하는 권리로서 당사자 간의 자율적인 고용관계를 강조하는 경우를 말한다. 이것은 기본적으로 고용시장이 공정할 것이라는 것을 전제로 한다. 따라서 노동자들은 더 나은 고용조건을 제의받으면 언제든지 회사를 그만둘 수 있으며 회사도 노동생산성이 떨어지면 임금을 낮추는 등의 자율적인 조절이 이루어지는 것을 의미한다.

(2) 지원적 정책

노동시장에서의 상호작용에 의해 결정되며, 노동시장의 불완정성을 인정하지 않는다. 따라서 노동시장정책이 더욱 투명하고 효과적인 선별 메커니즘이 되도록 하는 데 있다. 즉 정부는 정보의 불안정성을 개선한다든지, 불안전한 사건들을 조사한다든지, 노동자들이 정확하게 판단할 수 있도록 지원하는 데 있다.

(3) 적극적 정책

적극적 노동시장 정책은 노동시장에서 정부정책의 실질적인 역할을 더 포함한다. 노동시장에서의 효율성과 공정성을 개선하기 위한 적극적인 정부의 조치를 취하는 것을 말한다. 노동시장에서의 고용주의 상대적 우위성, 임금 및 가격 등 조절이 잘 되지 않는 시장의 불능 등의 문제를 해소하기 위한 차선책으로 국가의 개입이 이루어진다.

4. 적극적 노동시장정책

가. 적극적 노동시장정책의 개념 및 특성

노동시장정책은 고용 및 실업문제를 해결하기 위하여 노동시장에 정부가 개입하는 다양한 정책을 일컫는 것이다. 전통적 의미에서는 최소한의 노동권의 보호, 임금규제, 자본주의 발전과정에서 발생되는 경기순환에 의한 비자발적 실업자들에게 생계를 보호하는 실업보험제도로 발전되었다. 2차대전 이후 서구국가들 사이에서 케인즈식 경제정책을 통한 완전고용이라는 정책목표에 국제적 합의가 이루어지면서 노동시장에 좀 더 적극적으로 개입하는 정책을 실시하게 되었다(정무권, 1998).

일반적으로 노동시장정책은 두 가지 차원으로 나누어볼 수 있다. 첫째는 전통적인 노동시장정책으로 정부의 노동시장에서의 최소한의 규제와 실업자의 소득보장에 초점을 둔 소극적 노동시장정책이며 둘째로, 정부가 완전고용을 목적으로 고용유지 및 촉진, 직업훈련과 취업알선제도를 적극적으로 실시하여 노동시장의 인력수급 기능을 원활하게 하는 적극적 노동시장정책으로 구분된다.

OECD국가들의 적극적 노동시장정책의 범주로는 ① 노동시장에서 구직자와 구인자 간의 정보를 교환해 줌으로써 적재적소에 인력을 배치하는 직업안정프로그램(Job placement) ② 직업훈련(직업교육, 재취업교육, OJT 등) 프로그램 ③ 정부의 직접적인 고용창출 프로그램 ④ 고용유지를 위한 기업보조와 실업자의 창업을 위한 지원프로그램 등을 포함하고 있다(OECE, 1997).

적극적 노동시장정책은 완전고용 및 실업문제를 해결하기 위해 실시되는 거시적 재정정책이나 사후적인 실업보험제도를 완전히 대체시키는 정책은 아니며, 완전고용의 목표를 위해 보완적으로 반드시 필요한 정책수단으로서 노동시장에서의 경제적 효율성과 형평성을 동시에 달성할 수 있는 장점이 있다(정무권, 1998). 다시 말해서 적극적 노동시장정책은 실업으로 인한 소득상실을 소극적으로 보상하는 정책들, 예를 들면 실업보험이나 실업부조 등과 달리 적극적으로 실업을 방지하고자 하는 정책을 의미한다(OECD, 1994). 이를 위해서 적극적 노동시장정책은 직업훈련, 고용서비스 및 고용보조를 중심으로 구성된다. 이들 프로그램들은 구체적으로 다음의 두 가지 기능을 수행한다. 첫 번째 기능은 기존 취업자의 실업을 예방하는 것이다. 이를 위해서 경기 후퇴 시 기업의 임금비용을 보조하거나 또는 기업의 재고축적을 보조하는 정책을 추진한다. 두 번째 기능은 일단 실업자가 된 사람들을 가능한 한 빨리 재취업시키는 것이다. 이를 위해 실업자들에게 교육과 훈련을 제공할 뿐만 아니라 취업알선이나 고용지원금 등의 고용서비스를 제공한다.

직업훈련과 고용서비스가 마찰적 또는 구조적 실업을 감소시키는 기능을 하며, 직업훈련은 노동력의 생산성을 향상시키는데 이는 인적 자본론에서 주장하듯이 고용과 임금의 증가를 가져온다. 또한 적극적 노동시장 정책을 통해 실업자들을 노동과 접촉하도록 함으로써 이들의 숙련박탈을 저지하고 근로경험을 유지하게 한다. 이로 인해 이들은 효과적으로 구직 경쟁에 참여할 수 있는데 구직 경쟁의 증가는 낮은 임금인상을 가능케 하여 실업을 감소시키는 효과가 있다.

유럽국가에서 보편적으로 실시되고 있는 적극적노동시장정책은 대체로 세 가지의 정책 유형으로 구성된다.

① 취업지원정책(job-placement policy): 취업알선, 취업지원서비스 등과 관련된 정책
② 직업훈련정책(job-training policy): 직업교육, 현장교육, 숙련교육, 기초교육 등과 관련된 정책
③ 고용창출정책(job-creation policy): 고용창출기업의 지원금지원, 산림업 등 공공사업과 관련된 고용창출과 관련된 사업

적극적노동시장정책과 관련된 정책적 수단으로 다음과 같은 프로그램들이 있다.

① 단기 실업에 대한 보조프로그램: 개인별 혜택으로 도로공사, 건축공사 등의 일시적 단기적 직업을 공급하는 프로그램
② 고용확대를 위한 프로그램: 경쟁력이 낮은 특정 집단과 낙후지역을 대상으로

고용증대를 도모하려는 목적의 프로그램으로 주로 기업주에게 인센티브를 제
공하는 형태의 프로그램

③ 취업취약계층 고용촉진 프로그램: 고령자, 장애인의 고용증대를 위한 기업주
와 당사자에게 혜택을 제공하는 프로그램

④ 계절노동자 보호프로그램: 건설노동자와 같이 계절 변화에 취약한 노동자의
생활보호를 위한 프로그램

⑤ 해고방지 프로그램: 고용유지 수단의 하나로 경기 불황 시 투자자금을 활용
하여 투자확대를 꾀하도록 하는 프로그램으로서 기업 도산과 불황에 의한 구
조적 실업을 방지하기 위한 프로그램

⑥ 직장이동 지원프로그램: 직장 및 직무이동이 불가피하게 발생할 경우 노동자
에게 혜택을 제공하는 프로그램

⑦ 직업훈련프로그램: 20세 이상의 실업자 혹은 실업의 위험에 처한 노동자에게
직업 및 기술 훈련기회를 제공하는 프로그램

적극적노동시장정책의 특징은 첫째, 현금급여보다는 일과 직무를 기준으로 혜택
을 제공한다는 점이며, 둘째, 노동시장정책의 우선적 대상이 개별적 노동자가 된다
는 점이다. 셋째로, 노동시장정책의 기조가 반경기순환적이라는 점이다. 다시 말해
서 경기호황 때에는 노동시장정책의 폭을 축소하고, 경기 침체 시에는 그 폭을 확
대하여 경기순환이 실업에 미치는 충격을 완화시키는 것이다.

나. 적극적 노동시장정책이 고용을 창출하는 이유

적극적 노동시장정책은 적어도 아래의 5가지 유형에 의거 고용창출에 영향을 미
친다. 이와 같은 분류는 임금협상모델에서 하향 노동수요곡선과 상향 임금곡선 사
이의 관계를 나타내는 단순 노동시장 모델을 고려한 것이다.

첫째, 적극적 노동시장정책은 구직자의 능력(예를 들어 훈련프로그램) 또는 보다 효

과적인 구직 탐색(예를 들어 더욱 적극적인 고용지원기관을 통한 탐색지원)에서 적극적인 조정 때문에 일자리와 실업자 간의 효과적인 매칭이 이루어진다. 빈 일자리와 실업의 감소는 임금압력을 약화시키며 이것은 임금곡선을 하향으로 이동하게 한다. 그리고 빈 일자리는 고용주에게 비용을 발생하게 하므로 수요곡선이 상향으로 이동하게 한다. 따라서 실질임금에 영향을 미쳐 고용을 증가시키는 데 영향을 미친다.

둘째, 고용창출에 직접적인 지원금 지원방법으로 훈련프로그램이나 OJT 학습덕택에 노동생산성이 증가된다. 이것은 또한 외부적 영향으로 프로그램에 참여하지 않은 사람들에게 영향을 미친다. 이와 같은 생산성의 증가는 노동수요를 상향으로 이동시키며 고용과 임금을 상승시킨다. 제도적 관점, 이행시기, 거시경제적 자료에 기초한 대안적 전략으로서 특정 정책들에 대한 만족할 만한 평가를 제공하지만, 고용창출 면에서 적극적 노동시장정책과 관련한 매우 효과적인 지출문제에 대해서는 제공하지 못한다.

셋째, 적극적노동시장정책들은 실직자들에게 노동능력을 유지하도록 하며 특히 장기 실직자에게 더욱 효과적이다. 취업의 경쟁이 강화되면 임금곡선이 하향으로 이동하여 고용은 증가시키나 임금은 줄어든다.

넷째, 고용창출프로그램들(예를 들어, 저숙련자에 대한 직접적인 지원금 지원)은 비지원 취업자를 대치하거나 적극적 노동시장정책을 비효과적인 것으로 만드는 악영향을 미친다. 그러나 노동비용의 전반적인 감소에 따른 관련 수입에 대한 영향은 노동수요를 증가시키기에 충분하며 더욱 높은 임금과 취업의 형평성에 기여한다.

다섯 번째, 적극적 정책들은 다른 한편으로 실직자에게 일자리를 제공하는 효과가 있기 때문에 실업의 비효율성을 약화시킨다. 노동자들은 계약기간 동안 더 높은 임금을 요구할 것이며 따라서 형평성 면에서 취업이 낮아질 것이다.

마지막으로 중요한 위험예고 등 경고의 메시지를 알려 준다. 비록 취업에 긍정적 영향을 미친다 할지라도 적극적 노동시장정책과 관련한 재정적 비용은 매우 높으며, 전반적으로 일반적인 형평성이나 비용·편익 면에서 효과성에 문제가 발생할 수 있다.

다. 적극적 노동시장정책 모델

(1) 사민주주의 모델(북유럽국가들)

북유럽국가들은 복지제도에서뿐만 아니라 적극적 노동시장정책을 가장 체계적이고 적극적으로 실시하는 나라들이다. 특히 스웨덴의 적극적 노동시장정책의 핵심적인 특징은 정부정책의 문제점을 보완하고 인력자원의 개발과 활용을 통하여 스웨덴의 산업경쟁력을 높이며, 노동시장에서의 참여를 통한 소득증대로 빈곤을 줄이는 효과 등 경제정책과 복지정책이 긴밀하게 연계된 복지제도를 가지고 있다.

스웨덴의 적극적 노동시장정책은 보편주의적 사회복지제도와 연계하여 가능한 많은 국민들이 노동시장에 참여하여 생산 활동에 기여할 수 있도록 하고 있다.

(2) 독일 모델

독일의 적극적 노동시장정책은 스웨덴과 같이 의도적으로 정부의 거시적 경제정책을 보완하는 기능으로 발전되지 않았다. 독일의 적극적 노동시장정책의 핵심적 특징은 직업훈련제도와 직업안정기능의 독특한 결합에서 찾을 수 있다. 독일은 고급 기능인력 양성을 위해 직업훈련교육과 정규교육을 결합한 이중제도(Dual system)와 기업과 연계된 도제제도에 의한 독특한 직업훈련제도를 갖고 있다.

이와 같은 직업훈련제도에 의해 양성된 고급 기술인력을 국가주도의 직업안정제도를 결합하여 노동시장문제를 해결하고 산업경쟁력을 강화시켰다. 즉 독일의 노동시장정책은 모든 국민들의 노동시장참여를 적극적으로 촉진하는 기능보다는 잘 훈련된 기술숙련공의 양성과 이들의 적절한 배치(공급)를 통한 생산성 향상에 초점을 두고 있다.

(3) 자유주의 모델(미국모델)

미국의 적극적 노동시장정책은 스웨덴이나 독일에 비해 완전고용에 대한 사회적 합의가 약하고 노동시장정책 추진이 산발적이고 덜 체계적인 특징이 있다. 이는 국가의 시장개입이 쉽지 않은 독특한 국가구조와 정치·사회제도들의 영향에서 비롯된다.

미국에서 완전고용과 적극적 노동시장정책에 관심을 갖게 된 것은 1930년대 대공황과 대량실업을 겪으면서부터라고 할 수 있다. 미국의 완전고용 및 핵심적인 노동시장정책의 프로그램이 미국의 정치제도 특징 때문에 국가주도의 체계적이고 종합적인 프로그램을 갖고 있지 않다.

따라서 자유주의적 시장원리에 따라 민간부문의 활성화를 강조하며 정부 재정지출을 통한 공공부문의 확대에 소극적인 노동시장정책을 실시하고 있다. 그러나 최근에는 미국의 산업경쟁력 강화를 위한 인적 자원의 효율적인 개발과 활용에 역점을 두고 적극적 노동시장 프로그램들이 활발히 실시되고 있다.

라. 외부 노동시장정책과 직업안정제도(고용서비스제도)

(1) 노동시장의 구조

사용자는 노동수요의 입장에서 근로자는 노동공급의 입장에서 각각 유리한 조건으로 노동이라는 상품을 매매하려고 탐색한다. 노동시장에서 탐색행위를 통해서 사용자는 근로자를 고용하거나 고용을 거부하며, 근로자는 취업하게 되거나 실직하게 된다. 즉 노동시장으로 들어가고 노동시장으로부터 나오는 일련의 흐름으로 구성된다.

노동시장을 통해서 사용자와 근로자는 서로 유리한 조건으로 거래하기 위해서 탐색행위를 하게 된다. 사용자는 노동의 수요자로서 노동시장에서 더욱 유리한 조건으로 노동력을 확보하기 위해 사용자가 선호하는 고용의 표준(예: 성, 연령, 인종, 교육, 경험과 숙련, 직무애착, 성취동기 등)으로서 탐색행위를 하게 된다. 직장을 떠난 사람뿐만 아니라 해고된 사람과 노동시장에 처음으로 진입한 사람 혹은 다시 진입한 사람들을 모두 포함한 구직자 집단은 각각의 선호에 따라 노동시장에서 직업탐색활동을 하게 된다.

따라서 노동시장은 상품시장과 달리 거래과정에서의 특수성이 있다.

첫째, 노동시장에서의 마찰은 실업을 야기하여 우리에게 직접 고통과 역경을 가져다주므로 노동시장에 대한 관심이 클 수밖에 없다. 즉 실업은 근로자 자신과 가족뿐만 아니라 그가 속한 사회에 경제적·정치적으로 크게 영향을 미치는 등 사회적 중요성을 갖고 있다.

둘째, 노동력은 어떤 이유에서든 고용되지 않는다면 그들의 잠재적인 생산기여능력은 사라지고 만다는 것이다. 근로자가 만족스러운 임금으로 고용되지 않아 다음 기회를 기다려서 그의 노동능력의 소비를 정지시키거나 능력을 저축해 둘 수 없다는 것이다.

셋째, 노동시장이 상품시장과 다른 또 하나의 특성은 노동력이 명료하게 정의되지 않은 단위로 즉 동일하지 않은 단위로 거래된다는 것이다.

넷째, 상품시장에서는 단일의 시장가격이 형성되지만 노동시장에서는 근로자들에게 서로 다른 수준의 임금이 존재한다는 것이다. 노동시장에서 노동력에 대한 단일가격이 존재하지 않는 것은 많은 근로자들이 임금을 그들의 보수 중의 하나일 뿐이라고 생각하거나 임금 외의 다른 조건을 더 중요하게 생각하기 때문이다.

다섯째, 노동시장에서는 노동의 수요, 공급 그리고 현재가격이 일반적으로 널리 알려지지 않는 특성이 있다. 금융시장이나 상품시장에 대하여는 매일 신문에 기사화되어 정보를 제공하나 노동시장에 관해서는 그렇지 않은 것이 보통이다.

여섯째, 노동의 이동에는 제약이 있다는 것이다. 근로자들은 약간의 임금 차이로 해서 한 직장에서 다른 직장으로 이동하지는 않으며, 사용자들도 낮은 임금의 적용을 위해서 현재 고용하고 있는 근로자를 해고시키고 새로운 근로자를 채용하지 않는다. 이러한 이유는 경제적으로 비합리적이지만 근로자의 채용, 선발, 배치, 교육훈련에 많은 투자를 한 사용자의 처지에서 보면 불필요한 해고는 오히려 손해가 되며, 근로자의 입장에서도 단순한 이직 역시 손해가 되기 때문이다.

(2) 외부노동시장정책

기업의 노동시장전략은 국가적 차원의 노동시장정책과 보완적 관계에 있다. 기업의 노동시장정책은 분권화되어 있으며, 경제의 하위단위에서 기능을 발휘하는 반면에 국가의 노동시장정책은 하향적으로 영향을 미친다. 이 두 가지의 정책이 보완관계에서 제대로 기능을 발휘하기 위해서는 두 정책을 연계시켜야 기업과 근로자들의 목표를 충족시키는 데 기여할 수 있다. 예를 들어 독일과 같이 매우 효율적인 국가적 노동시장정책을 마련하고 있는 국가에서 실업의 문제나 숙련공의 부족문제를 해결하기 위해서 기업의 노동시장정책은 보완적 기능을 수행할 수 있으며 이를 국가적 노동시장정책에 대해서 보안시키는 것이 필요하다. 따라서 기업을 주축으로 한 내부노동시장의 개발과 더불어 외부노동시장을 합리적 동기에 의한 현대화된 외부노동시장으로 전환시키는 것이 필요하다(최종태, 1996).

〈표 Ⅰ-3〉 국가와 기업의 노동시장정책

구 분	내부노동시장정책	외부노동시장정책
수행주체	개별기업	국가(연방)기구
조직형태	분권화(하부단위)	중앙집권(하향식)
추진동인	기업전략	국가의 고용계획
주 대 상	미래의 직업에 대한 필요성	현재의 실업자
적 응 력	신속	완만
범 위	협소	광범위
재정부담	사용자	피고용자와 사용자
접근방법	행위지향적, 반응적	항상 반응적

 * 자료: 최종태(1996), 현대노사관계론, 경문사.

여기서 요청되는 것이 직업안정제도 등 고용서비스 제도이며 다음 두 가지의 기능을 갖는다. 첫째는 사회적 기능 또는 미시적 기능이며 다른 하나는 경제적 기능 또는 거시적 기능이라고 할 수 있다. 고용서비스 기구를 통하여 직업이 없는 구직자가 직업을 갖게 되는 것이 전자요, 직업안전망을 통하여 노동시장의 변동 상황이 분석되고 산업의 인력수급을 예측하고 계획하며 조절하는 것이 후자에 속한다.

노동의 수요와 공급을 연결시켜 주는 노동시장조직의 핵심인 고용서비스는 노사관계 형성에 대단히 중요한 구실을 한다. 특히 기업외부의 노동시장을 좁은 의미로 파악할 때 노동시장조직인 고용서비스가 제대로 역할과 기능을 수행하게 하는 것이 필요하다. 따라서 한 나라의 노동시장조직들이 어떠한가를 알아보기 위해서 그 나라의 고용서비스 제도를 파악하는 것이 긴요하다. 노동시장조직으로서 고용서비스제도의 선진국 노동시장정책에 대한 사례를 보면 다음과 같다.

〈표 Ⅰ-4〉 직업안정제도의 역할과 기능

구 분	주요내용
직업안전조직의 확대	① 고용서비스기관 확충 ② 직업상담, 취업서비스기관 설치
노동시장의 조직화	① 민간 고용서비스기관 육성 ② 각 급 학교 및 훈련기관의 취업지원서비스 확대 ③ 고용서비스 전문 공공기관 및 단체 육성
신속한 고용정보의 활용	① 노동시장 정보망 구축 ② 고용정보의 전산화 ③ 고용정보망 확충 및 운영
직업지도 및 개발 보급	① 취업지원매뉴얼 활용 ② 직업분석 및 직업분류 ③ 적성검사 개발 활용 ④ 직업의 개발 및 보급
취업지원서비스 확충	① 취업알선업무 확충 ② 취업취약계층의 취업지원서비스 강화

구　분	주요내용
고용보험제 실시	① 고용불안요인 제거 ② 안정적 인력양성, 배분, 활용 ③ 노사협조 저해요인 개선
관련제도 구비	① 직업안정법(고용서비스법) ② 고용보험법 ③ 노동시장관련법

(3) 직업안정제도(고용서비스제도)

근로자의 신분상 이슈로 제기되는 문제로 고용안정을 생각할 수 있다. 이를 거시적 차원과 미시적 차원으로 구분하여 알아본다면, 전자는 산업 및 국가수준에서 제기되는 과제로 대표적인 것이 고용 및 직업안정문제일 것이며 국가정책적 차원에서 다루어져야 하는 문제이며 후자는 기업수준에서 제기되는 과제로서 대표적인 것이 직장안정의 문제로 해고, 배치전환, 승진 등의 문제가 제기된다. 특히 관심의 대상이 되는 국가정책적 차원에서의 고용안정문제를 중심으로 다루어보면 다음과 같다.

실업을 없애기 위한 고용 및 직업안정정책은 경제규모 확대와 경제구조 고도화로 고용기회의 창출을 이룩하도록 유도되어야 하며, 이를 위해서 재정 및 금융 면에서 적극적인 고용창출을 위한 장기적인 정책이 다각적으로 요청된다. 생산의 수단이며 목적인 노동은 여건이 하락하는 한 생산성이 낮은 부문에서 높은 부문으로 즉 노동에 대한 대가가 낮은 곳에서 높은 곳으로 이동한다. 그러므로 노동이동은 자유경제체제하에서 생산활용에 신축성을 제공하며 노동시장의 분배기능을 효율화시키는 중요한 역할을 한다. 즉 경제체제의 총노동공급량은 경제활동 참가에 의하여 결정되지만, 경제 내의 산업별, 사업장별, 직종별, 지역별 노동시장의 노동공급은 관련된 경제활동참가뿐만 아니라 노동이동에 의하여 결정된다. 따라서 어떤 인위적 장벽이나 사회경제적 제약에 의하여 노동의 자유로운 이동의 저해를 방지하는 노동시장의 효율적 배분기능이 중요하게 된다.

근로자들이 그들의 한계생산가치가 높은 곳을 찾아서 이동하기 위해서는 다른 사람들의 수요와 공급가격, 그들의 구매계획과 판매계획, 그리고 취미와 기호 등에 관한 여러 가지 시장정보를 알아야 하는데, 이러한 시장정보를 획득하는 데에는 많은 비용이 발생된다. 즉 정보를 얻기 위해서 드는 교통비, 교제비 등의 직접비용(direct cost)과 정보를 수집하는 동안 벌수 있었던 소득을 희생해야 하는 기회비용(opportunity cost) 등이 발생한다. 그리하여 정보수집에 소요되는 단위시간당 한계비용과 정보수집에서 얻게 되는 한계수입이 같게 될 때 더 이상의 정보 수집활동을 중단하고 그때까지 알게 된 여러 직장 중에서 가장 높은 임금을 받을 수 있는 직업(장)으로 이동하게 된다.

노동이동은 그 개념상 다음과 같은 세 가지 관점에서 파악될 수 있다. 첫째, 이동할 능력이 있는가의 관점에서 본 노동이동이다. 여기서 말하는 능력은 근로자의 적성과 특정 직업에 필요한 기술을 가리키는 것으로 어떤 특정기술에로의 전환가능성을 파악하고자 하는 것이다. 따라서 이 개념은 인적 자원을 생산에 배분함에 있어서 가능한 최대의 잠재적 신축성이 얼마나 되는가를 결정하는 데 필요하다.

둘째, 옮기려는 성향에 중점을 두고 노동이동을 고려하려는 관점인데, 이것은 실제이동과 이동하려는 성향을 구별해서 다루는 것이다. 일반적으로 옮기려는 성향과 옮길 수 있는 기회의 함수로 나타낼 수 있다.

셋째, 실제로 이동한 그 자체를 노동이동으로 파악하려는 관점으로서 자발적이든 강제적이든 근로자들이 실제로 이동한 것을 측정하는 것이다.

노동이동의 원활화를 통한 자유기업주의 노동시장의 활성화와 효율화는 고전학파적 접근에서 볼 수 있듯이 자유방임을 통해서 이루어지므로 정부의 간섭을 최소화하고 마찰요인을 제거해 주는 것으로 충분하였다. 그러나 산업사회에 있어서의 실제 노동시장은 마찰이 없는 자유로운 이동이 조장되도록 작용하지 않는다. 오히려 이동을 저해하는 여러 가지 인적 제도와 절차들이 노동이동의 원활화를 막고 있고, 특히 필요한 사람을 필요한 직장이나 사업체에 배치하는 데 없어서는 안 될

시장정보가 복잡해짐을 물론 그 획득이 교환이 쉽지 않다. 따라서 정부의 역할은 이와 같은 장애요인을 제거해 주고 마찰을 극소화하여 줌으로써 적재적소에 배치하게 하도록 정책 수행이 필요한데 이것이 바로 직업안정제도(고용서비스제도)인 것이다.

Ⅱ.

고용복지의 현실과 적용전략

1. 한국의 노동시장 및 고용정책

가. 한국의 산업구조와 고용시장의 추이

한국경제는 정치나 사회 등 다른 영역에 대한 많은 논란에도 불구하고 양적으로 비약적인 발전을 하였다. 단순한 양적 지표로만 보면 1963년의 1인당 명목 GNP는 100달러였으나 1995년에는 1만 달러, 2004년에는 14,162달러를 달성하였으며, 국내총생산(GDP)은 2004년 기준 6,801억 달러로서 1953년의 약 520배 수준이다. 무역규모는 3,280만 달러에서 96년에는 1,297억 달러로 증가하여 우리의 경제규모를 국제적으로 비교한다면 2007년 현재 미국, 일본 등의 뒤를 이어 13위의 교역규모의 위치에 있다.

산업구조 역시 1차 산업은 60년의 36.8%에서 2004년에 3.7%로 2차 산업은 15.9%에서 29.1%, 그리고 3차 산업은 43.2%에서 55.5%로 고도화되었다. 수출상품구조도 1차산품은 62년의 63%에서 93년에는 3.9%로 공산품은 27%에서 96.1% 그리고 공산품 중 중화학제품의 비중은 10.4%에서 68.8%로 크게 증가하였다.

변화한 산업구조에 따라서 고용구조도 점차 변하고 있는데 최근 경제의 서비스화로 관련 취업자의 비중(단, 전기, 가스, 수도업 포함)이 64.8%를 넘어서고 반면에 1차 산업의 비중이 점차 하락해 가고 있는 실정이다. 또한 대량고용을 유지하는 기반이 되었던 2차 산업의 비중이 갈수록 낮아지면서 고용시장의 진퇴가 용이한 서비스업종의 비중이 높아져 점차 유연한 고용시장의 구조로 진입되고 있는 상황이다.

[그림 Ⅱ-1] 명목 GDP 규모 및 경제성장률 추이

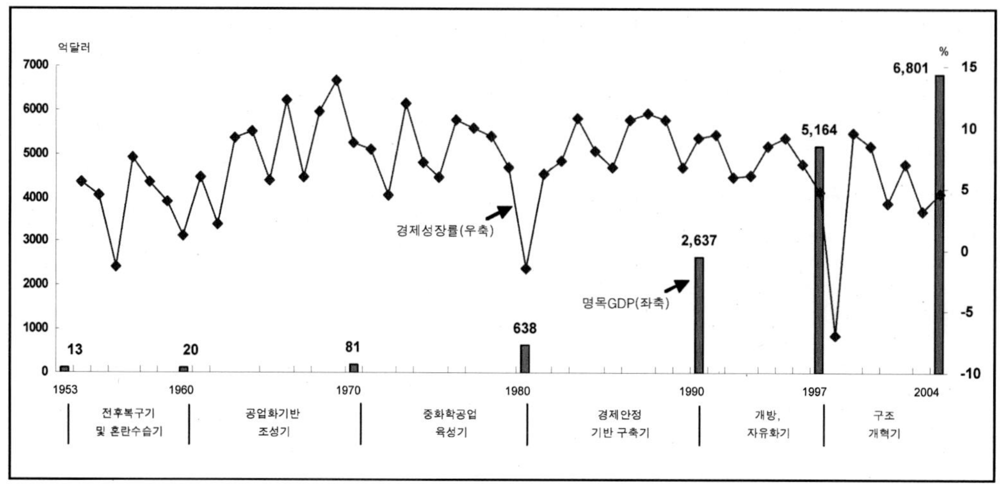

자료: 한국은행, 숫자로 본 광복 60년.

고도성장을 구가하던 70년대 말까지의 고용정책 중심은 고용안정보다는 경제성장에 따른 인력수급 및 양성에 초점을 두었다. 지속성장에 따른 수요증가로 인력부족을 해소하기 위한 기술인력의 양성과 저기술 인력에 대한 취업알선이 주요정책이었다. 80년대에는 양적 위주의 성장으로 계층 간, 지역 간 불균형 문제점이 대두되었으며 복지의 형평성 제고정책이 대두되었다. 이에 따라 최저임금법, 남녀고용평등법, 장애인고용촉진법 등이 제정되었다.

90년대에는 적극적 고용정책의 기반을 구축하는 일이 중요한 정책내용이 되었다. 취업자의 증가세가 둔화되고 고용불안 문제가 심화되면서 고용에 대한 구조적 접근의 필요성이 대두되었다. 이에 따라서 고용자고용촉진법, 고용정책기본법, 고용보험법, 근로자직업훈련촉진법 등이 제정되었으며 적극적 노동시장정책의 기반을 구축하였다. 특히 97년 외환위기를 계기로 대량실업을 겪으면서 실업대책사업과 고용지원센터의 확충 등의 정책이 시행되었다. 또한 노동시장의 사회적 안전망으로써 고용보험제도의 적용범위를 전향적으로 확대하였다.9) 이를 통해 선진국들이 70∼

80년대 고실업을 겪으면서 축적한 고용안정 인프라를 구축할 수 있는 기반을 마련하게 되었다. 이 시기의 고용정책은 주로 대량실업의 해소를 위한 실업대책이 주로 초점이 되었으며 적극적 차원의 고용정책은 상대적으로 취약하였다.

2000년대 들어서는 중·저성장·저고용 및 인구고령화 등 고용환경이 급변하면서 실업해소와 더불어 고용확대를 위한 정책을 적극적으로 추진하게 되었다. 아울러 고용서비스 선진화와 직업능력개발 혁신을 위한 사업들이 마련되어 추진하게 되었으며 적극적 고용정책의 추진을 위해 고용보험의 역할을 강화하고 제도개선을 병행하였다. 제도적 측면에서도 근로자직업능력개발법, 고용보험법, 고용정책기본법, 남녀고용평등법, 고령자고용촉진법 등이 개정되었다.

[그림 Ⅱ-2] 우리나라 노동시장 구조

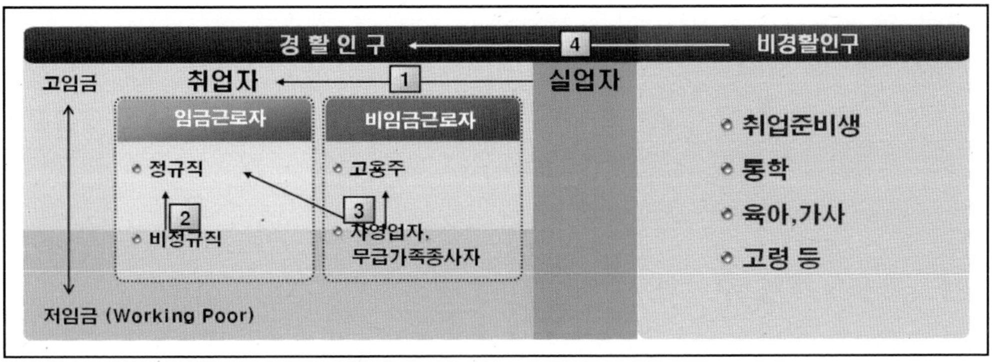

우리나라 고용정책의 구조를 살펴보면 다음과 같다. 고용정책의 대상은 전체적인 규모(파생수요적 성격)를 키우고 노동시장 내의 이동성을 높이는 것이 중요하다. 즉 노동시장의 참여 확대 및 능력개발을 촉진하여 노동시장에서의 함정탈출을 촉진하고 노동인구로 흡수하는 것이 필요하다. 따라서 우리나라 고용정책은 노동시장＋경제·산업＋교육정책을 아우르는 시각에서 접근할 필요가 있다.

---

9) 1998년 5인 이상에서 1인 이상 확대 실시되었다.

[그림 Ⅱ-3] 노동시장+경제·산업+교육정책

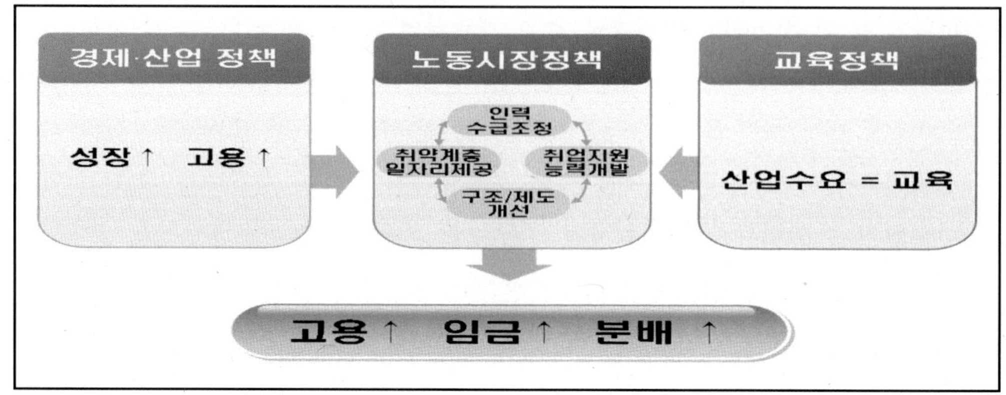

또한 성장과 고용의 괴리에 다른 노동시장 양극화와 소득분배의 악화문제와 교육격차 및 고학력화는 인력수급의 불균형과 노동시장 참여를 저하시키는 문제 등이 있다. 따라서 우리나라 고용정책은 즉 적극적 노동시장 정책은 이를 해소하는데 초점이 되어야 하며 임금근로자와 비경제활동인구 규모가 비슷하므로 경제활동인구를 증가시키기 위한 대책도 필요하다.

나. 고용정책의 추이와 방향

정부의 고용정책은 기본적으로 실업자의 구제 차원을 넘어서 적극적으로 고용을 유지 및 창출하여 실업의 고통을 분담하자는 사회협약적 측면과 장기적으로 유연한 노동시장의 구현을 통해 발생할 수 있는 사회안전망을 체계화하는 측면으로 구분할 수 있다. 따라서 고용안정사업을 통한 일자리의 창출과 유지, 그리고 실업자에 대한 다양한 실업극복 프로그램의 제공 및 양질의 고용정보를 제공하는 것을 목표로 한다(노동부, 2003).

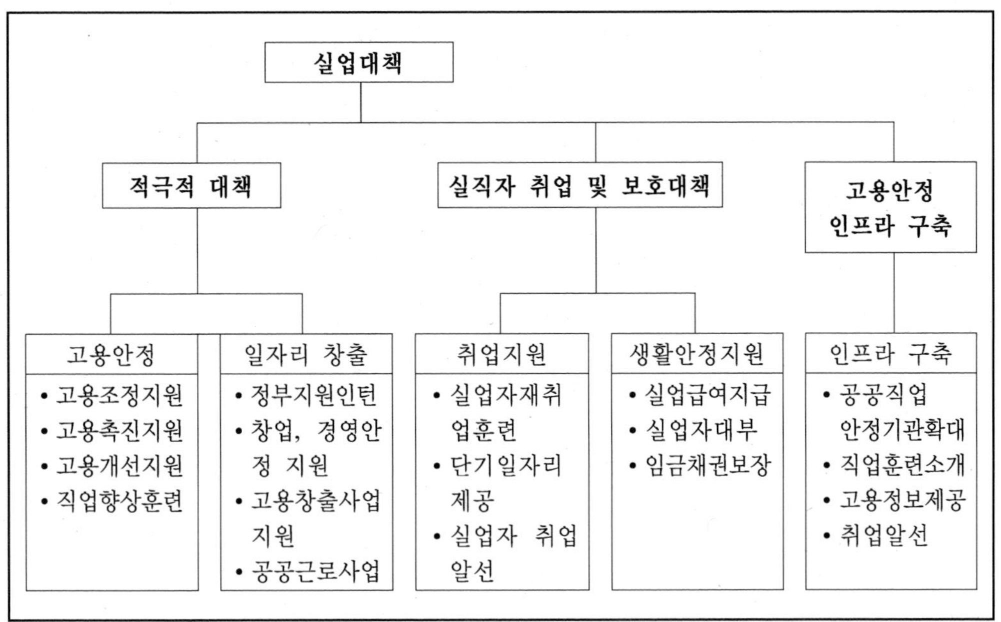

자료: 노동부, 2002 실업대책백서 재구성.

  우리사회는 지속적인 경제성장으로 '88년 이후 10년간 2%대의 낮은 실업률을 유지하였으나 '97년 말 외환위기로 급격한 경기위축, 이에 따른 기업 구조조정의 여파로 실업자 수가 급증하는 등 고용상황이 크게 악화되었다. 이와 같은 대량실업 사태에 직면한 정부는 경제회복에 총력을 기울이는 한편, 고용보험적용 확대, 공공 취업알선기능 강화 등 사회안전망을 확충함과 동시에 공공근로 등의 단기일자리를 제공하고 직업훈련 기회를 확대하는 등 범정부적으로 종합적인 고용정책을 마련·추진하였다.

  추진되어 온 고용정책의 기본방향은 다음과 같다. 첫째, 금융·기업·공공·노동 부문의 구조조정을 신속하고 일관성 있게 추진하여 기업경쟁력을 강화함으로써 시장 기능에 의해 고용이 활발하게 창출될 수 있는 기반을 조성하고 일자리 창출을 위한 대책을 지속적으로 추진하였다. 둘째, 지식기반사회에 대비한 인력양성체계를 구축하여 국민의 취업능력을 배양하고 구조조정 과정에서 불가피하게 발생한 실업자에 대해서는 재취업에 필요한 교육훈련을 적극 실시하여 국가경쟁력 강화와 실업발생의 최소화를 도모하였다. 셋째, 고용보험과 생활보호제도를 근간으로 실업자에 대한 사회안전망을 확충하여 실업자의 생활안정을 도모하고 사회불안을 해소하려 하였다. 즉 고용불안정에 대한 사회안전망의 확충을 위해 1차적으로는 고용보험제도의 발전을 통해 사회안전망의 위로부터의 확대를 도모하고 2차적으로는 저소득 실업자계층에 대한 공적 부조의 확충을 통해 사회안전망의 아래로부터의 확대를 도모함으로써 실업자 사회안전망의 사각지대를 축소하고자 하였다. 넷째, 실업자의 특성에 맞는 실업대책의 추진, 실업대책사업의 추진 상황에 대한 지속적인 점검과 평가, 민간단체의 참여활성화 등을 통하여 실업대책의 효율성 제고에 노력하였다(정인수, 2003).

이러한 방향에 따라서 실업자를 유형별로 분류하고 그에 따른 고용정책을 모색하였다. 1999년 이전 실업대책의 특징은 실업급여 수혜자와 비수혜자, 비정규직 실직자, 영세민, 노숙자 등 실업자 유형을 구분하여 추진하였다는 것이다. 이를 통해 사회적으로 만연된 실업자를 줄이고 고용불안에 따른 탄력적인 대책을 실시하고자 하였다. 이와 같은 유형별 대책은 실업자 구제를 위한 체계적인 시도로 평가되지만, 실업자의 특성에 대한 엄밀한 분석이 결여된 상태에서 급히 추진된 결과 그 취지가 다소 약화되었다. 또한 외환위기 이후 실업이 급격히 증가하고, 경기가 위축되는 당시의 상황에서는 대규모 고용창출이 가능한 공공근로사업에 대한 의존도가 매우 높을 수밖에 없었다.

<표 Ⅱ-1> 1998~2002 실업예산 재원별 현황

(단위: 억 원 / 명)

	1998	1999	2000	2001	2002
전　체	**56,672**	**92,400**	**59,407**	**30,866**	**26,971**
고용 안정 지원	1,224	4,832	3,663	3,665	3,169
단기 일자리 제공	10,444	26,218	13,207	6,750	5,819
직업훈련·취업알선	9,011	6,868	4,305	4,797	4,396
실업자 생활 안정	35,993	54,482	38,232	13,468	11,454

주: 직접적인 실업자 보호 및 사회안전망 관련 예산.(간접적 실업대책예산 제외)
자료: 노동부.

　1999년 2월 이후 정부 정책의 초점은 다른 방식으로 실업자들을 유형화하게 되었다. 실질적인 일자리 창출 및 시장기능 활성화를 통한 고용 극대화와 실업자를 위한 다양한 사회안전망의 구축이라는 기본 목표하에, 정보통신 산업분야 등 신규 인력창출이 가능한 신산업분야를 적극적으로 육성시키면서 양질의 노동인력을 양성하는 훈련을 활성화함으로써 자연스럽게 취업시장으로 편입될 수 있는 방안을 모색하였다. 아울러, 이러한 취업지원서비스의 질적 효과를 제고하기 위해서 고용안정 인프라를 확충·향상을 통한 서비스의 질적 수준을 제고하는 방향을 모색하였다.

　2000년 이후 대책은 사회안전망의 확충, 고용창출에 초점이 맞추어지면서 취업능력의 강화와 일자리의 창출을 모토로 삼게 된다. 또한 청년미취업자에 대한 고용안정사업도 동시에 추진하였다. 실업대책 추진실적에 따르면 1998년부터 2001년까지 실업자 생활안정에 가장 많은 예산이 투입되었음을 알 수 있다. 그 다음으로 단기 일자리의 제공에 많은 예산이 투입되었는데 이는 외환위기 초기 공공근로 사업의 운영에 지출되었다.

<표 Ⅱ-2> 선진국 실업 예산의 GDP대비 비율

(단위: %)

구 분		한 국	영 국	프랑스	독 일	일 본	미 국
1997	**실업률**	**2.6**	**7.0**	**12.3**	**9.9**	**3.5**	**4.9**
	실업예산 / GDP	0.15	1.19	3.19	3.76	0.52	0.42
	적극적	(87)	(31)	(42)	(66)	(17)	(40)
	소극적	(13)	(69)	(41)	(67)	(83)	(60)
1998	**실업률**	**6.8**	**6.3**	**11.8**	**9.3**	**4.1**	**4.5**
	실업예산	0.64	1.18	3.18	3.54	0.74	0.42
	적극적	(72)	(33)	(42)	(36)	(45)	(40)
	소극적	(28)	(68)	(46)	(64)	(55)	(60)
1999	**실업률**	**6.3**	**6.1**	**11.2**	**8.6**	**4.7**	**4.2**
	실업예산 / GDP	0.88	0.98	3.11	3.42	0.75	0.42
	적극적	(78)	(35)	(42)	(38)	(33)	(40)
	소극적	(22)	(65)	(59)	(62)	(67)	(60)
2000	**실업률**	**4.1**	**5.5**	**9.5**	**8.1**	**4.7**	**4.0**
	실업예산 / GDP	0.55	0.94	3.12	3.13	0.82	0.38
	적극적	(84)	(39)	(44)	(39)	(34)	(39)
	소극적	(16)	(61)	(56)	(60)	(66)	(61)

주: 1) ( )는 적극적 및 소극적 예산 비중.
    2) 영국은 1996년 자료.
    3) 선진국 적극적 예산 평균은 1999년의 경우 전체 실업 예산의 39%, 2000년의 경우 전체 실업예산의 40%임.
자료: OECD, Employment Outlook, 2001. 6., 2000. 6. pp.245-252.

외환위기 기간 동안의 실업대책에 관련된 예산을 선진국과 비교해 보았을 때 1999년에는 실업예산 수준이 선진국의 중간 정도에 해당하는 것을 볼 수 있다. 실업예산을 그 집행 성격에 따라서 적극적 예산과 소극적 예산으로 분류[10]해 보면

---

10) 적극적 및 소극적 노동시장정책 예산의 구분은 Martin John(OECD, 1998)의 기준을 따른다. 적극적 노동시장정책 프로그램은 취업알선, 직업훈련, 청년층 대책, 고용보조금으로 구분된다. 소극적 노동시장정책 프로그램은 실업과 관련된 사회보조금과 조기퇴직보조금을 의미한다.

우리의 경우는 당시의 높은 실업률을 감안할 때 적극적 예산이 높은 편이다. 선진국과 비교하여 적극적 예산이 높은 이유는 아직 우리 사회의 경우 실업과 관련된 사회안전망이 구축되지 못한 것에서 찾을 수 있다. 당시 급격하게 쏟아져 나오는 실업자들에 대해 취업알선정보를 제대로 전달해 줄 수 있는 기관이나 인프라가 구축되지 못했고,11) 이들을 일단 직업훈련기관이라는 임시적인 조직 속에서 통제하면서 보조금을 지급하여 일시적으로라도 실업이라는 일상의 충격을 완화하고자 했다. 소극적 예산의 비중이 높은 영국, 프랑스, 독일의 경우 오랫동안 지속적으로 유지되고 있던 사회안전망을 통하여 추가의 비용이 투입될 소지가 적었으며, 예산의 대부분을 실업급여의 형식으로 지급하는 것이 일반적인 현상이었다.

1999년 2월 8.8%(실업자 수 181만 명)까지 치솟았던 실업률은 2000년 연평균 4.1%(91만 명), 2001년 이후 3%대(2001년 3.8% → 2002년 3.1% → 2003년 3.4%)로 하락하는 등 대량실업 사태는 진정되었다. 그러나 잠재성장률의 점진적 하락, 기술혁신·산업구조 변화에 따른 기업의 고용흡수력 둔화 등으로 우리 경제의 일자리 창출 역량이 약화되어 일자리 증가 없는 성장(Jobless growth)이 우려되고 있다.

고용형태 측면에서도 비정규직의 규모가 최근 들어 빠르게 증가('03년 8월 460 → '04년 8월 539만 명)하고 있고, 소득별 일자리 증감을 보더라도 상위 30%와 하위 30%의 직업에서 일자리가 크게 늘어난 반면, 중위권 일자리는 오히려 감소하였다. 또한 기업규모 간 임금격차, 정규직과 비정규직 간의 근로조건 차이 등 노동시장의 양극화 현상이 성장에 걸림돌로 작용할 수 있다는 우려도 높아지고 있는 실정이다.

---

11) 고용안정정보망 워크넷은 1999년 4월에 개통되었고, 실업자 정보통합시스템은 2000년 10월에 구축되었다. 워크넷의 개통 이전에는 직업안정기관(당시 인력은행, 노동부 직업안정과, 지방자치단체 등)에서 취업알선관계자들에 의해 폐쇄적으로 운영되는 취업알선 시스템을 통해서만 정보를 구할 수 있었으며, 일반 실업자들은 각 기관에서 출력되는 정보에 의존해서 취업정보를 파악할 수 있었다.

〈표 Ⅱ-3〉 고용관련지수 추이

연도	경제활동인구(1,000명)	취업자 수(1,000명)	실업자 수(1,000명)	실업률(%)	연도	경제활동인구(1,000명)	취업자 수(1,000명)	실업자 수(1,000명)	실업률(%)
1945	자료 없음	자료 없음	자료 없음	자료 없음	1983	151,18	14,505	613	4.1
1950	자료 없음	자료 없음	자료 없음	자료 없음	1984	14,997	14,429	568	3.8
1963	8,230	7,563	667	8.1	1985	15,592	14,970	622	4
1964	8,341	7,698	643	7.7	1986	16,116	15,505	611	3.8
1965	8,754	8,112	642	7.3	1987	16,873	16,354	519	3.1
1966	8,957	8,325	632	7.1	1988	17,305	16,869	435	2.5
1967	9,180	8,624	556	6.1	1989	18,023	17,560	463	2.6
1968	9,541	9,061	480	5	1990	18,539	18,085	454	2.4
1969	9,747	9,285	462	4.7	1991	19,109	18,649	461	2.4
1970	10,062	9,617	445	4.4	1992	19,499	19,009	490	2.5
1971	10,407	9,946	461	4.4	1993	19,806	19,234	571	2.9
1972	10,865	10,379	486	4.5	1994	20,353	19,848	504	2.5
1973	11,389	10,379	447	3.9	1995	20,845	20,414	430	2.1
1974	11,900	10,942	479	4	1996	21,288	20,853	435	2
1975	12,193	11,691	501	4.1	1997	21,782	21,214	568	2.6
1976	12,911	12,412	499	3.9	1998	21,428	19,938	1,490	7
1977	13,316	12,812	504	3.8	1999	21,666	20,291	1,374	6.3
1978	13,849	13,412	437	3.2	2000[1]	△22,134	21,156	△979	△4.4
1979	14,142	13,602	540	3.8	2001	22,471	21,572	899	4.0
1980	14,431	13,683	748	5.2	2002	22,921	22,169	752	3.3
1981	14,683	14,023	660	4.5	2003	22,957	22,139	818	3.6
1982	150,32	14,379	654	4.4	2004	23,417	22,557	860	3.7
					2005[2]	24,123	23,246	878	3.6

주: 1) 2000년부터 공식 고용통계 기준이 '구직기간 1주' 기준에서 '구직기간 4주'로 변경
   2) 2005년 6월까지
자료: 통계청, 경제활동인구연보.

2. 우리나라 고용복지서비스 사례(고용서비스＋복지서비스)

취업취약계층에 대한 고용능력을 높여주기 위한 복지서비스와 연계하여 제공한 사례로 취업에 장애가 있는 구직자에게 심층적인 고용서비스를 제공하여 자립기반을 뒷받침하며 지역주민의 복지 증진에도 기여하는 데 의의가 있다고 할 것이다. 또한 취업취약계층을 대상으로 고용서비스를 제공함으로써 사회양극화를 완화하고, 열악한 개인 및 주변 환경을 고려하여 맞춤화된 고용서비스를 제공으로 경제적·정서적 안정을 도모하며 궁극적으로 성공적인 자활을 지원하는 데 있다. 이를 위해 사회복지실천방법론 중에 사례관리기법(Case Management)의 활용사례를 통해서 취업취약계층의 종합 고용－복지 서비스 제공방법을 알아보면 다음과 같다.

첫째, 취업전문가와 미팅을 통한 개인별 취업환경 진단과 취업 및 자활을 위해 필요한 고용·복지 서비스 프로그램을 선택하도록 지원하며 사례관리 대상자별 취업전문가와 지원관계를 설정한다.

둘째, 개인별 종합취업지원서비스 계획을 수립하여 제공하며 대상자 Case 내 프로그램 담당자인 취업전문가는 인터뷰(직접면접) 및 전화 상담을 통해 고용·복지 서비스 제공, 진행사항을 확인한다.

셋째, 취업전문가는 월별 프로그램 참여 결과 및 평가서를 제출토록 하며 평가사항은 향후 프로그램 운영에 반영토록 한다.

넷째, 중간 평가 및 솔루션 회의 등을 통해 프로그램 진행상황 진단·개선방법을 논의하여 이를 반영하며 서비스성과를 보고한다.

〈표 Ⅱ-4〉 고용보험(실업급여, 고용안정, 직업능력개발사업) 지출 현황

[단위: 억 원]

	1997	1998	1999	2000	2001	2002	2003	2004	2005	2006	2007
고용보험지출액	1,689	11,907	16,968	11,345	15,493	16,003	18,508	23,741	29,323	38,536	47,358
전년대비증가(%)	364	605	42.5	-33.1	36.6	3.3	15.7	28.3	23.5	31.4	22.9
실업급여	834	8,089	9,632	4,998	8,821	9,131	11,375	15,844	19,054	22,842	27,132
고용안정	199	1,110	2,026	1,321	1,551	1,279	1,194	1,473	2,744	15,694	20,226
직업능력개발	656	2,708	5,310	5,026	5,121	5,593	5,939	6,424	7,525		

출처: 노동부 「고용보험기금 결산보고서」
주) * 2006년부터는 고용안정사업과 직업능력개발사업이 통합 관리됨

3. 선진국의 고용전략

선진국의 경우 제조업 중심의 완전고용체제를 축으로 한 '생산성-소득-고용-복지'의 선순환 관계가 해체되면서 이러한 문제해결을 위한 다양한 고용전략을 개발하기 위한 노력을 하고 있다. 특히 '고용확대-복지악화'의 미국모델과 '복지유지-실업증가'의 유럽모델 중에 선택을 해야 하는 문제들이 대두되었으며, 네덜란드, 덴마크, 스웨덴 등은 이러한 딜레마에서 벗어나기 위한 다양한 실험들이 진행되었다. 현재 OECD에서 제안된 고용전략의 주요 정책을 살펴보면, 일자리창출에 대한 장애요인 제거문제, 고용에 부정적인 기존 복지제도(세제, 급여시스템)의 개혁문제, 적극적 노동시장정책의 강화 및 효과 제고문제, 고령화에 대응하여 노동력 공급 및 활용 증대문제, 고용정책과 사회정책의 보완 및 결합문제 등이 있다.

또한 EU의 고용 전략(European Employment Strategy)을 살펴보면, 고용보호법제의 완화 등 시장기능의 회복보다는 작업조직의 현대화를 통하여 적응력과 생산성 향상을 강조하고 있으며 복지국가의 사회제도들도 성장에 기여할 수 있도록 하고 있다. '고용의 양'과 '고용의 질(job quality)'을 보완적인 관계에서 효과적인 고

용전략을 모색하고 있다. 또한 스웨덴과 덴마크는 고용의 양과 질을 동시에 높이고 고용안정과 고용유연성을 동시에 달성하고 있으며 높은 비율의 비시장영역(non‒market sector)을 가지면서도 동시에 높은 생산성을 보이는 서비스 영역에서 적극적으로 고용을 창출하고 있다.

그리고 고용불안정성이 높은 계층을 타깃으로 적극적 노동시장정책에 대한 지출비중이 증가하고 있으며 과세에 기반으로 한 사회정책프로그램 운영으로 고용의 비임금비용(non‒wage cost)을 낮은 수준으로 유지하기 위한 노력들이 이루어지고 있다.

세계화는 급속한 경제의 리스트럭쳐를 의미하며 근로자에 의한 빈번한 직업 변화를 의미한다. 이는 보다 유연한 노동시장이 직업안정성에 부정적 의미를 암시한다. 때문에 유연성의 문제는 경쟁력을 유지하고 유럽식 사회적 모델을 보존하기 위해서 요구되는 딜레마이다.

최근에 고용안정성을 포함한 노동시장을 유연화하는 방향으로 유연성에 대한 개념이 강조되고 있다. 유연성과 안정성은 필연적으로 반대적 개념이나 상호 지원 가능하다는 의미에서 출발한다. 여러 나라들에서 유연성의 접근요소들이 혼합되어 있으나 덴마크 모델이 좋은 사례가 되고 있고 있다. 덴마크 모델은 소위 "The Golden Triangle"로서 첫째, 높은 수준의 직장이동, 둘째, 종합적인 사회 안정 시스템, 셋째, 적극적노동시장정책 및 촉진활동 강화 등으로 구성되어 있다. 즉 영국의 유연한 노동시장과 스웨덴 수준의 사회안전망수준이 조화를 이루도록 하는 것이며, 중소기업 위주의 산업구조, 성숙한 노사협력시스템을 기반으로 한 높은 유연성·이동성, 관련된 실업급여체계, 적극적 노동시장정책 등 3개 축이 적절한 역할과 균형을 이루어 노동시장의 유연성과 안정성을 동시에 달성하는 데 있다.

[그림 Ⅱ-5] 덴마크의 노동시장 유연·안정성 모델

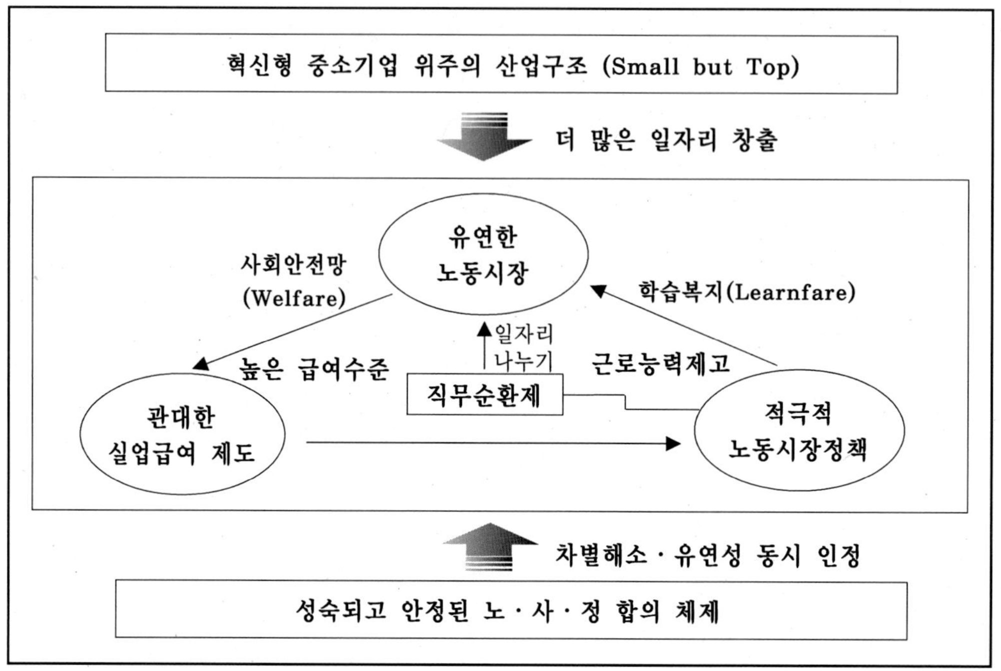

덴마크 모델에서 근로자들은 단지 3일 동안 실업상태에 있으며 최대 4년까지 급여의 90%를 받을 수 있다. 또한 촉진활동을 강조함으로써 실업에서 고용으로의 흐름을 원활하게 하며 훈련프로그램을 통한 실업자의 기술향상을 촉진한다. 덴마크 모델의 장점에도 불구하고 다른 나라에서 적용상 쉽지 않다. 그 이유는 덴마크 시스템의 성공에는 다른 나라에 없을 수 있는 강력한 공공추진력을 포함한 역사적 배경의 산물이라는 것과 유연성 접근과 관련해서 덴마크 모델의 일부는 받아들일 수 있으나 각각의 현실을 고려해서 통합해야 하는 문제가 발생한다. 또한 덴마크와 유사한 모델들이 아일랜드나 오스트리아에서도 발견된다. 오스트리아의 주요 기금체계는 한 직장에서 인정된 퇴직수당의 권리가 다음 직장에 이동될 수 있으며 결과적으로 근로자들은 단지 퇴직수당의 권리를 확실히 하기 위해서 같은 직장에 머무를 필요가 없으며 각 사업주들은 해고와 관련한 재정적 위험에 직면하지 않아도 된다. 따라서 유연성과 관련한 촉진요소들(즉 직업탐색 및 알선활동 등)은 사회복지시스템에서도 강조하고 있다. 덴마크 모델의 전반적인 적용이 쉽지 않으나 근로자를 보호하는 유연성에 대한 개념은 유용한 지침이 된다. 경기변동에 대항하여 가능한 근로자들이 보호될 수 있도록 하는 동시에 노동시장 유연성을 증가시키는 방향으로의 방법을 지속적으로 개선하는 것이 필요하다.

4. 최근 고용이슈

가. 경기둔화에 대한 준비

세계화의 확대 및 시장개방화 증가에 따라 외부요인의 부정적 영향을 받을 잠재적 가능성이 높아지고 있으며, 따라서 노동시장의 침체의 가능성을 고려하지 않을 수 없게 되었다. 예를 들어 건설부문의 경기 침체, 미국경제의 무역균형강화에 따른 달러대 유로화의 평가 변화, 중국시장의 개방화, 에너지 가격의 상승 등이 있다.

또한 이주노동인력의 흡수로 노동시장에 영향을 미칠 것으로 예상된다. 그리고 건설노동자의 재고용을 지원하기 위한 계획들을 고려해야 하며 외부국경제의 의존성이 노동시장에 큰 영향을 미칠 것이며 경제성장을 위협할 수 있음은 고려해야 할 문제들이다. 또한 경쟁력 유지와 임금문제를 중요하게 고려해야 하며 노동시장을 보다 민감하게 반응하기 위한 새로운 정책 모색이 필요하다.

나. 이주노동자 문제

이주노동자의 총체적 영향은 긍정적이라는 것이 연구지표에 나타나 있다. 경제성장을 유지하고 노동력 부족을 피하기 위해서는 이주노동자가 필요하다고 지적되고 있다. 그러나 다른 나라의 경험에 비추어 이주노동자 또한 부정적 영향을 미칠 수 있음을 고려해야 한다. 이주노동자들은 국내노동자의 해고의 원인이 되고 있으며 직업상실 또는 임금하락에 영향을 미쳤기 때문이다. 이주노동자의 영향은 노동자의 자질과 국가경제여건에 따라 영향을 받으며 단기적으로 이주노동자들이 수익을 악화시키나 장기적으로는 수익을 향상할 수 있으나 이들의 해고문제는 중요한 이슈가 된다. 그 이유는 낮은 수준의 실업률 유지에 따른 지속적인 임금 인상 때문이다. 해고는 단지 경제침체 시 노동자의 문제로 인식된다. 그러나 고용안정이라는 사회적 요구에서 본다면 해고의 문제를 최소화하고 이주노동인력의 장점을 극대화하기 위해서는 다양한 논의가 진행되어야 한다.

첫째, 노동관계법규의 엄격한 준수를 유지해야 한다. 둘째, 외국자격증의 인정을 위한 적합한 시스템을 도입해야 할 필요가 있으며 전체를 포괄한 운영시스템이 되어야 한다. 이를 통해서 자질 있는 이주노동자들의 능력에 적합한 일자리에서 종사하게 됨으로써 공급과잉 이주노동자의 저능공 노동시장에 진입을 줄일 수 있도록 해야 한다. 해고와 관련된 추가적인 이슈는 노동자들이 변화된 노동시장 요구에 필요한 기술향상교육 및 재교육 문제로 이를 해소하기 위한 프로그램의 지속적인 개발이 필요하다.

다. 재취업 알선율과 실업자문제

취업 알선율[12)]이 실업률에 중요한 잠재적 영향을 미친다는 주장이 논의되고 있으며 이와 같은 논리가 실업증가 유발을 피하는 데 필요하다. 주기적인 침체와 관련해서도 이와 같은 조치들이 요구된다.

---

12) 취업알선율: 구직자 중에서 직업안정기관을 통하여 취업한 취업자의 비율로 다음과 같은 방식으로 산출＝(취업자 수 / 구직자 수)×100

다른 한편으로 강력한 촉진정책에서 높은 취업 알선율이 낮은 실업률을 유지할 수 있도록 하는 시스템이 요구된다. 즉 취업 알선율 확대를 위한 조치가 필요하다. 연구보고서에 따르면 취업알선율과 실업률 간에는 매우 긍정적인 관계가 있음이 확인되었다.

그러나 취업 알선율은 상승하고 있으나 반면에 실업률은 상대적으로 변하지 않았다. 이와 같은 관계의 변화를 입증할 수 없으나 적어도 높은 취업 알선율이 높은 실업률을 인도하지는 않는다는 증거들이 있다.

특히, 덴마크의 경험을 통해서 높은 취업 알선율은 낮은 실업률과 양립할 수 있으며 높은 고용참여율과도 양립할 수 있다. 이와 같은 결과들은 노동시장 촉진과 실업수당 조건부 수급과 관련한 실업자에 대한 영향과 취업 알선율에 관련한 영향 간에는 일정한 균형이 있다는 것을 시사한다.

III.

고용창출 및 고용촉진 프로그램

1. 고용보험론

가. 개 요

(1) 고용보험의 의의

(가) 목 적

고용보험법 제1조에 의하면, "이 법은 고용보험의 시행을 통하여 실업의 예방, 고용의 촉진 및 근로자의 직업능력 개발·향상을 도모하고, 국가의 직업지도·직업 소개기능을 강화하며, 근로자가 실업한 경우에 생활에 필요한 급여를 실시함으로써 근로자의 생활의 안정과 구직활동을 촉진하여 경제·사회발전에 이바지함을 목적 으로 한다"라고 규정하고 있다.

[그림 Ⅲ-1] 고용보험의 목적

고용보험의 목적
■ 재직자의 실업예방, 실업자 등의 고용촉진 및 이들의 직업능력개발·향상을 도모 ■ 국가의 직업지도·직업소개기능을 강화 ■ 근로자가 실업한 경우에 생활에 필요한 급여를 실시함으로써 구직활동을 촉진

(나) 개　념

　　고용보험은 전통적 의미의 실업보험과 산업화 과정에서 구축된 고용안정사업, 직업능력개발사업 등 적극적 노동시장정책을 하나의 체계 내에서 상호 연계하여 운영하는 사회보험을 말하는 것이며, 이는 경기불황과 경기변동, 산업구조조정 및 대규모 고용변동 등에 의한 사회적 위험인 실업에 대해서 정부와 사용자, 근로자가 연대하여 대처하는 중요한 정책 수단이다.

[그림 Ⅲ-2] 고용보험의 개념

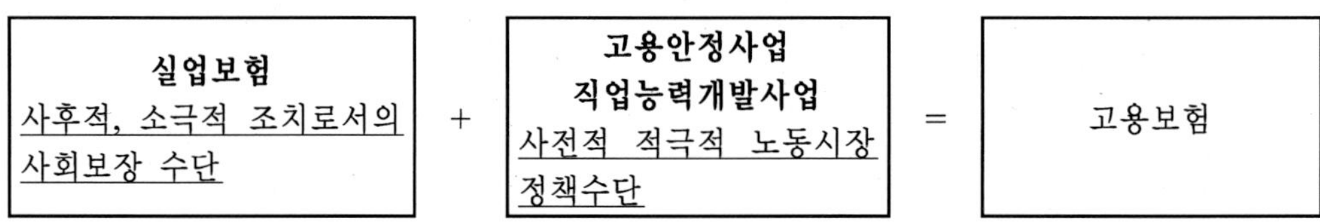

(다) 발전과정

　　최초의 고용보험제도의 역사는 19세기 후반에 들어 서구의 주요도시에서 시작된 노동조합의 자주적인 '실업공제기금'에서 출발하여, 1893년 스위스 베른시에서 발생한 실업공제기금 재정난에 대한 정부차원의 최초 재정 보조 이후에 일부 기업에서 사용자에 의한 '실업구제제도'가 실시되었다. 현대사회에서는 1905년 프랑스에서 '실업공제기금'에 국가보조원칙 구체화를 도입함으로써 노동조합 자구적인 실업공제기금에서 벗어나는 계기가 마련되었으며 유럽사회 전역으로 전파된다.

　　강제적 성격을 띤 실업보험제도는 영국에서 최초로 도입(1911년)되었으며, 제1차 세계대전 종전 후 대규모 실업사태 발생은 각국의 도입을 촉발하는 계기가 되었다. 이후 1930년대 대공황 사태에 따른 실업자에 대한 조직적 보호의 필요성이 제기되어, 1934년에는 ILO가 '비자발적 실업자에 대하여 급여 또는 수당을 보장하는 협약'을 채택하게 된다.(제44호 협약), 1940년대에 제2차 세계대전을 겪고 나서 대부분의 국가가 실업보험에 대한 계획 수립에 나서게 되었다.

독일은 1969년 '직업소개및실업보험에관한법률'을 '고용촉진법'으로 대체하여 고용보험제도를 시행하게 되었으며, 아시아 국가인 일본은 오일쇼크에 의한 산업구조조정의 대처수단으로서 '실업보험법'을 '고용보험법'으로 대체하였다(1974).

[그림 Ⅲ-3] 발전 과정 및 성격 변화

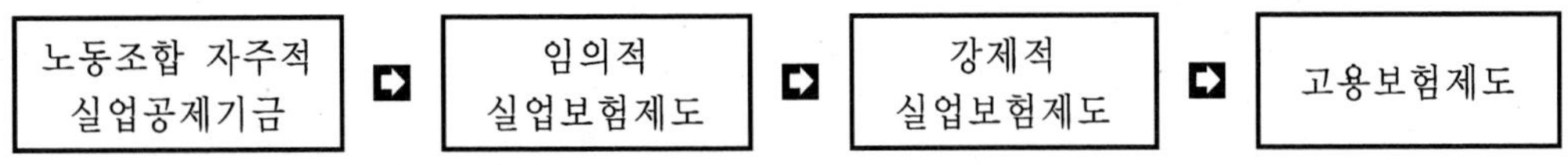

(2) 고용보험법 제정

(가) 한국 고용보험제도 성립배경

한국은 1970, 1980년대 급속도의 경제발전에 힘입어 선진국의 사회보장제도인 국민건강보험, 국민연금, 산업재해보험을 순차적으로 도입하고 고용보험제도의 필요성을 논의하였으나 당시 경제성장 등 상황 면에서 실업자에 대한 구제정책이 본격적으로 논의되지 못하였다. 1990년대 후반의 제7차 경제사회발전5개년계획(1992~1996년)의 수립을 계기로 복잡 다양해지는 미래 산업사회를 대비하기 위해 고용보험 제도의 도입을 동 계획에 반영, 1992년 5월에 「고용보험연구기획단」을 설치하여 고용보험에 대한 본격적인 조사연구가 시작되었으며, 1993년 4월에는 노총·경총의 중앙노사합의에서 고용보험 조기실시를 대정부 건의사항으로 채택·건의하고 1993년 7월, 신경제5개년계획의 대국민발표를 통해서 1995년 시행을 발표하여 우리나라의 사회보장제도로서 고용보험제도가 도입되었다.

[그림 Ⅲ-4] 고용보험법 주요 내용

<table>
<tr><td align="center">고용보험법 주요 내용</td></tr>
</table>

◆ 적용범위: 고용안정사업·직업능력개발사업은 상시 70인 이상 사업장, 실업급여는 상시 30인 이상 사업장

◆ 보험료율: 임금총액의 15 / 1,000으로 하는 상한만 정함
 - 동법 시행령에서 고용안정 2 / 1,000, 직업능력개발 1 / 1,000(150인 미만), 3 / 1,000 (150인 이상), 5 / 1,000(대기업), 실업급여 6 / 1,000(노사 분담) 직업훈련기본법상 직업훈련의무제도와 고용보험법상 직업능력개발사업이 병행되어 이중구조 상태

◆ 1인 이상 전 사업장으로 고용보험 적용 확대(’98년 10월)

◆ 직업능력개발훈련의 일원화(’99년 1월 근로자직업능력개발촉진법)

◆ 여성의 고용안정을 위한 급여(육아휴직·산전후휴가급여)를 고용보험을 통한 지급 (’01년 11월)

◆ 일용근로자 실업급여 적용(’02. 12. 30. 법 개정, 2004. 1. 1. 시행)

◆ ’06년 1월 현재까지 법 시행령, 시행규칙 총 39회 가제 추록
 - 고용보험법(’05. 12. 27.), 시행령 및 시행규칙(’05. 12. 30.), 고시(’05. 12) 개정

주) 1993. 12. 27. 법률 제464호 공포(1995. 7. 1. 시행)

[그림 Ⅲ-5] 적용 확대 과정

	일 반 사 업 (상시근로자수 기준)					건 설 공 사 (총 공사금액기준)			
실업급여	'98년 이전	'98. 1.1 ~	'98. 3.1 ~	'98. 7.1 ~	'98. 10.1 ~	'98. 1.1~ '98.6. 30	'98. 7.1~ '03.1 2.31	'04. 1.1	'05.1.1
	30인	10인	5인	5인	1인	34억 원	3억 4천만 원	2천 만원	개인시공의 2천만 원 미만 또는 330㎡ 이하 공사
직업능력개발사업 고용안정사업	'98년 이전	'98. 1.1 ~	'98. 3.1 ~	'98. 7.1 ~	'98. 10.1 ~				
	70인	50인	50인	5인	1인				

자료 : 노동부(2006).

(나) 고용보험의 효과

첫째, 노동시장에서의 긍정적 효과를 들 수 있다. 실업에 따른 위험부담이 줄어들어 비경제활동 인구의 노동시장 참여를 촉진한다(노동공급량의 증가), 직업능력개발사업을 통해 재직근로자 및 실업자의 체계적인 직무능력 향상의 기회를 제공한다(노동력의 질적 향상). 실업자에게 일정한 급여를 지급함으로써 적성에 맞는 안정적 직장 선택을 지원한다(노동력의 급매방지).

둘째, 경제에 미치는 긍정적 효과로는 경기불황 시 실업급여 지급을 통해서 근로자의 구매력을 일정 수준 유지시켜 유효수요 하락 방지, 고용안정지원금 및 장려금을 기업에 지급함으로써 경영부담을 완화한다(경기에 대한 조절). 보험료와 보험료율 적용은 동일하지만 실업발생 확률이 높은 저소득계층에 주로 지원이 이루어진다. 또한 실업급여 지급 시 장애인, 고령자의 수급 기간이 길게 설정되어 있으며, 실업급여액의 하한선을 최저임금의 90%를 설정한 것은 소득재분배기능을 수행하는 것으로 볼 수 있다(소득재분배효과). 일시적인 경기요인에 의한 사업규모 축소 또는 변동 시 근로자의 감원보다 고용유지를 유도한다(실업예방). 불확실한 장래의 경기변동, 실업문제에 사전에 대처함으로써 가계, 기업의 안정적 운용을 가능하게 한다(경제주체의 안정성).

(3) 고용보험 운영체계

(가) 적용범위

고용보험은 모든 사업장 및 근로자에게 적용하는 것을 원칙으로 하되, 고용보험을 적용하여 관리하고 보험료를 징수하는 것, 사업을 시행하는 것이 적합하지 않은 사업장 및 근로자에 대하여는 적용을 제외한다.

(나) 운영주체

고용보험은 노동부장관이 관장하고 주요정책 추진사업은 고용정책심의회의의 심의를 거쳐 결정하며, 고용보험기금운용계획은 국회의 심의·의결을 거쳐 확정된다. 지방조직인 직업안정기관에서 고용보험사업을 주관하여 집행하고 적용대상 근로자에 대한 피보험자관리 업무를 수행하며, 근로복지공단에서 적용대상 사업장의 성립 및 보험료징수 업무를 수행한다. 이 외에 근로복지공단, 한국산업인력공단, 한국산업안전공단, 한국노동연구원 및 민간전문기관에 전문적이고 기술적인 일부 업무를 수행토록 위탁할 수 있다. 이와 함께 개별 사업의 목적 달성을 위하여 필요한 경우 노사단체, 지자체, 유료직업소개소 등 민간단체 등을 통하여 사업주 및 근로자를 지원한다.

(다) 기타 법률과의 관계

고용보험법은 고용정책기본법과 함께 노동시장정책을 총괄하고 지원하는 통합 기능을 수행하며, 또한 개별사업 법률(직업안정법, 근로자직업능력개발법, 고령자고용촉진법, 건설근로자의고용개선등에관한법률, 남녀고용평등법등고용관련법률)에서 규정하는 사업에 필요한 지원금을 제공하는 재원에 관한 법으로서 기능을 수행한다. 고용보험기금은 노동시장정책 수행 기능을 일반회계(재정), 고용안정에 관한 다른 기금(기능장려기금, 장애인고용촉진기금 등)과 분담하고 있으며, 고용보험기금이 주된 역할을 수행한다.

나. 고용보험 적용 및 징수

(1) 용어정의

근로자의 실직, 고용안정, 직업능력개발, 재취업 등을 다루고 있는 고용보험법에서의 주요 용어에 대한 정의를 살펴보자.

[그림 Ⅲ-6] 고용보험법 용어 정의

<table>
<tr><td colspan="1" align="center">용어정의</td></tr>
<tr><td>

◆ 피보험자: 보험에 가입된 근로자를 말함
◆ 이직(移職): 근로자가 직장을 옮김으로써 피보험자와 사업주 간의 고용관계가 종료되는 것
◆ 실업: 피보험자가 이직하여 근로의 의사 및 능력을 가지고 있음에도 불구하고 취업하지 못한 상태를 말함
◆ 실업의 인정: 직업안정기관의 장이 실업급여수급자격자가 실업한 상태에서 적극적인 구직노력을 하고 있다고 인정하는 것
◆ 일용근로자: 1월 미만의 기간 동안 고용되는 자

</td></tr>
</table>

(2) 고용보험의 적용

첫째, 근로자를 고용하는 모든 사업에 적용을 원칙. 따라서 사업에 고용된 모든 근로자는 강제 적용이 원칙이다.

둘째, 자영업자(상시 근로자 5인 미만의 개인 사업주 포함)에 대하여 고용안정·직업능력개발사업을 임의 적용한다.

셋째, 사업의 일괄적용의 요건은 아래와 같다.

[그림 Ⅲ-7] 일괄적용을 받는 사업의 요건

일괄적용을 받는 사업의 요건(당연 일괄 적용)

① 사업주가 동일인일 것
② 각각의 사업은 기간의 정함이 있을 것
③ 건설산업기본법, 주택법, 전기공사업법, 정보통신공사업법, 소방시설공사업법, 문화재보호법에 의한 사업자의 사업
※ 위 요건에 해당하지 않는 사업주는 공단의 승인을 얻어 일괄적용 가능(임의적 일괄 적용)

넷째, 적용 제외 사업의 범주는 다음과 같다.

[그림 Ⅲ-8] 고용보험 적용제외 사업

<table>
<tr><td colspan="1" align="center">고용보험 적용 제외 사업</td></tr>
</table>

① 법인이 아닌 농업·임업·어업 및 수렵업 중 상시 4인 이하의 근로자를 고용하고 있는 사업
② 개인이 시공하는 총 공사금액이 2천만 원 미만인 공사 및 건축 또는 대수선공사로서 330제곱미터 이하에 해당하는 금액의 공사[13]
③ 가사서비스업
※ '사업'이라 함은 계속적으로 반복할 의사를 갖고 업으로 행해지는 것으로서 영리의 유무와 관계없음. 하나의 사업인가 여부는 그것이 경영활동의 한 단위로서 독립성을 갖는가에 따라 결정되는 것으로서 다른 명칭을 사용하는 경우라도 그 작업공정, 경영상 지휘감독, 인사, 경리 등으로 보아 밀접하여 분리할 수 없는 때에는 주된 활동이 하나의 사업이고 기타의 것은 그 사업에 부수하는 것이거나 그 사업의 일부에 해당하는 것이므로 다른 사업으로는 인정되지 않음

〈표 Ⅲ-1〉 고용보험 적용확대

적용내용 사업별 구분	일반사업(상시근로자수 기준)					건설공사 (총 공사금액기준)			
	'98년 이전	'98. 1. 1.~	'98. 3. 1.~	'98. 7. 1.~	'98. 10. 1.~	~'98. 7. 1.	~'03. 12. 31.	'04. 1.~	'05. 1.~
실업급여	30인	10인	5인	5인	1인	34억 원	3억 4천만 원	2천만 원	개인시공 일부제외
고용안정사업 직업능력개발사업	70인	50인	50인						

주) '06년 1월 1일부터 고용안정·직업능력개발사업에 대하여 자영업자 임의 적용
자료 : 노동부(2006).

　다섯째, 고용보험에서는 적용 제외 근로자를 두어, 근로자의 적용 범위를 정하고

---

13) 연면적이 100제곱미터 이하인 건축물의 건축 또는 연면적이 200제곱미터 이하인 건축물의 대수선에 관한 공사로 적용 확대('09.1.1 시행)

있다. 적용 제외 근로자로는 65세 이상인 자(실업급여 사업을 제외한 고용안정·직업능력개발사업은 적용), 1개월간의 소정근로시간이 60시간 미만인 시간제근로자, 1주간의 소정근로시간이 15시간 미만인 자(다만, 근무 특성상 근로시간이 1주 15시간 미만이더라도 생업을 목적으로 근로를 제공하는 자14))는 고용보험을 적용, 또한 일용근로자는 소정근로시간에 관계없이 고용보험 적용, 공무원(다만, 대통령이 정하는 바에 따라 별정직 및 계약직 공무원의 경우는 본인의 의사에 따라 고용보험15)에 가입할 수 있다), 사립학교교원연금법의 적용을 받는 자, 외국인 근로자가 이에 해당되며 별정우체국법에 의한 별정우체국 직원도 적용 제외된다.

[그림 Ⅲ-9] 외국인 근로자의 적용 구분

외국인 근로자의 적용 구분

① 강제적용: 거주(F-2), 영주(F-5) ※고용허가제(E-9) '06년 1월 1일부터 적용 제외
② 상호주의: 체류자격[주재(D-7)·기업투자(D-8)·무역경영(D-9)]에 해당하는 자에 대하여는 강제적용하나, 사회보장협정을 체결한 국가(독일) 또는 외국인의 본국 법에서 대한민국 국민에게 고용보험료 및 급여를 적용하지 않는 경우의 외국인 근로자는 적용 제외
③ 임의적용: 방문동거(F-1) 중 노동부장관의 추천을 받아 법무부장관이 인정한 자, 재외동포(F-4), 단기취업(C-4), 교수·회화지도·연구·연수취업 등(E-1~E-8), 비전문취업(E-9)

여섯째, 5인 미만 사업장에서의 기준임금 적용은 아래에 준한다.

① 보험료징수에 적용

－사업의 폐업·도산 등으로 임금을 산정·확인하기 곤란한 경우

---

14) 대학 시간강사 등
15) 실업급여에 한해 임의가입이 허용됨('08.9.22 시행)

- 임금의 관련 자료가 없거나 불명확한 경우
- 사업의 이전 등으로 인하여 사업장의 소재지 파악이 곤란한 경우
※ '06년 기준임금액은 첫째, 제조업 등 지역을 거점으로 하는 산업인 경우 16개 시도별, 산업별(10개 산업)로 월 임금액으로 고시(제조업 서울 1,486천 원, 전북 1,081천 원 등)하고, 둘째, 지역구분이 곤란한 산업은 지역 구분 없이 산업별(농업, 어업, 행정, 국제업무 등)로 고시, 시간급 임금액은 고시된 월 임금액을 226시간(= {[(44시간 + 8시간) × 52주 + 8시간] ÷ 12월})으로 나누어 산출

② 고용보험의 구직급여를 산정하는 경우 실임금이 확인되지 않아서 급여기초임금일액을 산정하기 곤란하거나 보험료를 기준임금으로 납부한 경우 기준임금을 적용한다(※단, 실임금이 기준임금보다 많은 경우에는 실임금 적용)

(3) 피보험자 관리

(가) 보험가입자

사업주와 근로자가 가입자이며, 적용 제외 사업장의 사업주와 근로자는 임의 가입이 가능하며(*근로자 과반수의 동의와 근로복지공단의 승인에 의함), 적용 제외 사업장이 임의 가입한 경우 근로자의 2/3 동의와 공단 승인을 얻어 해지가 가능하다.

(나) 피보험자에 관한 신고

피보험자는 고용보험이 적용된 사업장의 근로자(임의 가입된 자영업자 포함)만을 말하며, 사업주는 근로자의 피보험자격의 취득·상실 등을 사유 발생일의 다음달 15일까지 직업안정기관에 서면, 인터넷 등의 방법으로 신고한다.[16]

---

16) 65세 이상자는 '06년 1월 1일부터 피보험자격 취득·상실 등 신고 대상자가 되었다.

(다) 당해 월에 고용한 일용근로자의 근로일수, 임금 등이 기재된 근로내역확인
신고서를 다음달 15일까지 제출함으로써 피보험자격의 취득, 상실의 신고
및 이직확인서 제출에 갈음하는데 이를 일용근로자 피보험자격 신고와 이
직확인서 특례라고 한다.[17)]

(4) 피보험자격의 확인

피보험자 또는 과거에 피보험자였던 자는 언제든지 직업안정기관의 장에게 피보
험자격의 취득 또는 상실에 관한 확인을 청구할 수 있으며, 직업안정기관의 장은
확인 결과를 청구인과 고용하거나 고용하였던 사업주(원수급인) 및 하수급인에게
통지한다.

[그림 Ⅲ-10] 2개 이상의 직업을 갖는 근로자의 피보험자격

2개 이상의 직업을 갖는 근로자의 피보험자격
1) 통상임금 ↑ 〉 월 소정근로시간 ↑ 〉 근로자 선택순으로 피보험자격 취득 2) 일용근로자와 상용근로자로 동시에 고용된 경우, 상용 우선 취득

(5) 이직확인서(일용근로자는 제외)

사업주는 이직하는 근로자가 구직급여의 수급자격 인정신청을 원하는 경우에 이
직확인서(피보험단위기간, 이직사유, 이직 전 임금, 퇴직금 등의 내역을 증명하는

───────────

자영업자는 근로복지공단의 승인을 얻어 개별적으로 가입하기 때문에 별도의 피보험자
격 취득·상실 신고 불필요하다.
17) 일용근로자는 서면, 인터넷 이외 전자카드에 의한 신고 가능.

서류)를 즉시 제출하여야 한다. 또한 근로자가 추후에 이직확인서의 교부를 요청하는 경우 즉시 당해 근로자에게 교부하여야 한다.

(6) 보험료 부담 및 징수

(가) 보험료 및 부담 원칙

① 고용보험사업에 소요되는 비용을 충당하기 위하여 「고용보험및산업재해보상보험의보험료징수등에관한법률」이 정함에 따라 고용보험료 징수
② 보험료는 고용안정ㆍ직업능력개발사업의 보험료와 실업급여의 보험료로 나뉘고, 각각 그 사업에 소요되는 비용에 충당하되, 실업급여의 보험료는 육아휴직급여 및 산전후휴가급여 등에 소요되는 비용에 충당
③ 고용안정ㆍ직업능력개발사업의 보험료는 사업주가 부담하고, 실업급여의 보험료는 사업주와 피보험자인 근로자가 각각 분담
 - 근로자 부담: 피보험자의 임금총액 × 실업급여 보험료율의 50%
 - 사업주 부담: 피보험자의 임금총액 × 각 사업 보험료율(실업급여는 50%)
④ 보험료는 사업주가 납부하고 근로자 부담은 임금지급 시 원천공제
 - 보험료는 근로복지공단 지사에 사업주가 신고하고 납부

(나) 보험료율

① 총 30 / 1,000 범위 내에서 2가지로 결정
② 고용안정ㆍ직업능력개발사업의 보험료율(사업규모별)
 - 상시 150인 미만 사업: 25 / 10,000
 - 상시 150인 이상으로 우선지원 대상기업의 사업(중소기업에 해당하는 사업 포함): 45 / 10,000
 - 상시 150인 이상 1천 인 미만 사업: 65 / 10,000

− 상시 1천 인 이상 사업 및 국가 · 지방자치단체가 직접 행하는 사업: 85 / 10,000

③ 실업급여의 보험료율: 9 / 1,000(사업주와 근로자가 각각 50%씩)

(다) 보험료의 신고와 납부

① 개산보험료

　− 당해 보험연도의 임금총액의 추정금액이 전년도 임금총액의 70~130%인 경우

　− 전년도 지급한 임금총액을 당해 연도 임금총액의 추정금액으로 하여 각 사업의 보험료율을 곱한 금액

② 확정보험료

　− 보험연도의 말일(연도 중에 보험관계소멸 시 그 소멸일)까지 임금총액에 보험료율을 곱하여 산정

③ 보험료의 납부

　− 산정된 보험료는 보험연도의 3월 31까지 근로복지공단에 신고 · 납부 (4회 분할 납부 가능)

④ 보험료의 정산

　− 개산보험료 산정금액에 확정보험료의 산정금액을 가감하여 납부할 보험료를 최종 산정하여 신고

　− 사업주의 확정보험료를 서면심사한 후 초과 금액 또는 미납액을 정산

　− 신고가 사실과 다를 경우 직권 조사하여 추가 징수

(라) 보험사무 대행기관

① 상시 300인 미만 사업주의 보험사무 처리의 편의를 제공하기 위하여 근로복지공단의 인가를 받은 단체, 법인 또는 개인을 말함

　− 특별법에 의한 단체,[18] 주무관청의 인가를 받은 법인,[19] 공인노무사 직무를

　　3년 이상 수행한 자

② 대행 보험사무의 범위

　－ 개산보험료, 확정보험료의 신고

　－ 고용보험 피보험자의 자격관리에 관한 업무

　－ 보험관계의 성립, 변경, 소멸의 신고

　－ 그 밖에 사업주의 직업안정기관 또는 근로복지공단에 대한 보험사무[20])다.

다. 고용보험제도 3대 사업

고용보험법의 목적을 달성하기 위한 주요사업(3대 사업)으로서 실업급여사업, 고용안정·직업능력개발사업, 육아휴직급여 및 산전후휴가급여 사업을 들 수 있다.

(1) 실업급여사업

(가) 개　념

근로자가 실직한 경우에 생활안정을 위하여 일정 기간 동안 일정수준의 급여를 지급하는 전통적 의미의 실업보험에 적극적인 취업알선 및 능력개발훈련 등을 통한 재취업의 촉진을 포함하는 제도를 말한다. 최근 모성보호사업(산전후휴가급여 및 육아휴직급여)은 현행 고용보험법상 실업급여와 사업이 구분되어 있으나 실업급여 재원으로 급여를 실시하고 있다.

---

18) 중소기업협동조합중앙회, 상공회의소, 건설협회 등
19) 한국경영자총협회, 전국경제인연합회, 무역협회 등
20) 고용보험 지원금 및 실업급여의 신청, 피보험자격 확인 및 심사청구, 직업훈련 안내 등
　　이 있다.

[그림 Ⅲ-11] 실업의 개념

<table>
<tr><td colspan="1" align="center">실업의 개념</td></tr>
<tr><td>
■ 통계적 의미(통계청): 실업조사(매월 15일이 속한 주)가 행해진 1주간에 수입이 있는 일에 1시간 이상 종사하지 못하는 경우
■ 고용보험법: 피보험자가 이직하여 근로의 의사 및 능력을 가지고 있음에도 불구하고 취업하지 못한 상태에 있는 것(고용보험법제2조제3호)으로 하고, 불완전한 취업[월 소정근로시간이 60시간(1주간 15시간) 미만의 근로]도 실업으로 인정하는 등 개별적·구체적으로 판단하도록 규정(고용보험법시행규칙 제52조의3)
</td></tr>
</table>

(나) 발전과정

19세기 초까지는 실업의 원인에 대해서 개인에게 책임이 있는 것으로 보았으며, 실업문제도 빈곤퇴치 차원의 관점에서 접근, 20세기에 들어 실업은 유효수요 부족, 기술혁신 등에 밀접히 관련된 문제로 인식되면서 실업에 대한 사회적 책임문제가 대두되기 시작하였으며 실업퇴치를 통한 완전고용 달성이 물가안정, 경제성장 등과 함께 주요한 경제정책 목표가 된다. 이에 따라 경기부양책, 인력정책(수요에 부응한 공급구조의 변화 및 재취업 알선 등) 및 실직자의 생활안정을 위한 실업급여 지급 등을 실시한다.

(다) 순기능과 역기능

실업급여의 순기능으로는 실직자의 생활안정, 재취업의 촉진,[21] 경기조절,[22] 소득재분배 효과[23]를 들 수 있다. 역기능으로는 사회안전망으로서의 실업급여가 구직

---

21) 구인구직정보, 산업정보 제공과 직업상담 등을 통한 개인의 능력과 적성에 맞는 직장 탐색, 실업자 직업능력개발훈련을 통한 노동력의 질을 제고
22) 경기불황 시 유효수요 창출을 통한 고용 증대, 호황 시 보험기금의 적립을 통해 유효수요 억제

활동 노력을 약화하여 실업의 장기화와 의도적 실업자가 발생함으로써 노동시장에서의 노동력 공급축소가 발생한다. 이에 실업급여 수급요건 및 지급제한 등 역기능 방지를 위한 장치를 두어 역기능을 최소화한다.

[그림 Ⅲ-12] 역기능 방지를 위한 장치

<table>
<tr><td colspan="1" align="center">역기능 방지를 위한 장치</td></tr>
</table>

◆ 이직 전 18개월 중 180일 이상의 피보험단위 기간 충족요건
◆ 자발적 실업자, 본인의 중대한 귀책사유에 의한 실업자에 대한 부지급
◆ 대기기간(수급자격 신청일로부터 7일) 동안 급여 부지급
◆ 구직활동 노력 및 일할 수 있는 능력과 상태에 있을 것
◆ 적절한 취업알선이나 직업능력개발훈련지시 등의 거부 시 급여 지급 정지
◆ 90~240일까지의 비교적 단기간 동안의 소정급여일수 설정

(라) 실업급여 종류

실업급여는 생계지원을 위한 「구직급여」와 「연장급여」 이외에 취업촉진을 유도하기 위한 부가적 급여인 취업촉진수당(조기재취업수당, 직업능력개발수당, 광역구직활동비, 이주비)이 있다.

---

23) 고용상태가 상대적으로 불안정한 저소득계층 및 취약계층에게 보다 유리한 수급조건 제공

[그림 Ⅲ-13] 실업급여의 종류

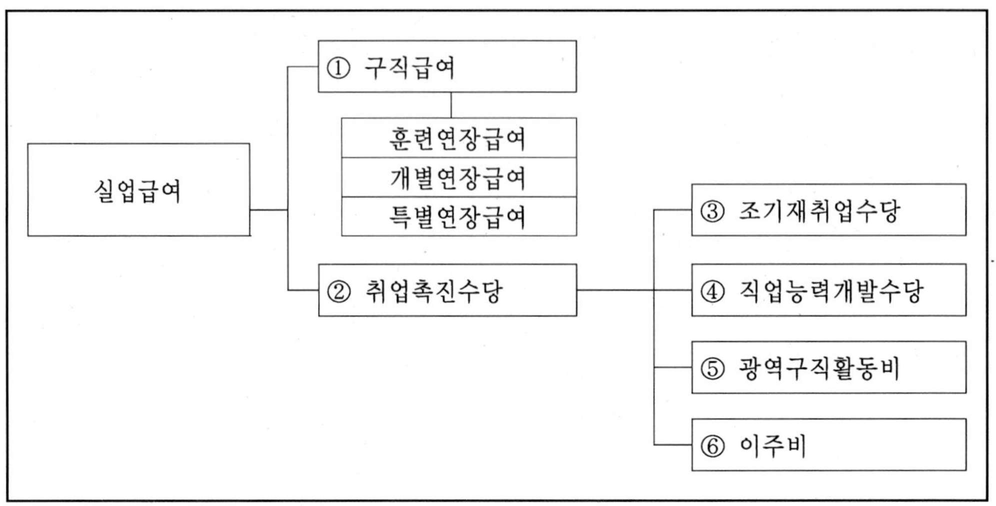

자료 : 노동부(2008).

① 구직급여: 근로자가 실직 후 재취업 활동사실을 인정받은 기간에 대하여 지원하는 재취업활동지원금

② 취업촉진수당: 실직자가 구직급여의 본래 취지와 달리, 재취업하지 않고 급여를 계속 받으려는 폐단을 막기 위해, 조기에 재취업하거나 재취업 활동에 노력하는 자에게 수당을 지급함으로써 조기에 취업하도록 유도하기 위한 각종 수당을 일컫는다.

③ 조기재취업수당: 소정급여 일수(실업급여를 받을 수 있는 기간)를 남겨두고, 취업하거나 스스로 영리를 목적으로 하는 사업을 영위할 경우, 잔여일수 및 우대지급업종에 따라 실업급여의 2/3, 1/2, 1/3을 일시에 지급한다.(단, 6개월 이상 계속 근로가 확실한 경우이고, 이직 전의 사업주 또는 관련사업주에게 재고용되는 것이 아닌 경우에 지급)

④ 직업능력개발수당: 실업급여수급자가 직업안정기관의 장의 지시를 받아 직업능력개발훈련을 받은 경우에 훈련 참여를 용이하게 하기 위해서 구직급여 이

90

외에 지급하는 일정액의 수당을 말함.

⑤ 광역구직활동비: 실업급여수급자가 직업안정기관의 소개로 광범위한 지역에
구직활동을 하는 경우에, 필요하다고 인정되는 구직활동을 한 거리에 해당하
는 교통비 및 숙박 수에 따라 숙박료를 지급한다.

⑥ 이주비: 실업급여수급자가 직업안정기관의 소개로 취직하거나 직업안정기관이
지시한 직업능력개발훈련을 받기 위해 주거를 이전하는 경우에 지급한다.

(마) 실업급여 수급자격

실직한 근로자라도 소정의 자격요건을 충족하여야 실업급여를 받을 수 있다. 자
격요건은 크게 근무 기간과 이직사유로 판단한다. 먼저, 근무형태가 상용직, 계약
직, 임시직 근로자의 경우, 이직 전 18개월 중 180일 이상을 근무하다가 비자발적
인 사유[24]로 실직한 상태에서 적극적으로 재취업 활동을 하는 경우에 지급한다.
그리고 건설일용 등 일용근로자가 이직한 경우에는 위 공통요건과 함께 이직 전 1
개월 근로일수가 10일 미만이고 90일 이상 일용근로자로 근로한 요건 또한 충족해
야 한다.

(바) 실업의 신고 및 수급자격의 인정

실직자는 지방노동관서(고용지원센터)에 구직등록 및 실업급여수급자격인정 신청
을 통해 정부에 정식으로 실업신고를 하고, 이에 지방노동관서장은 신고자의 최후
이직 사유를 기준으로 하여 수급자격의 인정여부를 결정 및 통지한다.[25] 수급자격의
인정을 받은 자가 수급기간 내에 새로이 수급자격의 인정을 받은 경우에는 기존의
수급자격은 소멸하고, 새로이 인정받은 수급자격을 기준으로 구직급여를 지급한다.

---

24) 경영상의 해고, 권고사직, 폐업, 계약 기간 만료 등 이직사유가 비자발적인 경우를 말함
25) 단, 일용근로자가 아닌 수급요건을 갖춘 이직자가 1월 미만의 일용근로를 한 경우는
    그 수급요건으로 결정함

[그림 Ⅲ-14] 실업급여 수급자격 요건

실업급여 수급자격 요건

① 이직일 이전 18개월(기준기간)간 피보험단위 기간이 통산하여 180일 이상일 것
② 근로의 의사와 능력이 있음에도 불구하고 취업(자영업 포함)하지 못한 상태일 것
③ 수급자격 제한사유에 해당하지 아니할 것
④ 구직노력(재취업을 위한 노력)을 적극적으로 할 것
⑤ 수급자격신청일 이전 1월간 근로일수가 10일 미만
⑥ 최종이직일 이전 기준기간 내 피보험단위 기간 180일 중 수급자격 제한사유로 이직한 사실이 있는 경우 동 기간 중 90일 이상은 일용근로자로 근로
※ ⑤, ⑥은 일용근로자에 대한 추가적 수급요건

위 수급자격 요건을 충족해야 실업급여를 받을 수 있으며, 전직, 자영업 등을 위하여 자발적인 의사로 직장을 그만두거나 본인의 중대한 귀책사유로 이직한 경우에는 실업급여 수급자격이 발생하지 않는다.

[그림 Ⅲ-15] 본인의 중대한 귀책사유로 해고된 경우

본인의 중대한 귀책사유로 해고된 경우

① 형법 또는 직무와 관련된 법률을 위반하여 『금고 이상의 형을 선고받음』으로써 해고된 경우
② 사업에 막대한 지장을 초래하거나 재산상 손해를 끼침으로써 해고된 경우로서 다음의 하나에 해당하는 경우(고시 2004-90호: 구직급여 수급자격 제한기준 제1조)
 - 회사기물을 고의로 파손하여 생산에 막대한 지장을 초래함으로써 해고된 경우
 - 직책을 이용하여 회사공금을 유용·착복·횡령하거나 배임함으로써 해고된 경우
 - 인사·경리·회계담당직원이 허위서류 작성 등으로 재산상 손해를 끼침으로써 해고된 경우
 - 회사의 기밀을 경쟁관계의 타 회사 등 외부에 제공하여 사업에 상당한 지장을 초래함으로써 해고된 경우
 - 납품업체로부터 금품 또는 향응을 제공받고 불량품을 납품받아 생산에 차질을 초래함으로써 해고된 경우
 - 회사제품·원료 등을 절도 또는 불법 반출함으로써 해고된 경우
 - 영업용 차량을 사업주의 위임 또는 동의 없이 임의로 타인에게 대리 운행케 하여 교통사고를 초래하거나 운송수입금을 부당하게 착복함으로써 해고된 경우
 - 기타 고의로 사업에 막대한 손해를 끼침으로써 해고된 경우
③ 정당한 사유 없이 장기간 무단결근하여 해고된 경우

(사) 실업급여 지급규모

실업급여 지급액은 실직 전 직장에서 받던 평균임금의 50%를 지급한다.

[그림 Ⅲ-16] 관련법규 및 판단기준

【관련 법규】
○ 근로기준법 제19조(평균임금의 정의) ①이 법에서 '평균임금'이라 함은 이를 산정
  하여야 할 사유가 발생한 날 이전 3월간에 근로자에 대하여 지급된 임금의 총액
  을 그 기간의 총일 수로 나눈 금액을 말한다. 취업 후 3월 미만도 이에 준한다.
○ 시행령 제6조(통상임금) ①법과 이 영에서 '통상임금'이라 함은 근로자에게 정기적·
  일률적으로 소정근로 또는 총근로에 대하여 지급하기로 정하여진 시간급금액·일
  급금액·주급금액·월급금액 또는 도급금액을 말한다.
【대법원판례를 통한 판단기준】
○ 통상임금 판단기준
  - 근로의 대가이어야 하며 임금의 범위에 포함되지 않는 금품은 제외된다.
  - 소정의 근로의 양 또는 질과 관련이어야 한다. 소정근로 외에 연장, 휴일근로 등
    의 대가로 지급되는 임금은 포함되지 않는다.
  - 지급하기로 정하여진 임금으로서 실제 근무일 수나 수령액에 구애됨이 없다.
  - 근무여부와 관계가 없으므로 결근 등으로 인해 임금이 삭감되더라도 통상임금이
    적어지는 것은 아니다.
  - 근무여부와 관계가 없다. 따라서 생산량, 근무성적 등에 따라 변동되는 임금은 제
    외된다. 다만, 도급제 등 생산고에 따라 임금을 지급하기로 정한 경우에는 그러하
    지 아니하다.
  - 정기적으로 지급되어야 한다. 즉 1임금 산정 기간에 지급하기로 정해진 고정급
    임금이어야 한다.
  - 일률적으로 지급되어야 한다. 여기서 일률적이라 함은 모든 근로자에게 지급되는
    것뿐 아니라 일정한 조건 또는 기준에 달한 모든 근로자에게 지급되는 것도 포함
    된다. 다만 여기서 말하는 "일정한 조건"이라 함은 '고정적인 조건'이어야 한다.
  - 소정근로시간의 근로에 직접적으로 또는 비례적으로 대응되지 않더라도 소정근로
    또는 총근로에 대한 대가로 인정되는 경우에는 통상임금이 될 수 있다.
○ 평균임금 판단기준
  - 근로의 대가이어야 한다. 즉 근로기준법상 '임금'의 범위에 포함되어야 한다.
  - 근로자에게 계속적, 정기적으로 지급되어야 한다.
  - 근로자가 얻은 총수입 중 관리 또는 지배가 가능한 부분이어야 한다.

① 1일 최고액: 40,000원(실업급여 지급액의 상한선을 제한)

　* 최고액 변화: 30,000원 → 35,000원 → 40,000원

② 최저액 적용: 1일 소정근로시간으로 환산한 최저임금의 90%(하한선을 제한)

　* 최고액과 최저의 액의 설정은 소득재분배 효과로 볼 수 있다.

③ 실업급여 일액: 1일 지급 단위 규모의 일액

　* 2008년 최저 임금 기준 최저액: 시급 3,770원 × 8시간 × 0.9

④ 실업급여 수급 기간: 실업급여를 받을 수 있는 기간이며, 퇴사한 다음날부터 12개월간이다.

　* 단, 12월의 수급기간 중 임신, 출산, 육아[26), 질병·부상[27), 병역법에 의한 의무 복무, 그 밖에 대통령령으로 정하는 사유로 취업할 수 없는 상태가 계속되는 경우에는 4년의 범위 내에서 그 기간만큼 수급기간을 연장할 수 있다.

(아) 실업급여 지급 기간

　실업급여는 실직 당시(이직일) 피보험자의 연령 및 장애여부와 고용보험 가입 기간에 따라 지급 기간이 정하여진다.(90~240일)

〈표 Ⅲ-2〉 실업급여 지급 기간

가입기간 연　령	1년 미만	1년 이상 3년 미만	3년 이상 5년 미만	5년 이상 10년 미만	10년 이상
30세 미만	90일	90일	120일	150일	180일
30세 이상 50세 미만	90일	120일	150일	180일	210일
50세 이상 및 장애인	90일	150일	180일	210일	240일

자료 : 노동부(2008).

---

26) 육아의 경우 생후 3년 미만의 영아에 한함
27) 본인의 질병 또는 부상, 배우자의 질병 또는 부상, 본인 및 배우자의 직계존비속의 질병 또는 부상

피보험의 기간의 산정은 당해 사업 고용 전 다른 적용사업에서 이직하고 그 이직일로부터 3년 이내 피보험자격 재취득한 경우 합산하고, 이직 시의 적용사업에서 피보험자격을 재취득하기 전에 구직급여를 지급받은 사실이 있는 경우에는 그 구직급여와 관련된 이직일 이전의 고용기간 피보험 기간은 미합산한다. 그리고 피보험자격 취득 확인의 경우에는 확인이 있었던 날로부터 소급하여 3년이 되는 날에 당해 피보험자격 취득한 것으로 보아 피보험 기간 계산한다.

(자) 실업의 인정

실업인정 지정일자에 본인이 직접 출석하여 실업인정 신청서를 제출하고 해당 기간 동안의 구직활동을 인정받으면 실업급여가 지급된다.

① 적극적 구직활동의 인정범위로는 구인업체를 방문, 우편·인터넷 등을 이용한 구인에 응모, 채용관련 행사에 참여하여 구인자와 면접, 직업능력개발훈련을 받는 경우 중 노동부장관이 정하는 경우, 30일 이내 취업 확정된 경우, 훈련시설·학원 등에서 재취직훈련을 수강 중인 경우로서 별도의 구직활동이 필요하지 아니하다고 직업안정기관의 장이 인정하는 경우, 구인업체 부족 등 노동시장 여건상 고용정보의 제공이 어려운 경우로서 직업지도를 위하여 필요하다고 인정하여 직업안정기관의 장이 소개한 사회봉사활동 참여, 노동부장관이 정하는 바에 따라 자영업 준비활동을 하는 경우이다.

[그림 Ⅲ-17] 실업의 인정

① 1주 내지 4주의 범위 내에서 지정받은 날에 직업안정기관(거주지)에 출석하여 당해 기간 동안의 재취업 노력을 신고
② 직업안정기관의 장은 각각의 날에 대하여 실업인정 여부를 결정
③ 당해 기간 동안 1회 이상 적극적인 구직활동 사실이 있는 경우 실업을 인정(취업일 등은 실업인정일에서 제외)
④ 재취업활동계획의 수립지원 등 수급자격자의 취업촉진 조치
  * **개인별 재취업활동 계획(IAP: Indivisual Action Plan) 수립**
  - 재취업활동계획은 실업 초기 단계에 실업급여수급자와 고용지원센터 직원 간 심층상담 및 협의를 통해 수급자의 취업목표, 재취업활동방법, 해결과제 및 직업안정기관의 재취업지원서비스를 규정 → 수급자의 재취업의욕 고취, 계획적인 재취업활동을 유도, 고용지원센터의 체계적인 재취업지원 서비스를 제공하여 수급자의 신속한 재취업을 지원

② 적극적 구직활동을 부인하는 경우로는 임신·출산·육아·노약자의 간호 기타 가사상의 사유로 이직한 자 중 이직원인이 소멸되지 아니한 자, 질병·부상 등 정신적·육체적 조건으로 인하여 통상 취직이 곤란하다고 인정되는 경우, 산업재해법 제41조의 규정에 의한 휴업급여를 지급받고 있는 자, 직업안정기관의 장이 미리 지정해 준 직업소개 또는 직업지도를 위한 출석일에 정당한 사유 없이 불출석한 경우를 말한다.

③ 수급자격자의 취업촉진을 위한 조치로는 재취업활동계획 수립 지원, 고용보험 안내 및 교육, 직업적성검사 등 직업심리검사 실시, 취업을 위한 사전 심층상담 등 직업지도, 고용정보 활용, 이력서 작성 및 면접요령 등 재취업활동 방법 지도, 일자리정보제공, 직업소개, 동행면접, 채용박람회 참석 기회 제공, 훈련필요 여부 상담, 적합훈련과정 안내, 훈련지시 등을 통해 재취업촉진을 지원한다.

[그림 Ⅲ-18] 실업급여 수급절차

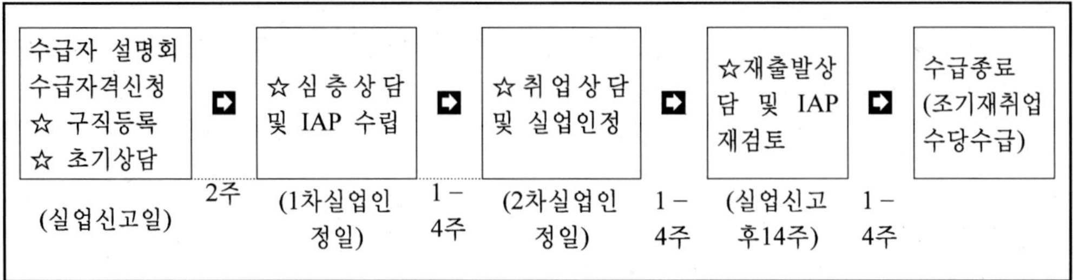

(차) 실업급여 부정수급

거짓 및 그 밖의 부정한 방법으로 받았거나, 받고자 한 것을 말하며, 그 유형으로는 실업급여 수급자격 신청 시의 피보험자격 취득 및 상실일의 허위신고, 이직사유. 평균임금의 허위기재, 타인의 자격이용. 위장해고 등이 있으며, 실업인정 시의 취업사실의 미신고, 실업인정대상 기간 중 재취업활동의 허위신고 등을 들 수 있다. 그리고 법령의 규정에 의한 서류 또는 첨부서류의 위조 및 허위기재, 취업촉진수당을 지급받기 위한 사업주의 허위증명 등이 이에 해당한다. 현행 고용보험법령에서는 부정한 방법으로 실업급여를 받았거나 받고자 한 자는 실업급여 제도를 교란한 자로서 고용보험의 건전한 운영을 위하여 고용보험법령에 따라 적정한 제재를 취하고 있다. 부정수급자에 대한 제재로는 실업급여의 지급중지, 부정수급액의 반환 및 추가징수, 행정형벌(1년 이하의 징역 또는 300만 원 이하의 벌금)이 있다.

(카) 고용보험 심사 및 재심사 청구제도

실업급여 수급자격 불인정, 실업의 불인정, 부정수급 처분 등에 이의가 있는 경우 심사 및 재심사를 청구할 수 있다. 심사청구는 고용지원센터의 처분이 있음을 알게 된 날로부터 90일 이내에 고용지원센터에 청구한다. 재심사청구는 심사청구에 대한 결정이 있음을 알게 된 날로부터 90일 이내에 고용지원센터에 청구

(2) 고용안정사업

고용안정사업에는 근로자의 고용안정 및 사업주의 경영 부담을 완화하기 위한 수단으로서 고용창출지원사업, 고용조정지원사업, 고용촉진지원사업, 고용촉진시설지원사업, 건설근로자고용안정지원사업과 같은 세부사업을 두고 있다.

(가) 고용창출지원사업

① 중소기업근로시간단축지원금: 주 40시간 근무제를 조기 도입하는 중소기업을 지원하여 신규 고용 확대를 유도하는 제도

[그림 Ⅲ-19] 중소기업 근로시간 단축지원금

【지원요건】
○ 주 40시간 근무제를 법정시행일 6개월 이전에 도입하는 중소기업(고용보험법상 우선지원대상기업[28])의 사업주
○ 근로시간을 단축한 이후 근로자를 고용하여 근로자 수가 증가한 사업주
【지원수준 및 기간】
○ 근로시간 단축 후 증가한 1인당 분기 180만 원 지원(근로시간 단축 전 근로자 수의 10% 한도[29] 내에서 지원
○ 사업장별 주 40시간 근무제 법정시행일 전일까지 지원

② 교대제전환지원금: 교대제 근무를 개편하는 기업의 초기 부담을 완화하여 기업경쟁력을 높이고 일자리 창출이 이루어지도록 지원하는 제도

---

28) 우선지원대상기업(고용보험법 시행령 제15조)의 범위: ① 광업 300인 이하 ② 제조업 500인 이하 ③ 건설업 300인 이하 ④ 운수·창고 및 통신업 300인 이하 ⑤ 기타 사업 100인 이하 ⑥ 중소기업기본법상 중소기업
29) 단축 전 근로자 수의 30% 한도로 지원('09.1.1 시행)

[그림 Ⅲ-20] 교대제 전환 지원금

> 【지원요건】
> ○ 근로자들을 조를 나누어 교대로 근무하게 하는 교대제를 새로이 실시하거나 교대조
>   를 늘려 교대제로 실시할 것
> ○ 교대제전환 이후 근로자를 채용하여 교대제전환 전보다 근로자 수가 증가할 것
> 【지원수준 및 기간】
> ○ 지원수준 및 기간: 교대제전환 후 증가한 근로자 1인당 분기 180만 원 지원(대규모
>   기업 120만 원)
> ○ 교대제전환을 한 날부터 1년간 지원

③ 중소기업고용환경개선지원금: 중소기업 고용환경 개선을 지원하여 중소기업의
   인력난을 해소하고 일자리 창출을 도모하는 제도

[그림 Ⅲ-21] 중소기업 고용환경개선 지원금

> 【지원요건】
> ○ 제조업 또는 지식기반서비스업[30]을 영위하는 우선지원 대상기업
> ○ 고용환경개선을 위하여 시설·설비의 설치에 1,000만 원 이상을 투자한 후 고용환경 개
>   선전보다 근로자수가 증가(*클린사업장의 경우 근로자수가 증가할 것)
> 【지원제외 대상 사업주】
> ○ 지원금 수급일로부터 3년 미경과 사업주
> ○ 고용보험료 체납 사업장, 휴업·폐업 중인 사업장
> ○ 지원금 신청일로부터 3월간 고용조정을 한 경우
> 【지원수준 및 기간】
> ○ 시설·설비 투자금액의 50%(3,000만 원 한도)와 증가된 근로자수 1인당 120만 원(최대
>   30명)을 1회 지급
> ○ 클린사업장으로 인정받은 사업주의 경우에는 증가된 근로자수에 대해서만 지원한다.
>   ※ 지원 대상 시설·설비의 범위: 작업장 바닥 등 작업환경 개선설비, 구내식당·기숙사·
>   도서실·통근차량 등 복지시설 * <u>2008년 4월 30일부 변경 시행: 복지시설에 한해 시행</u>

④ 중소기업전문인력활용장려금: 중소기업의 경쟁력 강화 및 고용기회를 확대하기 위해 중소기업이 전문인력을 고용하거나 대기업으로부터 지원받아 사용하는 경우에 지원하는 제도

[그림 Ⅲ-22] 중소기업 전문 인력 활용장려금

【지원요건】
○ 제조업 또는 지식기반서비스업을 영위하는 우선지원 대상기업
○ 노동부 장관이 고시하는 전문 인력을 피보험자로 고용
○ 근로자 대표와 협의를 거친 대기업과 전문 인력 지원에 대한 협약을 체결하고 대기업의 전문 인력을 중소기업이 사용할 경우

【감원방지 기간】
○ 고용(사용) 전 3월, 고용(사용) 후 6월간 고용조정으로 근로자를 이직시키지 아니할 것

【지원수준 및 기간】
○ 근로자 1인당 최초 6월간은 매월 120만 원, 그 이후 6월간은 매월 60만 원(중소기업이 해당 전문 인력에 부담하는 임금액의 3/4까지 지원)
○ 고용(사용) 후 1년간 지원하며, 기업당 3명 한도에서 지원
 - 지원한도 3인을 모두 채운 후 50세 이상의 전문 인력을 추가로 활용하는 경우에 전문 인력 1명을 추가 지원한다.

⑤ 중소기업신규업종진출지원금: 중소기업의 고용기회를 확대하기 위하여 중소기업이 새로운 업종에 진출하여 고용창출을 하는 경우에 지원하는 제도[31]

---

30) 부가통신업, 정보처리 및 컴퓨터운영관련업, 자연과학연구개발업, 엔지니어링 서비스업, 전문디자인업, 전기통신 회선설비 임대업, 시장조사 및 여론조사업, 물질성분 검사업 등.
31) 그간 사업주의 활용 실적이 매우 저조하여 사업의 효과성이 매우 낮은 것으로 평가되어 동 제도 폐지('09.1.1 시행)

[그림 Ⅲ-23] 중소기업 신규업종진출 지원금

【지원요건】
○ 제조업 또는 지식기반서비스업[32]을 영위하는 우선지원 대상기업
○ 신규업종으로 진출하고 진출 전보다 근로자수가 증가한 경우
○ 한국표준산업분류표상 소분류의 범주에 속하는 새로운 업종으로 전환하거나 이를 추가하는 경우
○ 신규업종진출계획을 수립해 신고하고, 신고한 날부터 1년 이내에 신규 업종 진출을 완료할 것
【지원수준 및 기간】
○ 신규업종진출 후 증가된 근로자 1인당 분기 180만 원(기업당 30명 한도) 지원
○ 신규업종 진출 후 1년간 지원

(나) 고용조정지원사업

① 전직지원장려금: 기업의 고용조정으로 이직 예정인 근로자(이직한 자 포함)를 대상으로 전직에 필요한 각종 상담, 구인 및 창업 등에 관한 정보제공, 취업알선, 교육·훈련, 이들 서비스 제공을 위한 인력지원 등을 통해 이직 근로자의 신속한 재취업을 지원하는 제도

---

32) 부가통신업, 정보처리 및 컴퓨터운영관련업, 자연과학연구개발업, 엔지니어링 서비스업, 전문디자인업, 전기통신 회선설비 임대업, 시장조사 및 여론조사업, 물질성분 검사업 등

[그림 Ⅲ-24] 전직지원 장려금

<table>
<tr><td>

【지원요건】

○ 고용조정이 불가피한 사업주가 고용조정. 정년. 근로계약 기간만료로 이직했거나 이직예정인 자에게 전직지원서비스를 직접 또는 위탁 제공

○ 전직지원을 위한 컴퓨터, 전화 및 팩스를 구비한 사무실을 갖추고 있을 것

○ 전직에 필요한 재취업을 위한 상담, 고용정보제공, 취업알선, 자기소개서 작성요령ㆍ면접방법 지도, 교육훈련 등을 제공하는 경우

【비용지원대상】

○ 사업주가 직접 전직지원서비스를 제공하는 경우의 각종 비용[33]

○ 전문컨설팅기관 위탁 비용

【지원수준】

○ 전직지원 소요비용의 3 / 4를 지원 * <u>2008년 4월 30일부 변경 시행: 100%를 지원</u> (대규모기업 2 / 3)

○ 지원상한액: 전직지원서비스 이용자수에 300만 원을 곱한 금액

</td></tr>
</table>

② 재고용장려금: 구조조정, 임신 등으로 이직한 근로자들을 재고용하여 인력수급 원활화 및 근로자의 재취업을 지원하는 제도[34]

③ 고용유지지원금: 생산량 감소ㆍ재고량 증가 등으로 고용조정이 불가피하게 된 사업주가 근로자를 감원하지 않고 일시휴업, 훈련, 휴직, 인력재배치 등 고용유지조치를 실시하여 고용을 유지하는 경우 임금 및 훈련비를 지원하여 사업주의 경영 부담을 완화하고 근로자의 실직을 예방하는 제도

---

33) 인건비, 컴퓨터 등 사무기기 및 시설의 임차료, 시설관리비, 교육ㆍ훈련 비용, 서비스제공 관련 비용

34) 동 제도 폐지('09.1.1 시행)

[그림 Ⅲ-25] 재고용 장려금

【지원요건】
○ 고용조정으로 이직한 자를 6개월 이후 2년 이내에 피보험자로 재고용하는 경우
○ 당해 사업장에서 임신, 출산, 육아를 이유로 이직한 여성근로자를 이직 후 6개월
  이후부터 5년 이내에 피보험자로 재고용
【지급제한】
○ 최근 2년간의 기간 중에 당해 사업장에서 재고용장려금의 지급대상에 해당되었던
  자를 재고용한 경우
○ 재고용 전 3개월간, 재고용 후 6개월간 고용조정으로 근로자를 이직시키는 경우
【지원수준 및 지원 기간】
○ 재고용 1인당 6개월간 월 40만 원 지급(대규모기업 월 30만 원)

[그림 Ⅲ-26] 고용유지 지원금

【지원요건】
○ 고용조정이 불가피한 사업주가 사전에 계획서를 고용지원센터에 제출한 후 고용유지조치
  를 실시할 것
○ 해고 예정자, 명예퇴직 예정자의 경우에는 지원대상에서 제외
【고용유지조치 계획수립】
○ 고용유지지원금을 받고자 하는 사업주는 사전에 고용유지조치계획서를 고용지원센터에 제
  출하고 그에 따라 고용유지조치를 실시
○ 고용유지조치계획이 변경되는 경우에도 사전에 변경 신고
【고용유지조치 실시 및 지원수준】
❶ 휴업
○ 역월상 1월의 단위 기간 동안 당해 사업장의 휴업규모율이 1/15을 초과하는 휴업을 실
  시하고, 휴업수당을 근로자에게 지급
 * 휴업규모율＝휴업대상 피보험자의 월간 휴업연일수 전체 피보험자의 월간 소정근로연일수
 ● 사업주가 지급한 휴업수당의 2/3(대규모기업 1/2)를 지원
❷ 훈련
○ 고용유지조치 대상자에게 고용유지에 적합한 훈련을 실시

○ 훈련과정: '근로자직업능력개발법'에 의하여 노동부장관의 인정을 받은 과정
○ 훈련내용: 피보험자의 작업 전환, 직무수행 능력 향상 또는 새로운 직무 적응 등을 목적
  으로 편성
○ 훈련방법: 1일 4시간 이상으로 총 20시간 이상 실시, 훈련기간 중에는 업무에 종사하지
  않으며 통상의 근무시간 중에 훈련을 실시
 • 사업주가 지급한 임금의 3 / 4(대규모기업 2 / 3) 및 훈련비 지원
❸ 휴직
○ 고용유지조치 대상자에게 1월 이상의 유·무급휴직을 부여하고 휴직 종료 후 복직이 보
  장될 것
 • 유급휴직의 경우 사업주가 지급한 휴직수당의 2 / 3(대규모기업 1 / 2), 무급휴직의 경우 1
  인당 월 20만 원(*무급휴직 기간 중에 훈련을 실시하는 경우에는 훈련수당과 훈련비를
  지원한다.)
❹ 인력재배치
○ 시설·설치를 새로이 설치하거나 정비하고 새로운 업종으로 사업을 전환하여 기존 사업
  에 종사하던 근로자의 60% 이상을 전환업종에 재배치
○ 인력재배치 계획서를 제출한 날로부터 1년 6월 이내에 인력재배치를 완료하고 이를 고
  용지원센터에 신고
 • 사업주가 지급한 임금의 2 / 3(대규모기업 1 / 2),
 * 2008년 4월 30일부 변경 시행: 임금의 3 / 4(대규모기업 2 / 3) 지급 등
❺ 교대제전환
○ 교대조를 늘려 교대제를 전환하여 고용을 유지할 것
○ 교대제전환 계획서를 제출한 날로부터 1년 6월 이내에 교대제전환을 완료하고 이를 고
  용지원센터에 신고
 • 교대제를 적용받는 피보험자에게 지급한 임금의 20 / 100(대규모기업 15 / 100)
 * 3조 → 4조로 전환한 경우에는 15 / 100(10 / 100)
【지원 기간】
○ 휴업, 훈련, 휴직은 총일수를 합하여 당해 보험연도 동안 180일 한도 지원
○ 180일 초과한 후 고용유지훈련을 실시하는 경우 90일까지 연장 지원
○ 인력재배치, 교대제전환은 완료일로부터 1년간 지원한다.(고용조정으로 근로자 이직 시는
  지원금 지급 중지)

(다) 고용촉진지원사업

① 고령자고용촉진장려금: 취업 또는 직업전환의 기회를 갖지 못하는 고령자를 일정 수준 이상 고용하거나 정년 퇴직자를 계속 고용하는 사업주에 대해서 고령자고용촉진장려금을 지원하는 제도

[그림 Ⅲ - 27] 고령자 고용촉진 장려금

<table>
<tr><td>

❶ 고령자다수고용촉진장려금

【지원요건】

○ 매분기 월평균 근로자수 대비, 고용기간이 1년 이상인 55세 이상의 고령자를 업종별 지원기준율35) 이상 고용하는 경우

* 1월 소정근로시간이 60시간 미만(1주간 15시간 미만)인 자, 일용근로자, 공무원 등은 근로자 수 및 고령자 수에서 제외한다.

【지원수준 및 지원 기간】

○ 지원기준율 초과 고령자 1인당 분기 15만 원씩 5년간 지원(매분기 근로자 수의 15%, 대규모기업은 10% 한도에서 지원 * <u>2008년 4월 30일부 변경 시행: 1인당 분기 18만 원씩 지급</u>

❷ 정년퇴직자계속고용장려금

【지원요건】

○ 정년을 57세 이상으로 정한 사업장에서 18개월 이상 계속 근무한 정년 도래자를 퇴직시키지 아니하거나 정년퇴직 후 3월 이내에 재고용하고 고용 전 3개월간, 고용 후 6개월간 고용조정으로 근로자를 이직시키지 않은 사업주를 지원

* 1년 이하 기간을 정하여 계속 고용하거나 계속 고용 전 3년 이내에 정년을 단축한 경우에는 제외한다.

【지원수준 및 지원 기간】

○ 계속 고용 1인당 월 30만 원을 6개월간 지원한다.(500인 이하 제조업은 12개월)

</td></tr>
</table>

---

35) 제조업 4%, 부동산업 42%, 사업지원서비스업 17%, 기타업종 7%

② 임금피크제보전수당: 임금피크제를 적용받는 근로자에게 임금삭각액의 일부를
지원하여 근로자의 고용을 보장하는 제도

[그림 Ⅲ-28] 임금 피크제 보전수당

【지원요건】
○ 사업장 요건: 최소 55세 이상 연령까지 고용 보장, 일정 연령·근속시점·임금을
기준으로 임금이 하락하는 하향형 임금피크제, 근로자 대표의 동의를 얻어 실시하
고 실시 여부가 단체협약·취업규칙 등을 통해 서면 확인 가능해야 함
○ 근로자 요건: 해당 사업장에서 18개월 이상 근무 후 임금피크제를 적용받은 54세
이상 근로자로서 임금이 10% 이상 삭감(*단, 감액 후 연간 임금이 5,760만 원 이
상인 자는 지급을 제외한다.)
【지원수준 및 지원 기간】
○ 피크시점과 신청시점의 임금 차액의 1/2을 지급
○ 54세부터 지원, 최대 6년간 지원하며, 기 도입 사업장 근로자도 지원한다.
 * '08년 12월 31일까지 한시적으로 시행한다.[36)]

③ 신규고용촉진장려금: 실업상태에 있는 고령자, 여성가장, 장애인, 장기구직자
등 취업취약계층을 채용하는 사업주에게 장려금을 지원하여 실업의 구조적
악화를 방지하고 취약계층의 고용촉진을 도모하는 제도

---

36) '08년말 종료되는 한시사업에서 상시제도로 전환('09.1.1 시행)

[그림 Ⅲ-29] 신규고용촉진 장려금

【지원대상자 요건】

1 고령자 또는 준고령자가 고용지원센터 등 직업안정기관의 알선을 통해 제조업체에 채용되는 경우에 해당자의 실업 기간이 알선시점에서 1개월 이상인 경우 * 단, 제조업에 채용된 경우, 고용지원센터 직원과 1회 이상 동행면접에 의해 채용된 경우, 고용지원센터장이 통상 취직이 어렵다고 인정하는 경우에 한함[37]

2 여성실업자 중 가족부양의 책임이 있는 자로서 노동부령이 정하는 자가 고용지원센터 등 직업안정기관의 알선을 통해 채용되고, 그 실업 기간이 1개월 이상인 경우[38]

3 「장애인고용촉진및직업재활법」제2조제2호, 동법시행령 제4조 및 동법시행규칙 제2조 규정에 의한 중증장애인이 고용지원센터 등 직업안정기관의 알선을 통해 채용되고, 그 실업 기간이 1개월 이상인 경우

4 「고령자고용촉진법」제2조제1호의 규정에 의한 고령자 또는 동법 제15조제1항의 규정에 의한 준고령자(위 **1**의 자를 제외한다)가 고용지원센터 등 직업안정기관의 알선을 통해 채용되고, 알선시점의 실업 기간이 3개월 이상인 경우

5 29세 이하인 자(* 단, 고용보험피보험 기간이 12개월 이하인 자)가 고용지원센터 등 직업안정기관의 알선을 통해 채용되고, 그 실업 기간이 3개월 이상인 경우

6 「장애인고용촉진및직업재활법」제2조제1호, 동법시행령 제3조의 규정에 의한 장애인(위 **3**호의 중증장애인은 제외한다)이 고용지원센터 등 직업안정기관의 알선을 통해 채용되고, 그 실업 기간이 3개월 이상인 경우

7 「국민기초생활보장법시행령」제11조제2항의 규정에 의한 취업대상자가 고용지원센터 등 직업안정기관의 알선을 통해 채용되고, 그 실업 기간이 3개월 이상인 경우

8 임신·출산 또는 육아를 이유로 이직한 여성근로자로서 이직 후 5년 이내인 자가 고용지원센터 등 직업안정기관의 알선을 통해 채용되고, 그 실업 기간이 3개월 이상인 경우 * 2008년 4월 30일부 변경 시행: 임신·출산 또는 육아를 이유로 이직한 여성근로자로 요건 변경

9 **1**~**8**에 해당하지 아니한 자가 고용지원센터 등 직업안정기관의 알선을 통해 채용되고, 그 실업 기간이 6개월 이상인 경우

※ 근로계약 기간의 정함이 있는 자, 비상근 촉탁근로자 등은 지원 대상에서 제외, 최종 이직 전 사업주[39]에게 고용된 경우에는 지원 제외

【감원방지기간】

○ 고용 전 3개월, 고용 후 6개월간 고용조정으로 근로자를 이직시키지 않은 사업주에게 지원한다.* <u>2008년 4월 30일부 변경 시행: 고용 전 3개월, 고용 후 12개월</u>

【지원수준 및 지원기간】

○ 「고령자고용촉진법」에 의한 고령자 또는 준고령자: 6월은 매월 30만 원, 이후 6월은 매월 15만 원(단, 500인 이하 제조업은 6월은 매월 60만 원, 이후 6월은 매월 30만 원)

○ 「장애인고용촉진및직업재활법」에 의한 장애인: 경증장애, 6월은 매월 60만 원, 이후 6월은 매월 30만 원, 중증장애, 12월간 매월 60만 원

○ 29세 이하인 자(청년실업자): 6월은 매월 45만 원, 이후 6월은 매월 30만 원(제조업: 6월은 매월 60만 원, 이후 6월은 매월 30만 원)

○ ❷, ❼, ❾에 해당하는 자: 6월은 매월 60만 원, 이후 6월은 매월 30만 원

○ ❽에 해당하는 자: 6월은 매월 60만 원, 이후 6월은 매월 30만 원

④ 중장년층훈련수료자채용장려금: 취업에 어려움을 겪는 중장년층의 신속한 재취업을 돕기 위해 노동부장관이 지정한 직업훈련과정을 수료한 40세 이상자

---

37) 신규고용촉진장려금지원금의 고령자 요건 조정(현행 고령자나 준고령자의 '소득 및 실업기간 등을 고려' →'소득 및 취업능력 등을 고려'로 변경. '09.1.1 시행), 또한 새로이 시행되는 고령자 지원제도로는 '고령자 창업점포지원사업 근거 규정 신설'('09.1.1 시행)

38) 신규고용촉진장려금의 지원요건 강화, ❷ 현행 지원대상자 요건인 '여성실업자 중 가족부양의 책임이 있는 자로서 노동부령이 정하는 자'에서 '여성실업자 중 가족부양의 책임이 있는 자로서 노동부령이 정하는 자 중 국민기초생활보장법 취업대상자 또는 한부모가족지원법(모자가족) 보호대상자'에 한정하여 지원('09.1.1 시행), ❺ 현행 지원대상자 요건인 '29세 이하인 자(*단, 고용보험피보험기간이 12개월 이하인 자)가 고용지원센터 등 직업안정기관의 알선을 통해 채용되고, 그 실업기간이 3개월 이상인 경우'에서 '저학력, 경력 및 직업기술의 부족 등의 사유로 취업에 어려움을 겪고 있는 29세 이하의 자로서 노동부장관이 고시하는 기준에 해당하는 자' 로 변경 시행('09.1.1 시행), 한미 FTA고용대책 중 국내 보완대책에 따라 폐업 농어업인도 장려금 지급대상에 포함 * 3개월이상 실업요건 충족('09.1.1 시행)

39) 최종 이직 전 사업주와 합병하거나 그 사업을 양수한 사업주를 포함한다.

를 채용한 사업주에게 장려금을 지원하는 제도40)

[그림 Ⅲ-30] 중장년층 훈련수료자 채용장려금

【지원요건】
○ 1개월 이상의 실업자 재취업훈련 등을 수료한 40세 이상 실업자를 훈련수료일로
  부터 6개월 이내에 신규로 채용하는 경우
【지원수준 및 지원기간】
○ 채용 후 6개월은 매월 60만 원, 나머지 6개월은 매월 30만 원씩 지원한다.
【감원방지기간】
○ 고용 전 3개월, 고용 후 6개월간 고용조정으로 근로자를 이직시키지 않은 사업주
  에게 지원한다. *

⑤ 육아휴직장려금(대체인력채용장려금): 육아로 인하여 직장생활에 어려움을 겪
  는 여성의 경제활동 참가를 지원하는 제도

[그림 Ⅲ-31] 육아휴직 장려금(대체인력채용장려금)

【지원요건】
○ 근로자에게 산전 후 휴가 기간 제외한 30일 이상의 육아휴직을 부여하고 휴직 종
  료 후 30일 이상 계속 고용한 사업주
○ 육아휴직 개시일 90일 이전부터 신규로 대체인력을 30일 이상 채용하고 휴직자
  복귀 후 30일 이상 계속 고용한 사업주에게 지원
【지원수준 및 지원기간】
○ 육아휴직기간41) 동안 1인당 월 20만 원을 지원, 대체인력 1인당 월 30만 원(대기
  업 20만 원)을 지원한다.
【감원방지기간】
○ 대체인력채용장려금은 고용 전 3개월, 고용 후 6개월간 고용조정으로 근로자를 이
  직시키지 아니한 사업주에게 지원한다.

---

40) 동 제도 폐지('09.1.1 시행)

⑥ 임신·출산후계속고용지원금: 산전 후(유산·사산) 휴가 중이거나 임신 16주 이상인 기간제 등 비정규직 여성근로자를 계속 고용한 사업주에게 인센티브를 제공하여 비정규직 여성근로자의 고용안정 및 모성보호를 지원하는 제도

[그림 Ⅲ-32] 임신·출산 후 계속고용 지원금

【지원요건】
○ 근로계약기간이 1년 이하인 자 또는 파견근로자로서 산전 후(유산·사산) 휴가 중이거나 임신 16주 이상인 여성근로자와 근로계약기간 또는 파견계약기간 종료 즉시 1년 이상의 근로계약을 체결한 사업주에게 지원
【지원수준 및 지원기간】
○ 기간의 정함이 없이 계속 고용할 경우: 6개월간 매월 60만 원 지급
○ 1년 이상의 기간을 정하여 계속 고용할 경우: 6개월간 매월 40만 원을 지급한다.
* 2008년 4월 30일부 변경 시행: 1년간 지원, 6개월은 60만 원, 이후 6개월은 30만 원, 사업주가 산전후휴가기간 중에 해당 근로자의 임금 지급함이 없었다 하더라도 임신·출산 후 계속고용지원금을 지급

(라) 고용촉진시설지원사업

① 직장보육시설 보육교사 등 인건비 지원: 직장보육시설 설치를 위한 사업주의 적극적인 참여 유인과 보육서비스의 질적 제고를 위하여 운영비를 지원하는 제도

---

41) *대규모기업의 경우에는 산후유급휴가기간을 포함한다.

[그림 Ⅲ-33] 직장보육시설 보육교사 등 인건비 지원

【지원요건】
○ 사업주가 단독 또는 공동으로 사업장의 근로자를 위하여 직장보육시설을 설치·운영하고 사업장 소속의 피보험자 자녀수가 전체 보육 아동수의 1/3(매분기 말일 기준)을 초과인 경우에 지원한다.
【지원수준 및 지원기간】
○ 유급고용일수가 20일 이상인 보육교사, 보육시설의 장, 취사부에 대하여 1인당 월 80만 원 지급한다. * 고용보험 피보험자가 아닌 자의 자녀가 있는 경우 감액하여 지급

② 직장보육시설 설치비용 융자 및 지원: 보육대상 아동에 비하여 현저히 부족한 보육시설을 확충하기 위하여 직장보육 시설 설치비용을 고용보험기금에서 장기저리의 융자와 일부 무상 지원하는 제도

[그림 Ⅲ-34] 직장보육시설 설치비용 융자 및 지원

【지원요건 및 지원수준】
○ 직장보육시설을 설치. 매입. 임차하거나 운영 중인 시설을 개·보수하는 사업주 또는 사업주 단체에게는 연리 1~2%로 5억 원까지 융자가 가능하며, 융자금은 5년 거치. 5년 균등분할 상환한다.
○ 건물을 보육시설로 시설전환하거나 운영 중에 있는 보육시설의 전부 또는 일부를 영아나 장애아 보육시설로 기능을 보강할 경우에는 소요비용을 2억 원까지 무상 지원한다. *유구비품은 5천만 원까지 지원한다.
【지급절차】
○ 융자·지원신청서를 근로복지공단 지역본부/지사에 제출, 사실관계 확인 후 지원금을 지급한다.

(마) 건설근로자고용안정지원사업

① 건설근로자고용안정지원금: 건설(일용)근로자의 원활한 고용보험적용 및 고용
관리체계 개선을 유도하기 위하여 피보험자 관리비용의 일부를 지원하는 제도

[그림 Ⅲ-35] 건설근로자 고용안정 지원금

【지원요건】
○ 건설업을 행하는 사업주가 사업장별로 고용관리책임자를 지정 · 신고하고 고용관리
책임자가 건설(일용)근로자에 대한 고용보험 사무처리를 한 경우
* 고용관리책임자는 고용보험사무처리 등 건설근로자 관리업무를 수행, 보험사무대
행기관에 고용보험사무를 위임한 사업주는 제외

【지원수준】
○ 일용근로자 신고실적[42]에 따른 지원금액과 전자카드 신고실적에 따른 지원금액을
합산한 금액
* 일용근로자 신고실적에 따른 지원금액: 월 일용근로자 신고인원(연인원)에 100인
이상 200인 미만 월 30만 원, 200인 이상 400인 미만 월 50만 원, 400인 이상
700인 미만 월 70만 원, 700인 이상 90만 원을 지원
* 전자카드 신고실적에 따른 지원금액: 200인 이상 400인 미만 월 30만 원, 400인
이상 700인 미만 월 50만 원, 700인 이상 70만 원을 지원한다.

② 건설근로자퇴직공제부금 지원: 건설근로자 퇴직공제회에 임의 가입한 사업주
가 퇴직공제부금을 납부할 때 사업주가 납부한 공제부금의 일부를 지원하는
제도

---

42) 서면.EDI 및 전자카드에 의한 신고를 포함

[그림 Ⅲ-36] 건설근로자 퇴직공제부금 지원

【지원요건 및 지원수준】
○ 건설근로자퇴직공제회에 임의 가입한 사업주가 연간 납부한 공제부금의 1/3에 해
  당하는 금액을 지원한다.
 * 「건설근로자의고용개선등에관한법률」상 임의가입 대상 공사: 의무 가입 대상 공사
  를 제외한 공사
** 의무가입대상 공사: 국가 또는 지방자치단체가 발주하는 공사(공사예정금액 10억
  원 이상인 공사), 국가 또는 지방자치단체가 출자 또는 출연한 법인이 발주하는
  공사(공사예정금액 10억 원 이상인 공사), 「주택법」제16조제1항의 규정에 의한 사
  업계획의 승인을 얻어 건설하는 300호 이상인 공동주택의 건설공사, 「사회기반시
  설에대한민간투자법」에 의한 민간투자사업으로 공사예정금액이 10억 원 이상인
  공사
【지급절차】
○ 연간공제부금 납부실적을 기재한 「건설근로자퇴직공제부금지원금신청서」를 다음해
  3월 31일까지 고용지원센터에 제출 → 지원금 지급

③ 건설근로자계속고용지원금 (*2008년 7월 1일자 신설 시행): 건설공사의 경우
   계절적 요인으로 특정 시기에 실업이 증가하는 특성을 가지고 있어 고용불안
   에 따른 생계불안을 겪는 건설근로자의 고용안정을 지원하는 제도

[그림 Ⅲ-37] 건설근로자 계속고용 지원금

【지원요건】
○ 건설업을 행하는 사업주가 계절적 요인으로 고용불안이 발생하는 시기에 따라 눈,
  비, 기온 등으로 공사 중지된 경우에 건설공사 근로자에게 금품을 지급하면서 계
  속 고용한 경우
【지원대상 및 지원수준】
○ 건설공사 근로자에게 지급한 금품의 2 / 3을 지원(1일 3만 5천 원 한도)
 * 지원대상 시기는 하절기(6~8월), 동절기(12월~익년 2월), 1개월간 공사중지 기간
   6일을 초과하는 공사중지 일수에 대해 지원하며 주휴일 등 공사중지와 관계없는
   휴무일은 지원대상에서 제외, 1개월 이상 기간을 정하여 고용된 자에 대해 지원
   (일용근로자와 무기계약근로자 제외)
 * 2010년 10월 말까지 한시적으로 시행한 후 성과 검토 후 연장여부 결정

(3) 육아휴직급여 및 산전후휴가급여 사업

(가) 사업의 취지

출산 및 육아로 인한 부담으로 인하여 취업이 어려운 근로자에 대해 그 부담이
완화되도록 지원하는 제도이다. 개별 사업주의 부담 구조를 사회적 부담으로 전환
함으로써 사업주의 사정에 불구하고 해당 근로자는 일정한 지원을 받을 수 있으며,
근로자에게는 직장생활과 가정생활의 양립을 지원함과 동시에 노동시장에는 필요
한 인력의 공급이 확대되도록 하는 데 그 목적을 두고 있다.

(나) 육아휴직급여

① 개요: 남녀고용평등법 제19조 규정에 의한 육아휴직을 30일 이상 부여받은
  근로자에게 휴직 기간 중 육아휴직급여를 지급한다.
② 자격요건: 남녀고용평등법 제19조의 규정에 의해 육아휴직을 30일 이상 부여

받았을 것,[43] 피보험단위기간이 180일 이상이고, 동일자녀에 대해서 피보험자인 배우자가 육아휴직을 부여받지 않았을 것, 개시일 이후 1월부터 종료일 이후 12월 이내 신청해야 한다.

③ 지급금액은 육아휴직기간 중 매월 50만 원(1월 미만 달은 일할 계산)을 지급한다.

(다) 산전 후(유산·사산)휴가급여 등

① 개요: 근로기준법 제72조에 의하여 산전 후를 통하여 90일의 보호휴가를 부여(산후 45일 확보)받은 여성근로자에게 산전후휴가급여를 지급한다. 그리고 임신 16주 이후 유산 또는 사산하여 임신 기간에 따라 30일~90일간의 유산·사산휴가급여를 지급한다.

② 지급요건: 근로기준법 제72조의 규정에 의한 산전후휴가 및 유산·사산휴가를 부여받았을 것, 휴가 종료일 이전 피보험단위기간이 180일 이상(※ 사업주로부터 급여를 받는 60일 포함), 휴가 개시일(대규모기업은 휴가 개시 후 60일이 경과된 날) 이후 1월부터 종료일 이후 12월 이내 신청해야 한다.

③ 지원액 및 지급기간: 산전후휴가급여는 휴가개시일의 근로기준법상 통상임금을 기준으로 지급한다. 우선지원대상기업에 대하여는 90일분(405만 원 한도), 그 외 기업에 대해서는 30일분(135만 원 한도)의 산전후휴가급여를 지급하고, 유산·사산휴가급여는 산전후휴가급여와 동일한 기준에 의하여 지급한다.

---

43) 육아휴직기간에는 근로기준법 제72조의 규정에 의한 산전후휴가기간과 중복되는 기간은 제외

(4) 직업능력개발사업

(가) 의 의

고용보험은 근로자에게 직무수행 능력을 개발·향상시킬 수 있도록 직업능력개발훈련 기회를 제공함과 동시에 기업의 직업능력개발사업을 통한 우수인력 확보를 지원함으로써 국가의 인적자원 활용을 극대화하고자 하며 이와 더불어 기업의 훈련비용 투자를 유인하는 효과가 있다.

(나) 사업주 직업능력개발훈련 등 지원

① 지원 대상훈련: 사업주가 직업안정기관의 인정을 받아 실시하는 직업능력개발훈련에는 1) 피보험자를 대상으로 실시하는 직업능력개발훈련, 2) 피보험자 아닌 자로서 당해 사업에 고용된 자를 대상으로 실시하는 직업능력개발훈련, 3) 당해 사업 또는 당해 사업과 관련되는 사업에서 채용하고자 하는 자를 대상으로 실시하는 직업능력개발훈련, 4) 직업안정기관에 구직등록된 자를 대상으로 실시하는 직업능력개발훈련, 5) 당해 사업에 고용된 피보험자(자영업자는 제외)에게 다음의 요건을 갖춘 유급휴가(근로기준법에 의한 월차·연차유급휴가가 아닌 휴가 기간 중 통상임금 이상의 임금이 지급된 경우)를 주어 실시하는 직업능력개발훈련[44]이 있다.

② 지원금액
   - 당해 훈련비(고시)에 사업규모 등을 고려하여 산정한 금액, 위의 1), 2), 3)의 경우에는 훈련수당(고시)을 합산한 금액, 기능·기술장려를 위한 생산직(고시) 대상은 지원비율 우대, 교대제전환의 휴무조를 대상으로 실시하는 훈련

---

[44] 우선지원대상(150인 미만) 이외: 30일(120시간) 이상, 우선지원대상(150인 미만): 7일(30시간) 이상, 기능·기술 장려를 위한 생산직(중소기업 현장산업 기술인, 기능장려 우수사업체 근로자 등) 대상은 주 20시간 이상

우대 10% 추가 지원한다. 그리고 비정규직 훈련에 대해서는 우대 지원한다.[45)

- 당해 연도 개산보험료의 240 / 100(대규모기업은 100 / 100) 한도 * 영 제16 조제2항의 규정에 의한 지정기간: 300 / 100(대규모기업 130 / 100), * 양성훈련의 경우 예산의 범위 안에서 지원한도의 적용을 받지 않고 추가지원
- 타사근로자를 대상으로 훈련을 실시할 경우 90 / 100 추가 지원
- 비용지원의 최소한도는 500만 원이다.

(다) 피보험자 등의 자발적인 직업능력개발훈련 등 지원

① 근로자수강지원금
- 노동부의 인정을 받은 훈련과정에서 자비로 훈련을 받은 경우, 훈련대상자로는 고용보험 피보험자로서 비자발적 사유로 이직예정인 피보험자, 40세 이상의 피보험자, 정보화 기초과정을 수강하는 피보험자, 300인 미만 사업 소속 피보험자, 근로계약기간 1년 이하인 자, 근로기준법 제21조의 단시간근로자, 파견근로자, 일용근로자, 고용보험 임의가입 자영업자가 해당된다. * 비정규직 지원수준 우대(일반과정 100%, 외국어과정 80%)
- 훈련기간이 14일 이상이고 훈련시간이 40시간 이상(토 · 일에만 운영되는 훈련은 8일 이상이고 20시간 이상 – 인터넷은 8일 이상 16시간 이상)일 것
- 수강료 전액 지원(1인당 100만 원, 5년간 300만 원 한도)
② 검정수수료 등의 지원: 고용보험 피보험자가 국가기술자격법시행령에서 정한 기술 자격을 2종목 이상 취득한 경우에 지원하며, 검정수수료전액과 교재비 · 수강료 10만 원 정액지원(2회까지)한다.(*2008년 4월 30일자로 폐지, 이전에 이미 취득한 권리에 대해서는 계속 지원, 다만 고용보험법상의 소멸시효가 3

---

45) 인건비 일부 지원(대기업: 최저임금액, 우선지원대상기업: 최저임금액의 120%) 등을 지원하고, 지원 대상의 비정규직으로는 근로계약기간이 1년 이하인 자, 근로기준법 제21조의 규정에 의한 단시간 근로자, 파견근로자보호등에관한법률에 의한 파견근로자, 일용근로자 등이 이에 해당된다.

년이므로 권리 취득일부터 3년 이내에 청구해야 한다.)

③ 근로자학자금비용의 대부: 고용보험 피보험자인 재직근로자가 기능대학, 원격
대학형태의 평생교육시설(사이버대학) 또는 전문대 이상의 학교(대학원, 방송
통신대학 포함)에 입학 또는 재학할 경우에 대부를 지원한다. 등록금 전액(연
리 1~1.5%)

④ 근로자학자금 지원: 고용보험 피보험 기간이 3년 이상인 우선지원대상기업의
재직근로자가 기능대학, 원격대학형태의 평생교육시설(사이버대학) 또는 전문
대 이상의 학교(대학원, 방송통신대학 포함)에 입학 또는 재학할 경우 지원한
다(단, 자영업자인 피보험자, 해당학기 12학점 미만 이수자, 해당학기 평균평
점의 환산점수가 80점 미만인 자 제외). 1인당 연간 200만 원, 총 800만 원
한도이며, 한국산업인력공단에서 선발·지원한다.

[그림 Ⅲ-38] 근로자학자금 대부 조건

<table>
<tr><td colspan="1">근로자학자금 대부 조건</td></tr>
</table>

■ 대부이율: 신용보증(우리은행)은 연리 1%(보증료 0.3% 별도부담), 일반대출(농협)
은 연리 1.5%
■ 대부기간: 기능대, 전문대, 대학원은 4년(2년거치 2년상환), 대학은 6년(2년거치 4
년상환)
■ 상환방법: 이자는 연 4회 납부약정기일에 지정금융기관에 납부, 원금은 거치기간
경과 후 2년(기능대, 전문대, 대학원) 또는 4년(대학) 분기별 균등분할상환

⑤ 직업능력개발훈련비용의 대부: 고용보험 피보험자인 재직근로자가 노동부의 인
정을 받은 훈련과정 및 수강지원금 지원대상으로 승인받은 과정을 수강하는
경우에 지원한다. 대부한도는 1인당 300만 원 한도(수강료 전액)에서 지원하
며, 대부이율은 연 1.5%이고 상환방법은 1년거치 1년 분기별 상환이다.

(라) 실업자 취업훈련

전직실업자훈련(피보험자이었던 실업자), 신규실업훈련지원(피보험자가 아니었던 신규실업자)이 있다. 훈련비 및 교통비 월 5만 원, 식대 월 6만 원 등을 지원한다. 우선선정직종훈련(구직 등록한 15세 이상 실직자)의 경우에는 훈련비 및 우선선정직종수당 월 20만 원, 교통비 월 5만 원, 식대 월 6만 원, 기숙사비 월 212,500원 등을 지원한다.

(마) 직업능력개발훈련촉진사업

① 훈련시설·장비 자금 대부: 사업주, 사업주단체, 근로자단체, 훈련법인 및 훈련시설을 설치·운영하는 자에 대하여 시설 설치 및 장비구입에 필요한 비용을 대부한다. 융자 60억을 한도로 소요자금의 90% 범위 내에서, 연 1~5%(중소기업 1% 등)로 지원한다.

② 훈련시설·장비 지원: 사업주, 사업주단체(우선지원 대상기업 우대) 또는 그 연합체가 우선선정직종 등 노동부장관이 고시하는 직종의 훈련을 실시하기 위하여 단독 또는 공동으로 훈련시설하거나 장비를 구입하는 경우 지원한다. 대기업형은 운영기관 납부 보험료의 100% 또는 참여기관 납부보험료의 240% 범위 내에서 연간 15억 한도이며, 기타형은 참여기관 납부보험료의 240% 또는 최저지원한도 범위 내에서 연간 15억 한도로 지원한다.

③ 직업능력개발사업에 관한 조사·연구사업, 직업능력개발사업을 위한 교육·홍보사업, 직업능력개발을 위한 훈련매체의 개발·편찬 및 보급사업, 사업주단체·근로자단체 또는 그 연합체가 협력하여 실시하는 직업능력개발사업, 인적자원개발우수기업 인증제 지원사업, 직업능력개발훈련교사 및 인력개발담당자 양성사업, 실업자 등에 대한 직업능력개발훈련, 기능대학의 교육·훈련, 핵심직무능력 향상훈련 및 기업학습조직화 사업을 실시하는 자를 지원한다.

2. 노동부 일자리 프로그램

가. 일자리 정책 수립·집행 기관

(1) 노동부 구성도

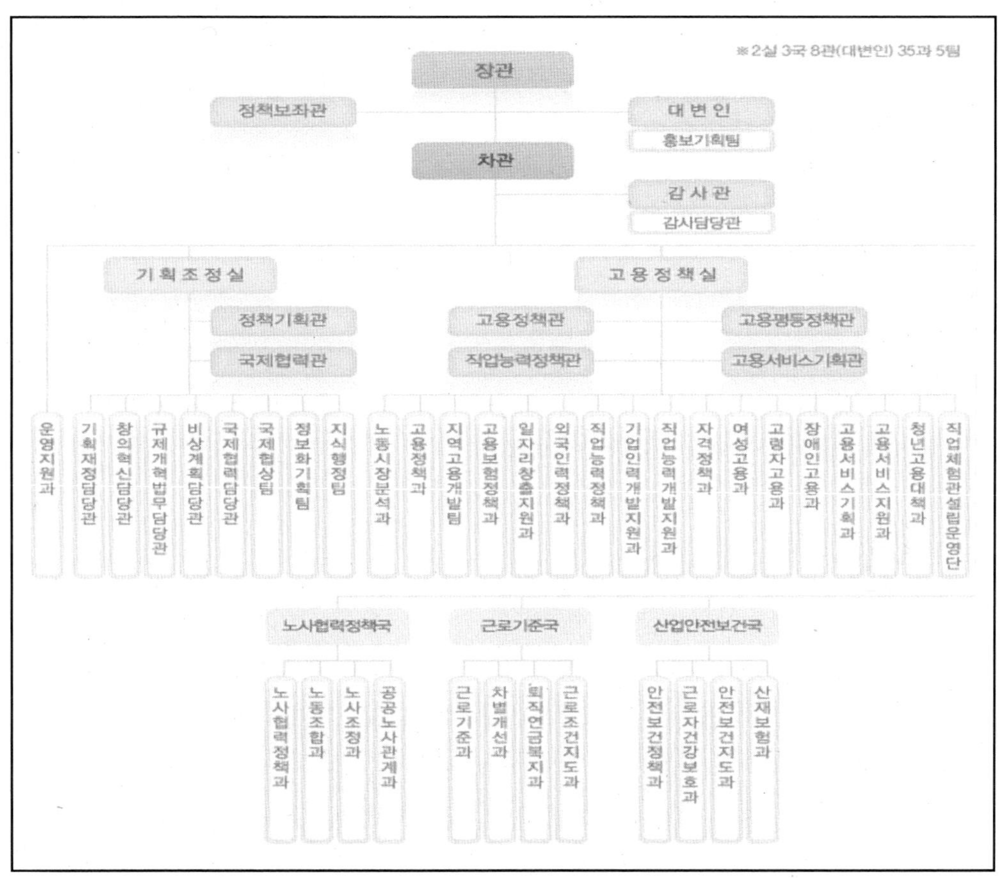

자료 : 노동부(2008).

(2) 고용지원센터

고용지원센터는 근로자의 고용촉진과 사업주의 인력확보가 용이하도록 하기 위하여 지역별로 설치한 직업안정기관으로서 취업알선·직업지도 등 고용안정업무를 수행하는 지방노동행정기관을 말한다.

(가) 고용지원센터 조직

① 청 종합고용지원센터, 지청 종합고용지원센터, 고용지원센터
② 조직구성: 정부 고용정책 집행기구로서 기획총괄과, 취업지원과, 기업지원과, 직업능력개발과 4개과에서 취업지원업무, 직업능력개발업무, 실업급여 및 고용안정업무, 기타 일자리사업 등을 추진한다.
③ 인적 구성: 행정직 공무원, 직업상담직 공무원, 직업상담원, 기타 업무지원 인력으로 구성되어 있다. 업무상 크게 역할 구분은 없으나, 행정직 공무원의 경우에는 기획총괄 및 직업능력개발업무와 고용보험업무, 직업상담직 공무원과 직업상담원은 취업지원 업무와 고용보험업무를 수행하며, 기타 업무지원의 경우 보조인력으로서 업무를 지원한다.

(나) 고용지원센터 주요사업

① 취업지원사업: 구인·구직 취업알선, 일반구직자 취업지원, 실업급여수급자 재취업 지원, 직업진로지도프로그램 운영, 외국인 취업지원(고용허가제)
② 고용보험사업: 실업급여 지급, 피보험자격 관리, 모성보호사업, 고용안정사업, 부정수급 조사
③ 일자리 창출 사업: 직업능력개발사업, 사회적 일자리창출·사회적 기업 사업, 취업지원민간취업지원위탁사업, 대학 및 전문계고교 취업지원기능확충사업

나. 일자리창출 및 고용촉진 사업

(1) 일자리 지원사업

(가) 사회적 기업

① 사회적 기업의 개념: 취약계층에게 일자리를 제공하거나 사회서비스를 제공하여 지역 주민의 삶의 질을 높이는 등의 사회적 목적을 추구하며 재화 및 서비스의 생산·판매 등 영업활동을 수행하면서 인증받은 영리·비영리 조직을 말한다.

② 사회적 기업의 특징으로는 일정한 조직구조를 갖추고 유급 근로자를 고용하여 재화·서비스의 생산·판매 등 영업활동 수행, 조직의 목적이 취약계층에 대한 일자리, 사회서비스 제공 등 '사회적 목적' 추구, 이해관계자가 참여하는 의사결정구조를 구비하고 있는 것으로 규정할 수 있다.

③ 사회적 기업 인증요건으로는 첫째 조직형태는 민법상 법인·조합, 상법상 회사, 비영리민간단체 등, 둘째 사회적 목적을 실현, 셋째 영업활동을 통한 수입 기준,[46] 넷째 유급근로자 고용, 다섯째 이해관계자가 참여하는 의사결정구조 구비(정관 등에 기재), 여섯째 정관·규약 등 구비, 기재사항(법 9조) 준수, 일곱째 상법상 회사의 경우 회계연도별로 배분 가능한 이윤 발생 시 이윤의 2/3 이상을 사회적 목적을 위하여 사용해야 한다.(정관 등에 기재)

---

46) 인증신청일이 속하는 월의 직전 6개월 동안에 영업활동을 통한 총수입이 동일 기간 총 노무비의 30% 이상 되어야 한다.

[그림 Ⅲ-40] 사회적 목적 실현

사회적 목적 실현

■ 일자리제공형: 전체 근로자 중 취약계층의 고용비율이 30% 이상
■ 사회서비스제공형: 전체 서비스 수혜자 중 사회서비스를 제공받는 취약계층비율이 30% 이상
■ 혼합형: 근로자 중 취약계층의 고용비율과 사회서비스를 제공받는 취약계층비율 각 20% 이상
■ 기타형: 사회적 목적의 실현 여부를 위에 표시된 취약계층 고용비율과 사회서비스 제공 비율 등으로 판단하기 곤란한 경우로 사회적 기업 육성위원회에서 결정

(나) 사회적 일자리창출사업[47]

① 사회적 일자리 창출사업의 유형

- NGO단독형 사업: 비영리단체가 단독으로 사회적 일자리를 창출하는 사업

※ 2006년 자립지향형 사업을 2007년 NGO단독형으로 명칭을 변경하고, 기존 공익형 사업은 폐지

- 기업연계형 사업: 비영리단체 - 기업 - 지자체 등이 인적·물적 자원의 출연 및 역할분담을 통해 사회적 일자리를 제공하는 사업

- 광역형 사업: 지부를 가진 비영리단체 또는 비영리단체들로 구성된 컨소시엄이 2개 이상의 시·도에서 동일한 사업을 수행하면서 사회적 일자리를 창출하는 사업

※ 고령자 적합형: 고령자(55세 이상)를 대상으로 파트타임형(주 20시간 이하) 사회적 일자리를 제공

---

47) 사회적으로 필요하지만 수익성 등으로 인하여 시장에서 충분히 공급되지 못하는 보건·사회복지·교육 등 사회서비스 분야에서 비영리단체 등에 의해 일자리를 창출하는 사업으로, 서비스 이용자가 이용요금의 일부를 부담하여 수익을 창출하거나 민간기업과의 파트너십 등을 통해 자립을 지향하는 모델

② 사회적 일자리 창출사업의 주요영역

- 노동 분야(예시: 외국인근로자 상담·적응 지원, 취약계층 일일취업상담·알선, 방과 후 아동지도교실 등)
- 사회복지(예시: 독거노인·장애인을 위한 간병인 파견, 재가·의료복지를 통한 지역사회 보호 등)
- 보건복지(예시: 암환자의 간병 및 가사도우미사업, 장단기 요양센터 운영 등)
- 문화·관광·교육(예시: 숲생태지도자 사업, 저소득층 청소년을 위한 성교육센터, 전통지역문화체험 사업 등)
- 환경(예시: 재활용품 수거 및 분리사업, 환경오염 감시활동, 저소득노인자립을 위한 재활용품수집 판매사업 등)

(2) 취업촉진지원사업

(가) 취업지원민간위탁사업

① 추진 배경

노동시장의 구조적 변화에 따른 괜찮은 일자리 감소 등으로 취약계층에 대한 고용지원 서비스 강화가 시급한 과제이다. 2004년부터 시작한 고용지원서비스 선진화 추진 결과, 고용지원센터 이용자 및 취업자 등이 증가하는 성과를 거두고 있으나, 여전히 고용지원센터 이용자는 실업급여 수급자와 청년층이 대부분을 차지하고, 취약계층은 공공고용서비스의 사각지대로 존재하고 있어, 공공고용서비스 기관을 대규모로 확충하는 것이 어려운 현실에서 민간의 역량을 활용하여 취약계층 고용지원서비스를 확대하는 것이 필요하여 도입 ※ 선진국도 민간부분을 적극 활용, 취약계층에 대한 고용서비스를 강화 <영국: 취약계층 Employment Zone, 일본: 장기실직자 민간위탁>

② 사업의 종류

<표 Ⅲ-3> 사업의 종류

사업명	사업내용	수탁(대상)기관
여성고용지원센터	주부 등 경력단절여성에 대한 취업알선 전담(6개소)	− 유·무료 직업소개사업자 * 07년 수탁기관(5개소)
노숙인 고용지원센터	노숙인(거리·쪽방)에 대한 취업알선 전담(4개소)	− 노숙인 상담보호센터 * 07년 수탁기관(4개소)
건설인력 고용지원센터	건설일용 근로자에 대한 취업알선 전담(15개소)	− 비영리법인, 노사단체 * 07년 수탁기관(13개소)
산업단지 고용지원센터	주요 산업단지 내 중소기업 지원 및 취업알선 전담(6개소)	− 유·무료 직업소개사업자 − 산업단지 관리기관 − 지역경총 등
전직지원센터	영세자영업자, 중소기업 퇴직자 등에 대한 전직지원(취업·창업) 서비스(6개소)	− 노사공동재취업지원센터 및 지역경총 활용
집단상담 인소싱	고용지원센터 CAP·취업희망 프로그램 운영 인소싱	− 유·무료 직업소개사업자 − 직업정보제공 사업자 − 경력개발 컨설팅 업체
취약계층 취업알선 및 집단상담 운영 위탁	취약계층 구직자에 대한 취업알선 및 집단상담 지원	− 유·무료 직업소개사업자 − 직업정보제공 사업자 − 비영리법인 또는 단체

자료 : 노동부(2007).

(나) 대학취업지원기능확충사업

① 사업배경 및 목적

청년실업 문제가 여전히 심각한 상황에서 대학의 직업진로지도 및 취업지원기능의 강화를 통한 청년실업의 사전적 예방노력이 중요하다고 판단하여, 취업지원노력을 강화하는 대학에 대한 선별적 지원을 통해 청년실업해결을 위한 대학의 노력을 유도하는 사업이다.

② 지원내용 및 지원수준: 원칙적으로 대학이 사업계획 신청 시 요청한 금액으로 하되, 학생 수에 따라 상한액을 둔다.[48]

지원기간은 원칙적으로 1년이나, '08년도에 선정된 대학에 대해서는 '09년도 및 '10년도 지원대학 심사 시 우선권을 부여(※ '08년도 사업기간: '08. 3. 1.~'09. 2. 28.), 단, 점검·평가 결과 이행실적이 부진한 대학에 대해서는 차기년도 지원대학 심사 시 우선권을 배제하고 있다. 지원조건으로는 매칭 펀드 방식에 따라 대학은 '07년도 증액사업비의 25% 이상을 부담하여야 하며, 지원대학으로 선정된 이후에 사업계획서상의 대학 자체 부담비율을 대학이 이행하지 못할 시에는 미이행 비율 만큼 정부지원금을 삭감한다. 또한 정부의 지원금은 취업지원기능 확충사업에 소요 되는 사업비로만 사용이 가능하고, 취업지원부서의 기본운영경비(직원 인건비, 자산 취득비 등)로는 사용이 불가하는 조건을 두어 사업의 취지를 살리고자 한다.

(3) 자활지원사업

(가) 취지 및 목적

① 근로능력을 갖춘 자활대상자 및 차상위계층 중 희망자에게 효과적인 근로기 회 제공 및 교육훈련 기회의 확대를 통해 경제적 자립·자활을 촉진한다.
② 국민기초생활보장제도에 장기의존 가능성을 사전 예방한다.
§ 법적 근거: 국민기초생활보장법 제9조제5항, 국민기초생활보장법시행령 제8 조, 제10조, 제13조 내지 제15조

(나) 자활지원사업 업무추진체계[49]

① 노동부 본부: 자활지원사업 업무지침 작성 및 시달, 업무추진상황 점검 및 보

---

48) 지원상한액: 기본 3,000만 원＋(학생수 x 1.5만 원) * 단, 지원상한액이 2억 5천만 원 을 초과할 수 없음
49) 자활사업의 활성화를 위해 자활의욕 고취를 위한 교육, 자활을 위한 정보제공·상담, 직업교육 및 취업알선, 생업을 위한 자금융자 알선, 자영창업 지원 및 기술·경영지도, 자활공동체의 설립·운영 지원, 기타 자활을 위한 각종사업 수행할 수 있는 지역자활 센터를 설립하여 운영함

완책 마련, 자활사업 담당자 교육, 신규 자활프로그램 개발 및 보급, 종합취업지원 계획수립 등을 담당한다.

② 고용지원센터(지방노동관서): 취업대상자에 대한 개인별 취업지원 계획의 수립, 자활경로지정 등 자활지원사업 실시, 사업실적 보고 등의 업무를 담당.

※ 취업지원과: 자활업무 총괄, 기업지원과 직업능력개발팀: 자활훈련기관 및 훈련실시와 관련한 전반적 사항을 담당

③ 한국고용정보원: 전산시스템인 자활지원시스템을 구축하고 원활한 운영 지원

④ 관련기관: 보건복지부에서는 국민기초생활보장제도를 총괄 및 관련 업무지침 작성·시달, 종합자활지원계획 수립을, 지방자치단체는 국민기초생활보장제도 시행, 급여실시, 보장기금 운영, 지역자활지원계획 수립 및 시행, 가구별 자활지원계획을 수립한다.

(다) 자활사업 업무체계

① 접수·상담 등 초기절차: 지자체에서 의뢰된 대상자를 접수하여, 구직등록 및 초기상담 실시, 취업대상자 적격 판단한다. 정당한 사유 없이 3차에 걸친 출석 요청에 불응하는 자에 대해서는 의뢰한 지자체에 조건불이행 통보

② 개인별취업지원계획 수립: 취업대상자[50] 등 수급자의 근로능력, 자활욕구, 가구여건, 주변환경 등을 파악하여, 부합하는 자활프로그램을 제공하기 위한 중단기적인 취업지원계획을 수립함으로써 수급자의 자활·자립을 유도한다.

* 취업지원계획서 작성: 일반사항, 취업장애요인 및 직업과 관련한 잠재력 평가, 직업적응훈련 투입, 자활방향 및 경로설정, 자활사업 지정, 취업지원계획 변경, 취업지원계획 종료를 행한다.

③ 직업적응훈련: 1단계 근로의욕증진프로그램, 2단계 직업지도프로그램, 3단계

---

50) 국민기초생활보장법상의 조건부수급자 중 근로능력·자활욕구 및 가구여건 등이 취업에 적합한 자로 해당 시장·군수·구청장이 직업안정기관(고용지원센터)에 의뢰한 자를 말함

취업기초능력갖추기프로그램으로 구성되며, 직업적응훈련기관 선정위원회를 통해 매년 근로의욕증진프로그램과 취업기초능력갖추기프로그램을 담당할 직업적응훈련기관을 지정하고 사업을 위탁한다. 지역종합사회복지관, 지역자활센터, 자동차운전학원, 컴퓨터전문학원 등이 동 프로그램을 위탁하여 사업을 추진한다.

[그림 Ⅲ-41] 직업적응훈련

- 근로의욕증진프로그램: 자기상실감과 근로 및 자활의지, 성취동기가 저하된 대상자의 근로의욕 고취 프로그램
- 직업지도: 직업적성·선호도·창업진단검사 등을 실시하여 올바른 직업선택과 진로결정을 지원
- 취업기초능력갖추기프로그램: 자동차 운전과정과 정보화 기초과정이 있으며, 자동차 운전 자격 취득, 워드프로세서를 이용한 문서작성, 인터넷 활용, 엑셀을 이용한 사무자동화 등 기본 능력배양을 지원한다.

④ 자활사업 경로 지정: 취업대상자 개인의 취업능력 등을 고려하여 구직활동지원과 적극적 개인 구직활동을 내용으로 하는 구직활동 지원(취업알선)사업, 즉시 취업은 어렵지만 훈련욕구가 높고 훈련 이수 후 취업이 가능한 자에게는 자활직업훈련사업, 창업희망자에 대하여 창업 관련 기초상담을 실시하고 창업능력 및 성공가능성을 검토하여 근로복지공단에 위탁하는 자영업 창업지원사업, 일자리 개척업무 수행을 통해 근로의욕 및 취업가능성을 제고하고 타 실업자의 취업을 지원하는 자활취업촉진사업에 대한 경로를 지정한다.(직업훈련 자활경로 예시: 자활직업훈련 → 구직활동지원 → 자활취업촉진사업)

⑤ 조건이행여부 판단, 재심사 요청, 취업대상자의 지원 종료: 월 1회 이상의 정기확인 및 수시확인 방법을 통해 사업 참여 이행 여부를 확인하고, 조건불이행 판단기준51)에 의해 조건불이행을 한 경우 대상자를 의뢰한 지자체로 불이행

사항을 통보한다. 그리고 자활사업 참여기간 중 비취업대상자, 비조건부수급자, 근로무능력자 등으로 변경된 자와 의학적·심리적 치료가 필요하게 된 자로서 취업지원서비스 제공이 부적합한 자에 대해서는 사실을 인지한 날로부터 7일 이내에 지자체에 재심사 요청을 의뢰한다. 취업한 자(취업확정일 1개월 이후 종료), 창업지원 서비스를 제공받아 사업을 개시한 자(근로복지공단의 결과 통보에 근거 영업을 개시한 날로부터 1개월 이후 종료), 자활사업 참가기간 중 비취업대상자, 비조건부수급자, 근로무능력자 등으로 결정된 자, 기타 사유로 자활사업을 계속 실시할 수 없는 자로 결정된 자(결정통보일 즉시 종료)에 대해서는 지원을 종료하고 이를 지자체에 통보한다.

[그림 Ⅲ-42] 자활사업 업무체계도

구직등록 및 초기상담	개인별취업지원 계획수립	직업적응훈련 참여	지정사업 참여	취업대상자 지원종료
취업대상적격판단 불출석자 조치	취업지원계획수립 자활경로지정	근로의욕증진프로그램 직업지도프로그램 취업기초능력갖추기	취업알선 자활직업훈련 자활취업촉진사업 창업지원	취업알선 자활직업훈련 자활취업촉진사업 창업지원

---

51) 조건불이행 판단기준으로는 개인별 취업지원계획 수립을 위한 상담 불응자, 정당한 사유 없이 월 7일 이상 불참하거나 연속 5일 이상 불참하는 경우(단, 조건으로 제시한 자활사업이 비지속적인 사업일 때에는 정당한 사유 없이 월 조건부과기간의 1/3 이상 불참한 경우), 2가지 이상의 사업이 동시에 제공된 경우-어느 한 사업에서 조건불이행의 사유가 발생한 때에는 전체 조건이 불이행된 것으로 판단, 기타 각 사업별 불이행기준으로 정하는 경우에 해당되면 조건불이행 사항을 즉시 지자체에 통보한다.

(4) 직업진로지도 프로그램

(가) 성취프로그램[52]

① 실업급여 수급자 및 일반 구직자와, 장기구직자, 신용불량자 등 취업취약계층을 대상으로 월 1회 정기적으로 프로그램을 운영하여, 취업 준비 중인 구직자들의 취업의욕 증진 및 취업기술 향상을 도모하여 참여자들의 취업촉진 및 실업률 해소에 기여하고자 하는 프로그램
② 통상 1일 8시간, 5일간 운영한다.

(나) 청년층직업지도프로그램(CAP)[53]

① 지역 대학 재학생, YES프로그램 및 직장체험프로그램 참여자(10~16명)를 대상으로 월별 1~2회 정기적으로 운영하는 집단상담프로그램으로서 청년구직자들의 직업탐색능력 배양과 취업기술 향상을 도모하고, YES프로그램과 연계한 참여자 사후관리를 지속적으로 실시하여 프로그램 참여자 취업률 제고
② 통상 1일 8시간, 5일간 운영한다.

(다) 청년층 취업캠프

① 주로 대학 재학생을 대상으로 방학기간 중에 캠프형식으로 운영하는 취업능력 향상 프로그램이며, 이력서, 자기소개서 작성요령, 모의면접, 취업전문강사 특강, 직장인 선배와의 만남, 취업경진대회 등 강의 및 참여형식의 프로그램으로 구성된다.
② 통상 1박 2일간 운영하며 최근에는 대학에서 자체사업으로 많이 운영한다.

---

52) 최근 들어, 노동부(고용지원센터)에서 외부기관에 위탁 운영한다.
53) 최근 들어, 노동부(고용지원센터)에서 외부기관에 위탁 운영한다.

(라) 취업설명회

① 대학생, 군제대예정자 등 단체를 대상으로 취업관련 특정주제를 가지고 특강
  을 실시하여 참여자들의 실질적인 취업능력 배양을 지원
② 2~3시간 단위로 특강형식으로 운영, 취업정보탐색 방법, 이력서, 자기소개서
  작성요령, 면접기법 등 대상자에 따라 주제가 선정된다.

(마) YES프로그램(YES; Youth Employment Service)

① 취업취약계층 청소년과 대학 졸업예정자 중 프로그램 대상자를 선발하고, 고
  용지원센터의 전담자가 IAP(개인별취업지원계획서) 수립을 통해 심층상담과
  센터의 직장체험프로그램, 직업훈련, 집단상담프로그램, 단기취업특강, 취업알
  선 등 각종 취업촉진 프로그램을 활용한 원스톱 고용서비스를 제공함으로써
  청년구직자들의 취업촉진 지원
② 취업애로 청년층에게 실업발생에서 취업까지의 전 과정에 대해 개인별로 특
  화된 종합 취업지원서비스 제공
③ 영국의 청년뉴딜, 경기청년뉴딜과 같이 개별상담·직업지도프로그램 참여(1단
  계, 3주) → 직장체험·직업훈련 등 참여(2단계, 2~12개월) → 집중 취업알선
  (3단계)으로 운영
④ 참여자 개인별 전담 상담원(Personal Advisor)을 통해 1단계에서 3단계까지
  지속 관리
⑤ 취업알선은 각 단계마다 지속적으로 실시하되, 3단계에서 특히 집중적으로 실시

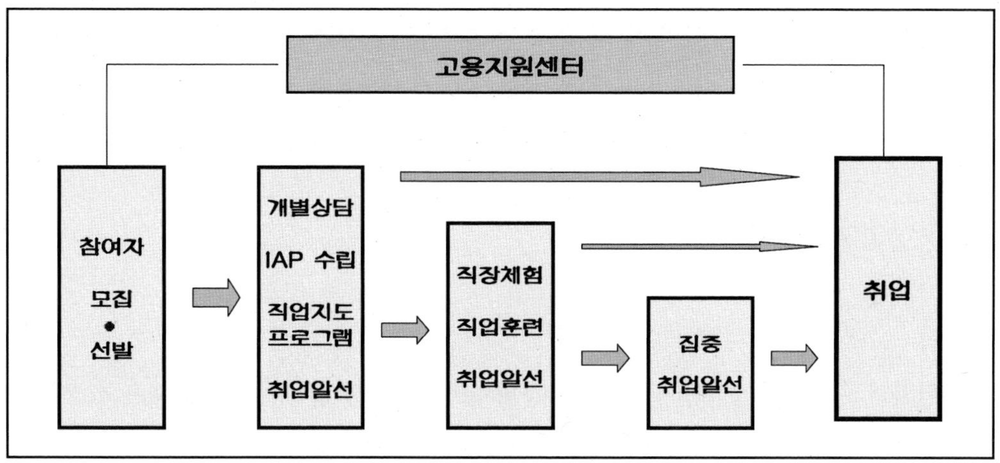

자료 : 노동부(2007).

(바) 단기취업특강

① 구직자들의 선택형 취업기술 특강 프로그램으로서 참여자의 단기간 취업기술 향상 지원을 목적으로 고용지원센터별로 지역 수요자의 특성 및 여건에 따라 10~20개가량의 단기취업특강 프로그램을 운영한다.

② 특강은 1회 2시간으로 운영되며, 주제로는 이력서·자기소개서 작성요령, 면접요령 특강, 직업심리검사 및 직업지도, 고용정보 수집방법, 근로기준법해설 등이 있다.

(사) 잡스쿨(Job school)

직업지도시범학교 중심의 사업을 위기청소년 등 취업취약계층 청소년과 저소득층 자녀로 확대하고, 운영횟수도 상향 조정하여 보다 많은 중·고교생들에게 직업체험의 기회 제공

(아) 직업지도시범학교 운영

직업지도시범학교를 지정하고 중고교 직업지도전문가를 명예상담원으로 위촉하여 각종 심리검사 등 체계적이고 다양한 직업지도 프로그램을 운영함으로써 중고교생들의 직업탐색 기회 부여, 직업동기 강화, 올바른 직업선택 및 직업관 확립을 지원한다.

(5) 취업지원프로그램

(가) '구인구직자 만남의 날' 행사

구인자와 구직자의 만남의 장을 제공하여 직접 대면을 통한 현장채용의 기회를 제공하여 고용촉진을 유발한다. 불특정 다수의 구직자를 대상으로 행사를 진행하나, 행사 목적에 따라 기술인력 행사, 고령자, 여성가장, 장애인 등 취업취약계층 행사, 실업급여 수급자를 대상으로 행사를 개최하기도 하며, 부대행사로서 이력서ㆍ자기소개서 클리닉, 훈련ㆍ자격 상담 등을 실시한다.

(나) 채용대행서비스

① 지역 우수기업, 상시인력부족업체, 신설사업장 등 기업의 인재채용에 필요한 절차를 고용지원센터에서 무료로 대행하여 적합한 인재를 최소의 시간과 비용으로 채용하도록 지원하는 서비스이다.
② 기업의 인재채용에 필요한 절차인 전화상담, 서류접수, 면접 등을 고용지원센터에서 대행하며 채용대행서비스의 종류로는 「서류접수 및 전형 단계＋면접장소 제공 및 면접대상자 모집」대행과 「서류접수 및 전형 단계＋1차 면접」대행이 있다. 아래와 같은 서비스 절차를 가진다.

서비스신청 → 전화상담 및 업체 방문 → 구인등록 및 지원자 접수 → 서류전형 → (1차 면접)접수 결과 구인업체 통보 → 최종 면접 및 합격자 발표, 마감

(다) 동행면접

① 자활대상자, 심층상담 대상자, 실업급여 수급자(IAP A유형 등 취업애로계층)과 관내 복지시설 취업의뢰자 등 취업취약계층을 대상으로 고용지원센터 취업담당자가 구인업체에 동행하여 면접을 실시하는 취업지원프로그램이다.
② 동행면접 담당자는 동행 구직자의 취업률을 높이기 위해서 서류구비 및 면접준비를 지원하고 필요시 고용지원센터 직업진로지도 프로그램과 연계하여 구직자의 자신감 고취·취업기술을 향상시켜 취업취약계층의 취업촉진 및 취업률 제고한다.

(6) 지역일자리 희망 프로그램

고용지원센터에서는 지역 일자리 창출 지원 및 구직자의 취업촉진을 위해 앞서 소개한 정형화된 사업 및 프로그램 이외에도 지역실정에 적합한 프로그램을 개발·운영하여 지역의 고용창출 및 실업해소를 지원하고 있다. 고용지원센터에서 운영 중인 몇 가지 지역일자리 희망 프로그램을 소개한다.

(가) 청년취업성공프로젝트 – 트랜스펙(Tran Spec) 프로그램

① 추진배경
○ 정부의 경기부양정책 및 고용대책으로 인해서 IMF상황 극복과 더불어 전국의 실업률은 다소 안정세를 이어가고 있으나, 노동시장에 최초로 진입하는 청년층 실업률은 호전될 기미가 없어 당분간 청년층 취업난은 계속 이어질 것으로 전망

※ 전국 실업률 추이: '00년 4.4% → '01년 4.0% → '02년 3.3% → '03년 3.6% → '04년 3.7% → '05년 3.7% → '06년 3.5%

※ 부산 청년실업률(전국): '04년 9.9%(8.3%), '05년 8.8%(8.0%), '06년 8.2%(7.9%).

○ 지역 내 적극적인 고용서비스 추진의 일환으로 청년실업문제 해소 및 지역의 우수인재를 양성하기 위해 『청년취업성공 프로젝트 사업』을 전개함

○ 취업알선사업의 노하우와 다년간의 직업진로지도 경험을 바탕으로 이를 대학과 공동 추진

○ 취업을 준비 중인 청년구직자의 취업스펙 형성 및 강화와 최근 기업이 요구하는 취업능력 배양을 지원함으로써 청년실업 해소와 지방대학생의 경력개발 및 취업촉진에 기여

② 추진방향

○ 이론 교육과 실행 프로그램의 적절한 조화, 최근 기업의 채용 트랜드를 반영한 프로그램 구성을 통해 취업준비생들의 실질적인 취업스펙 형성 지원 및 취업률 제고

○ 대상자 모집과 선발 및 프로그램 운영 시 참여자 동기 유발 장치 도입과 흥미 요소를 가미함으로써 프로그램에 대한 기대감 고조 및 높은 참여율 유도

○ 프로그램 수료 후 고용지원센터 고용촉진프로그램과 연계한 취업지도 및 사후관리, 온라인 취업동아리 조직 및 활성화를 지원하여 지속적인 취업스펙 형성 지원과 대학 內 활기를 띠기 시작한 취업동아리의 우수 모델 창출 및 활성화 방향 제시

③ 세부 운영방안

□ 프로그램 구성

○ 제목:「트랜스펙(Tran Spec: Transfer Specification)」(청년층 취업스펙 만들기)

○ 목표: 취업스펙 형성 및 경력개발 지원을 통한 참여자 취업률 70% 달성

○ 知·德·體 & 情報力을 겸비하고 도전하는 창의적인 청년 인재

○ 사회인으로서의 소양과 전문성을 겸비한 청년 인재를 완성

○ 프로그램 수료자 지원책 마련을 통한 지속적인 프로그램 운영

- 개인별 심층상담서비스 실시 및 프로파일링 작성을 통해 관리

- 각종 노동부 고용촉진프로그램 우선 참가 혜택(YES프로그램, 청소년 직장체험 프로그램, 사회적 일자리창출사업 등)

- 이력서, 자기소개서, 면접클리닉 기회 제공

□ 모듈식 커리큘럼 적용

○ [1단계: 지, 덕, 체 형성 및 정보력 강화] → [2단계: 취업전략 수립 및 취업능력 배양] → [3단계: 직업 전문성 및 소양 함양] → [4단계: 최종 점검 및 자아성찰 과정]

[그림 Ⅲ-44] 트랜스펙 FLOW

대학 추천 및 구직등록학생 개별 홍보	➡	프로그램 참여자 모집

참여자 선정 (운영진)	➡	• 졸업예정자 중 평점 B+이상자 • 학과장 및 지도 교수 추천자 • 참여자 선발을 위한 면접 실시

트 랜 스 펙	지·덕·체 형성 정보력 강화 (1단계)	• 멘토&멘티 • 건강한 정신·육체 함양 교실 • 토익 레벨업 • 국가기술자격 케치 데이
	취업전략 수립 및 취업능력 배양(2단계)	• 직업정보 및 고용동향 파악 • 이력서, 자기소개서 작성 • 모의면접 실시 • 기업의 인재상 탐구 • 기업체 견학 및 현장 투어
	직업 전문성 및 소양 함양(3단계)	• 사회봉사활동 체험 • 문화 체험, 영어회화캠프, 1일 마케팅 • 파워스피치, 속성 프레젠테이션 • 이미지 메이킹 및 매너 교육
	평가 및 피드백(4단계)	• 청년층 대상 공모제 선정 및 참여 • 취업경진대회, 취업포트폴리오 제작 • 팀별 프로젝트 수행, 수료식

√ 知·德·體 & 情報力을 겸비하고 도전하는 창의적인 청년 인재

√ 사물의 가치를 이해하고 사회인으로서의 소양과 전문성을 겸비한 겸손한 청년 인재

〈표 Ⅲ-4〉 트랜스펙 실천 모듈

구 분	실천모듈명(소요시간)	진행방법	비 고
1	오리엔테이션(4시간)	- 프로그램 및 참여자 소개 - 팀 지정, 구직등록 및 온라인카페 만들기	
2	멘토&멘티(4시간)	- 취업전략세우기(1차) - 취업포트폴리오 제작 코치: 멘토멘티 지정	
3	미래와의 조우(4시간)	- 미래학 강좌, 직업선호도 검사 - 미래 내 모습 그리기: 미래 명함 만들기	
4	건강한 정신 함양 & 육체 단련 교실(38시간)	- 기초 체력 단련 - 스트레칭 및 긴장완화 프로그램	
5	토익 레벨업(4시간)	- 토익 테스트 및 개인별 결과 분석 - 토익 고득점 특강	
6	국가기술자격 케치데이 (4시간)	- 국가기술자격증 취득 정보 - 내 적합 자격증 탐색	
7	직업정보 및 고용동향 돋 보기(4시간)	- 직업사전 맛보기 및 실전 직업정보 탐색 - 고용동향 분석 및 해설	
8	사회봉사활동 등록 및 체 험(8시간)	- 사회봉사활동의 이해 - 봉사자 등록 및 1일 체험	
9	문화체험Ⅰ'茶道' (4시간)	- 다도의 역사와 차의 이해 - 다도 시연 및 체험	
10	문화체험Ⅱ '와인 이야기' (4시간)	- 와인 일반 상식 - 와인 시음 및 체험	
11	이력서 1호 만들기(4시간)	- 이력서 샘플 보기 - 이력서 개인별 지도 및 1호 이력서 작성	
12	영어회화캠프Ⅰ(4시간)	- 자기소개 하기 - Dialogue(영화보기+쇼핑몰물품구매)	
13	자기소개서 1호 만들기 (4시간)	- 자기소개서 샘플 보기 - 1호 자기소개서 작성	
14	마케팅(판촉) 1일 체험 (8시간)	- 마케팅과 판촉의 이해 - 1일 세일즈 체험	
15	파워 스피치(4시간)	- 스피치 강좌 - 팀별 주제 토론	
16	속성 프레젠테이션(4시간)	- 프레젠테이션 시연 및 작성	

구 분	실천모듈명(소요시간)	진행방법	비 고
17	기업의 인재상 탐구 (4시간)	−최근 기업의 인재상 이해 −기업입사지원 프로젝트 수행(가상)	
18	기업 견학 및 현장 투어 (8시간)	−대기업 및 중소기업 탐방 −직업훈련학교 탐방	
19	이미지 메이킹 및 직장 매너 강좌(4시간)	−이미지 메이킹 강좌 −직장인의 기본예절	
20	모의면접시뮬레이션Ⅰ (8시간)	−집단면접 −프레젠테이션 면접	
21	영어회화캠프Ⅱ(4시간)	−Dialogue(유럽배낭여행)	
22	대학생 학술 공모 선정 및 참여(4시간)	−청년층 대상 공모 선정 −응모 지도 및 초안 마련	
23	모의면접시뮬레이션Ⅱ (4시간)	−실전 면접	
24	영어회화캠프Ⅲ(4시간)	−Role Playing Dialogue	
25	취업경진대회(4시간)	−이력서·자기소개서 평가 −취업전략세우기(최종) 평가	
26	취업포트폴리오 제작 (4시간)	−개인별 취업포트폴리오 제작 지도 및 제작	
27	팀별 프로젝트 수행 (8시간)	−팀별 과제 부여 및 전략 회의 −팀별 과제 수행	
28	수료식(4시간)	−내일을 위한 약속 −소감나누기	

(나) 고용−복지 서비스 확충 프로젝트−Sweet Home Project 프로그램
　　구성 사례

① 추진배경

○ 취약계층이 다수 거주하는 지역특색을 반영한 지역밀착형 고용서비스의 발굴·
　개발을 통해 고용지원센터 역량 강화 및 업무 효율성 제고와 지역민의 복지
　증진 꾀함

○ 또한 취약계층 고용서비스는 사회양극화의 심화, 열악한 개인 및 주변 환경
  을 감안하여, 현재의 일반적인 고용서비스 컨텐츠 및 방식과는 구분되는 획
  기적인 접근 방법 필요
○ 지역밀착형 사업으로 고용－복지 전문가들이 참여하는 「Sweet Home Project」
  를 개발하여 취약계층 종합 고용복지 서비스 제공을 통해 경제적·정서적 안
  정 및 궁극적인 자활 도모
② 세부 운영방안
○ 제목: 「Sweet Home Project」(부제: 취업전문가 위원회 운영을 통한 행복한
  가정 만들기)
○ 목표: 고용 복지 서비스 지원을 통한 취업취약계층 참여자 30명 취업률 50%
  달성
○ 세부 운영 프로그램 도입
  ※「취업취약계층 개인별 고용－복지 서비스」개발·운영

[그림 Ⅲ－45] Sweet Home Project

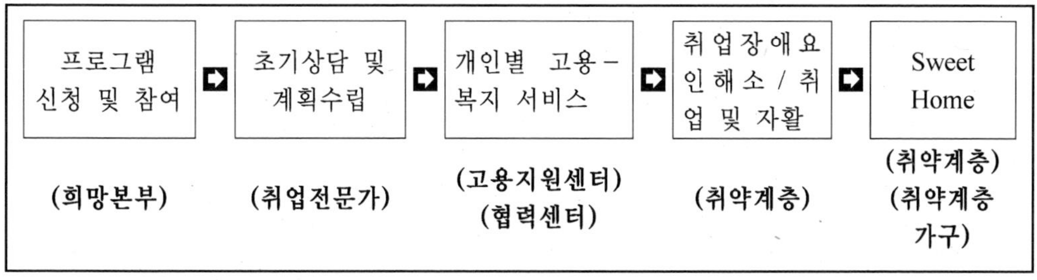

□「Sweet Home Project」운영 방안
○ 참여자 모집 및 선발
  －고령자, 장애인, 여성가장, 장기구직자 등 취업취약계층 구직등록자 및 사업
    참여 희망자 중 적격자 선발

- 국민기초생활보장법 자활경로지정 취업대상자 또는 자활사업 담당자 추천자를 선발
- 고용 – 복지 서비스 협력센터 담당자 추천 의뢰자 중 기초상담을 통해 적합자 선발

[그림 Ⅲ – 46] 참여자 선정 시 우선순위

참여자 선정 시 우선순위
① 고령자, 장애인, 여성가장, 장기구직자 등 취업취약계층
② 국민기초생활보장법 자활대상자
③ 고용 – 복지 서비스 협력센터 담당자 추천 의뢰자
④ 사회적 일자리창출사업 등 정부(지자체) 실업대책 사업 참여자 중 동사업 참여를 희망하는 자
⑤ ①, ②, ③, ④에 해당하지 않는 자

○ 취업전문가 위원 위촉 및 위원회 구성
○ 「취업취약계층 개인별 고용 – 복지 서비스」구축
  - 취업취약계층의 취업장애요인 제거 및 취업능력강화를 위해 4단계 과정으로 구성된 고용·복지 서비스 프로그램
  - 취업전문가 위원의 취약계층 개인별 심층상담을 통해 고용·복지 서비스를 제공함으로써 취업 및 자활 도모

〈표 Ⅲ-5〉 개인별 고용-복지 서비스 구축

단 계	기 간	내 용
〈1〉 초기상담 및 프로그램 적응	1개월	- 프로그램 안내 및 참여 요령 소개 - 구직자 및 가구 환경 진단을 통한 초기상담카드 작성 - 원조관계 및 신뢰관계(rapport) 형성 - 고용·복지 기초정보 제공
〈2〉 계획수립 및 프로그램 지원	3개월	- 전문가 위원 솔루션 회의 개최 - 상담자와 내담자 간 역할정립 및 서비스 계약 - 집단 상담프로그램 참여 및 평가 - 개인별 종합취업지원서비스 계획 수립 및 제공
〈3〉 종결 및 사후관리	1개월	- 취업 및 중도 포기, 기간 종료 사유로 인한 종결 처리 - 취업적응 상황 확인 및 미취업자 향후 계획 수립 - 개인별 사례 결과 평가(Case Study) 및 상담자 종합 의견 기록
〈4〉 평가 및 피드백	1개월	- 참여자 설문조사(프로그램 내용·전문가 위원 역할) - 사업 자체 평가를 통한 시사점 및 추후 개선 사항 도출

○ 고용·복지 서비스 제공 방법(Case Management 방식)

　⇒ 첫째, 취업전문가 위원 솔루션 회의 개최를 통해 개인별 취업환경 진단과 취업 및 자활을 위해 필요한 고용·복지 서비스 프로그램 선택

　⇒ 둘째, 사례관리 대상자별 취업전문가 위원 지정 및 원조관계 구축

　※ 취약계층 본인 및 가구 내의 취업장애요인 - 해당 분야 전문가를 우선 지정, 위원별 대상자 2명 내지 3명 배정

　⇒ 셋째, 개인별 종합취업지원서비스 계획 및 대상자 Case 내 프로그램 담당자를 취업전문가 위원 중 지정

　⇒ 넷째, 취업전문가 위원은 주 1회 이상의 인터뷰(직접면접) 및 전화상담을 통해 고용·복지 서비스 제공, 진행사항 확인(※개인 신상 및 취업장애요인 관련사항은 수시 확인)

　⇒ 다섯째, 취업전문가 위원 월별 프로그램 참여 결과 및 평가서 "빠른 취업

희망본부” 제출, 평가사항 향후 프로그램 운영에 반영

⇒ 여섯째, 중간 평가 및 2차 솔루션 회의 개최를 통해 프로그램 진행상황 진단·개선방법 논의 및 반영, 성과 보고

〈표 Ⅲ-6〉개인별 고용-복지 서비스 주요내용

〈복지서비스〉	〈고용서비스〉
개인 및 가구 문제 진단	**직무능력 및 구직능력 진단**
⇩	⇩
간병, 보육, 심리상담, 알코올클리닉, 방과 후 아동교실, 재활서비스, 공적부조, 노인종합건강관리, 근로의욕 고취 서비스 제공	직업심리검사 및 진로지도, 집단상담프로그램, 적극적 취업알선 단기취업특강, 취업설명회, 직업훈련, 사업장 견학, 동행면접, 채용행사, 고용촉진장려금 지원
⇩	⇩
취업장애요인제거	**취업 및 자활**

[그림 Ⅲ-47] 취업취약계층 개인별 고용-복지 서비스 FLOW

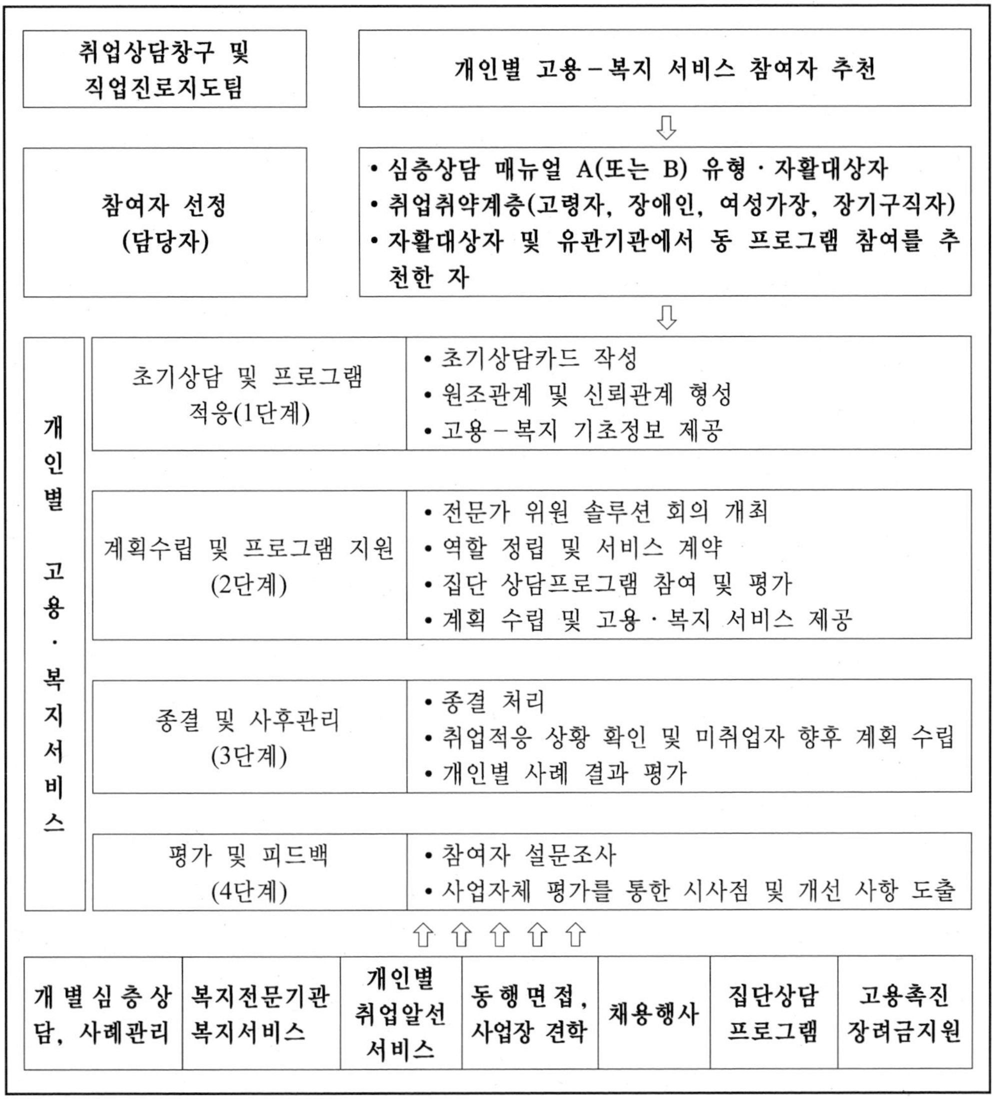

IV.

고용서비스론

1. 고용서비스의 의미

고용서비스의 중요성이 크게 부각된 것은 선진국가들이 1970년대 중반 이후 실업률이 크게 증가하면서부터이다. 경제위기에 대한 선진 복지국가들의 대응은 전통적인 케인즈주의 정책에 입각한 조치들 예를 들어 복지급여의 삭감, 수급자격의 강화, 일부 프로그램의 폐지 등으로 대처되었으나 오히려 수급자 수가 증가하고 복지지출이 증가하면서 실패하게 되었다. 따라서 복지국가의 질적 변화가 요구되었고 그 핵심으로 적극적 복지국가로의 전환을 추구하게 되었다. 적극적 복지국가의 개념은 사후처방적 수동적 개념에서 벗어나 기본적으로 일(노동)을 사회정책의 중심에 두고 근로능력을 가진 모든 사람을 노동시장으로 진입시켜서 사회의 유급 노동인력을 극대화하는 것으로 전환되었다.

적극적 노동시장정책에서 가장 보편적인 수단으로 일자리와 복지급여의 유기적 연계에 있으며 이러한 연계정책은 근로연계복지(workfare) 또는 활성화(activation) 정책으로 불리게 되었다. 특히 활성화 정책은 노동시장에 대한 폭넓은 개입을 전제로 하고 있기 때문에 그것의 성공여부는 상당부분 효과적인 고용서비스의 존재에 달려 있다. 따라서 선진국들이 적극적 복지국가로 개편하는 과정에서 고용서비스에 대한 지대한 관심과 자원을 투입하게 된 계기가 되었다.

고용서비스[54]의 목적은 기본적으로 가능한 가장 높은 수준의 고용유지와 성취를

---

54) 일반적으로 서비스란 고객의 편의, 만족을 위해서 서비스제공자 자신과 다른 서비스 자원을 이용하는 과정 노력, 행동을 말한다. 즉 수혜자를 위해서 수혜자에게 변화를 주고 시간, 장소, 형태 등의 효용을 제공하는 경제적 활동을 말한다. 따라서 서비스는 기

위한 통합된 고용지원 프로그램을 제공하는 데 있으며, 특히 노동시장의 효율적인 기능을 위해서 필요한 정책과 프로그램을 구축하고 발전시키는 데 있다.

따라서 고용서비스는 서비스를 제공받는 사람들의 생활에서 중요한 역할을 한다. 즉 직장, 가족, 학업 및 다른 형태의 서비스 및 여가활동 등을 포함하여 다양한 형태의 삶의 역할을 통해서 개인의 목표, 관심 및 가치를 충족시키는 역할을 하며 주민들의 생활에서 직업을 회생시키는 역할을 하는 것이다.

다시 말해서 고용서비스는 구직자에게는 취업능력 또는 취업경쟁력을 높일 수 있는 각종 취업촉진프로그램 또는 사업 등을 개발하여 제공하고자 하는 일체의 노력을 말하며 구인업체에게는 고용가능성을 높여주기 위한 각종 고용촉진 프로그램 또는 사업 등을 개발하여 제공하기 위한 일체의 노력이라고 말할 수 있다.

동시에 어떤 고객에게 제공하기 위한 기획인지, 고객들은 어디에 있는지 그리고 고객들은 무엇을 원하는지 현재 고객들의 지각, 욕구 및 요구는 무엇인지 그리고 우리가 제공하는 서비스에 대해서 어떻게 고객이 만족하는가에 대한 마케팅 측점을 강조한 것이라고 말할 수 있다.

일반적으로 서비스는 노동집약의 정도와 소비자의 고객화 정도에 따라 분류할 수 있는데 고용서비스의 경우는 전문적인 상담 등을 위한 전문기술이 요구되며 동시에 개별화된 취업 및 고용지원서비스 제공을 하는 전문적인 서비스로서 노동집약 및 고객화 정도가 높은 서비스라고 할 수 있다.

계화나 자동화가 낮은 노동집약적 특성을 가지고 있으며 무형의 기능(function)을 강조한다. 또한 서비스 제공자와 수요자의 상호작용의 특성이 있으며 서비스 제공 후 소멸되며 표준화 설정이 어렵고 다양한 고객의 요구를 반영하는 이질적 특성도 함께 지니고 있다.

[그림 Ⅳ-1] 노동집약도와 소비자 고객화의 관계

노동집약 낮고 소비자 고객화 낮은 서비스: 항공, 운송, 호텔관련 서비스

노동집약 낮고 소비자 고객화 높은 서비스: 도소매 서비스

노동집약 높고 소비자 고객화 낮은 서비스: 종합병원, 자동차수리관련 서비스

노동집약 높고 소비자 고객화 높은 서비스: 전문서비스(＝고용서비스)

그러므로 고용서비스는 전문적인 서비스를 제공하기 위해서 다음과 같은 것들을 이용하여 근로자에게 알맞은 일자리를, 구인업체에게는 적합한 인재를 발견할 수 있도록 지원한다.

① 직업탐색, 접근기술(기법) 지원서비스

　－근로자의 요구와 일치하는 정보를 제공

　－필요한 경우 면접 등 구직기술지원

② 직업과 관련한 종합적인 기술개발지원서비스

　－구직자의 태도와 성취도 평가

　－직업훈련 및 재훈련 지원

　－구직자의 능력 또는 고용가능성을 높이기 위한 경력개발 지원

　－취업을 가로막고 있는 각종 고용장벽을 제거하기 위한 취업지원

③ 직업과 생애의사결정지원서비스

　－생애상담 등

④ 구인업체에 적합한 인재를 보기 위해 노력하고 적합한 고용선택을 할 수 있도록 필요한 정보를 지원

2. 고용서비스의 중요성

적극적 노동시장정책의 핵심수단으로 고용서비스의 기능과 역할이 강조되고 고용서비스의 개념이 확산되면서 고용서비스에 대한 인식의 변화도 이루어지고 있다. 직업의 개념이 평생직장에서 평생직업의 개념으로 전환되면서 모든 근로자들이 더 이상 한 직장에서 고용안정을 보장받을 수 없게 되었으며 언제든지 능력이 부족하게 되면 퇴출될 수 있는 노동시장이 등장하는 노동유연화의 성향이 일반화되고 있다. 이로 인해 모든 근로자들이 생애에 걸쳐 보람된 직업생활을 영위하기 위한 요구가 증가하게 되었으며 생애능력개발차원의 접근도 동시에 고려되어야 한다. 따라서 고용서비스의 개념도 고용정보의 매스매칭문제를 해소하는 차원에서 벗어나 생애에 걸쳐 지속 가능한 취업능력 또는 고용능력(고용가능성)을 가질 수 있도록 고용서비스의 확대가 요구되고 있다.

〈표 Ⅳ-1〉 고용서비스의 개념변화

구 분	종 전	현 재
직업개념	평생직장	평생직업
직업생활	고용안정	생애능력개발
고용서비스	Mismatch의 최소화	Employability의 증대

고용서비스는 공공부문에서만 강조되는 서비스가 아니라 최근 노동시장의 변화와 함께 인력수급의 중요성이 강조되면서 민간부문에서의 고용서비스도 강조되고 있다. 그 원인을 살펴보면 다음과 같다.

첫째, 정보통신기술의 발전에 따라 인력자원관리에 있어서 더욱 저비용 고생산성의 방법을 찾으려는 노력이 확대되고 노동시장의 유연성도 더욱 강조되면서 원활한 인력수급의 속도가 구직자나 구인자 모두에게 매우 절실해지고 그러한 수요를 충족하기 위해서 전문적인 고용서비스의 수요가 확대되고 있다.

둘째, 새로운 기술의 빠른 변화로 근로자에 대한 수요 또한 빠르게 바뀌고 있으며 기존 근로자의 재훈련 및 새로운 기술자의 채용 필요성이 확대되면서 이와 관련한 비용이 많이 들거나 기업 자체의 능력으로 채용할 수 있는 전문성이 부족할 때 이러한 수요를 충족시킬 수 있는 고용서비스의 역할이 강조되고 있다.

셋째, 기업들이 비용을 최소화하기 위해서 핵심작업이 아닌 경우에는 외부에 의뢰하려는 경향이 증가하면서 자체적으로 신규근로자를 모집하기보다는 헤드헌터나 직업소개소 등의 이용 빈도가 높아지고 있다.

[그림 Ⅳ - 2] 고용서비스 패러다임 변화

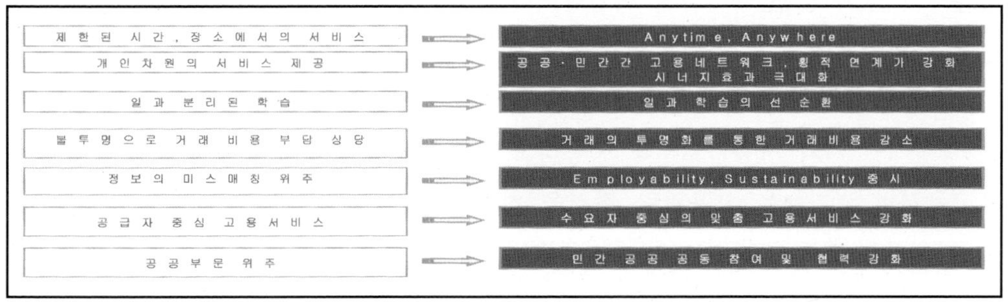

넷째, 근로자의 동기와 책임의식, 복합기술자의 고용, 초기 훈련부담의 증가 등 인적 자원 관리가 점점 더 중요해지면서 종합적인 인력관리서비스가 강조되고 있으며, 특히 인력관리의 일정부문에 대해서는 전문적인 고용서비스를 필요로 하고 있는데 이와 관련한 민간전문기관의 역할도 강조되고 있다.

고용서비스의 요구가 확산되고 전 국민의 생애능력개발 차원으로 발전되면서 종래의 고용서비스에 대한 개념이 더욱 발전된 새로운 형태의 패러다임을 요구하게 되었다. 종래의 공급자 위주의 고용서비스가 수요자 중심의 맞춤 고용서비스로 강화되었으며 공공부문중심의 고용서비스가 민간과 공공이 공동의 참여와 협력을 통해 취업능력을 높이기 위한 고용서비스 사업 등을 전개하고 있다. 종래의 고용서비스의 접근형태가 개인차원에서 제공되었다면 현재는 공공과 민간 간의 고용네트워크를 구축하여 횡적 연대를 강화하여 언제 어디서나 필요시 즉각적이고 일과 학습이 통합된 종합적이고 생애차원의 고용서비스의 수혜를 받을 수 있도록 하고 있다.

3. 고용서비스의 기능

　구직자의 고용서비스에서 제공되는 핵심적인 서비스인 직업상담, 직업지도 및 직업정보의 탐색 등은 구직자의 직업탐색과정에서 매우 많은 지원을 필요로 한다. 동시에 구인업체에게는 적합한 인재를 확보하도록 지원하며 구인업체의 실정에 적합한 고용선택을 할 수 있도록 전문적인 컨설팅을 필요로 한다. 그러므로 고용서비스는 항상 근로자와 사용자로부터 동등하고 자유로워야 한다.

　고용서비스 기능은 고용관련 결정을 하는 데 직면하는 다양한 원인들을 진단하고 지원하는 활동을 하기 때문에 특정한 능력을 소유하고 있는 사람들에 의해서 수행되어야 하는 전문적인 서비스인 것이다. 고용상담 등의 서비스를 제공할 뿐만 아니라 고용목표를 효과적으로 달성할 수 있도록 적합한 고용프로그램과 서비스를 이용하고 선택하는 것은 중요하다. 따라서 구직자 대상의 고용서비스의 초점은 생애와 직업선택, 교육훈련, 고용준비, 직업탐색, 직업유지의 영역에서 개인 및 집단을 지원하는 데 있다고 말할 수 있다. 즉 구인정보탐색지원, 직업소개, 진로계획지원, 훈련정보탐색지원, 노동시장정보제공, 기초능력교육, 구직기술훈련 등 직업을 찾고 구직에 성공하며 유지할 수 있도록 다각적인 지원노력이 요구된다.

　구인업체의 경우는 구직정보탐색지원, 고용알선, 인적 자원계획 증진, 노동시장정보제공, 등 안정적인 고용유지, 고용 촉진 및 성취를 위한 다각적인 지원노력을 말한다. 따라서 고용서비스를 제공하는 사람들은 다음과 같은 지식과 기술이 요구된다.

① 개인 또는 집단 고용상담의 처리 및 시행능력

② 기존노동시장 및 노동시장 경향 진단능력

③ 각종 프로그램의 발굴 및 적용능력

④ 직업지도서비스 능력

⑤ 각종 고용서비스 정보 활용능력

⑥ 직업상담관련 기술

⑦ 윤리적 문제의식, 인간관계 등 심리적, 사회적, 경제적, 문화적 요소의 종합적
   적용

고용서비스 기능은 나라마다 차이가 있으나 전통적 의미에서의 고용서비스 기능
을 주로 다음과 같은 것을 목표로 하고 있다.

① 실직자에 대한 지원을 통한 시간, 노력 및 비용측면에서 낭비요소 제거

② 노동이동과 관련 재진입이 보다 용이하도록 지원

③ 유용한 노동시장 정보를 수집, 제공

④ 청년구직자, 장애인 및 실직자 등 취업취약계층에 대한 취업이 용이하도록
   심층 지원

⑤ 실업급여의 효율적 운영

⑥ 국가위기상황에서의 인력관리

최근에 생애차원의 지속적인 고용가능성을 향상시키기 위한 고용서비스가 확대
되면서 고용서비스의 기능도 변화되고 있으며 변화된 기능 등을 살펴보면 다음과
같다.

첫 번째는 일자리 알선기능이다. 일자리 알선은 구인자와 구직자 간의 고용계약
을 중개하는 행위로 고용서비스의 기본기능으로서 가장 오래된 기능이다. 최근 일
자리 알선이 완전공개, 부분공개, 폐쇄방식 등 다양한 방식으로 이루어지고 있으며,
정보통신기술의 발달로 고용서비스의 일자리 알선방법이 더욱 다양해지고 있다.

둘째는 노동시장 정보제공과 관련된 기능이다. 노동시장에서 일반적인 수요와 공

급상황, 지역별, 산업별, 직업별 고용변화, 취업에 필요한 정보 등을 포함하여 고용
서비스는 구직자의 직장탐색과 경력개발에 도움이 되는 정보원의 발굴, 가공을 강
조하고 있다. 또한 이러한 다양한 인적 자원에 대한 정보는 고용주들의 투자와 인
력재배치 등에 유용하며 노동시장정책을 만들고 집행하는 데 많은 도움을 준다.

셋째, 노동시장 조정 프로그램 시행과 관련된 것으로 최근 복지국가 활성화 전략
에 힘입어 가장 빠르게 확산되는 기능이 고용서비스 기능이다. 노동시장 조정 프로
그램은 노동시장 프로그램 집행과정의 최일선에서 수행하는 프로그램으로 직장탐
색지원, 교육과 훈련, 직접고용창출관련 프로그램 등이 있다.

넷째, 실업급여관리로 고용서비스의 주요업무 중의 하나이다. 실업급여업무와 관
련하여 최근에 강조되는 것은 실업급여 수급자로 하여금 적극적인 구직활동을 펼
치도록 고용서비스의 지원을 강조하고 있다.

4. 우리나라 고용서비스 제도의 발전

우리나라의 고용서비스의 핵심제도인 직업안정제도는 근로자의 능력에 맞는 직
업에 취업할 기회를 제공하고 산업에 필요한 노동력을 충족시켜 고용의 안정을 도
모하려는 노력 및 활동들을 제도화한 것을 말하며 이의 실천수단으로 1961년에 직
업안정법이 제정되었다.

[그림 Ⅳ-3] 직업안정법 제1조

직업안정법 제1조(목적) 이 법은 모든 근로자가 각자의 능력을 계발·발휘할 수 있는
직업에 취업할 기회를 제공하고, 산업에 필요한 노동력의 충족을 지원함으로써 근로
자의 직업안정을 도모하고 균형 있는 국민경제의 발전에 이바지함을 목적으로 한다.

따라서 직업안정은 개별적인 근로자들에게 안정적으로 생활을 유지시키는 기능을 수행하며 자기발전의 기회 및 직업을 통한 보람과 긍지를 갖도록 한다. 특히 직업안정의 핵심기능인 취업알선기능은 구인·구직이라는 개인적 목적달성을 가능케 할 뿐 아니라 인력의 적재적소 분배에 따른 노동생산성 향상, 국가 경쟁력 강화 등 국민경제적 효과도 기대할 수 있는 것이다.

산업화 초기 단계에는 산업 및 직업의 분화가 성숙되지 않았기 때문에 노동시장도 미발달되어 자연히 근로자와 사용자가 직접거래에 의해 취업이 성립되고 노동력이 배분되었으나 근대 산업화 사회에 이르러서는 근로자나 사용주는 직접적인 거래에 의한 노동력 수급이 어렵게 되었다. 기업은 직업의 분화 및 직무의 세부화로 직무특성에 맞는 특정노동력을 가진 근로자가 필요하게 되었다. 따라서 특정 능력을 갖춘 근로자를 찾는 구인업체나 특정 직무를 찾는 구직자 간 원활한 매칭기능이 매우 중요하게 되었고 쌍방의 요구를 적절하게 연결하는 전문적인 직업소개기관이 출현하게 되었다.[55]

직업안정기관의 전통적인 역할은 직업소개 또는 직업중개라 할 수 있다. 즉 일자리를 찾는 사람과 고용주를 만나게 하여 일자리 탐색과 채용 간에 존재하는 노동시장 내의 불투명성과 마찰을 최소화하는 역할을 한다. 최근 기술진보와 정보화 등에 따른 노동시장이 다원화되고 고용형태도 다양화되면서 직업안정기관의 기능이 종전의 단순한 직업소개나 중개의 개념을 넘어서 인력채용, 인력배치, 인력관리, 상담, 계약에 의한 서비스제공, 인재대여, 일시적 파견 등 다양한 영역으로 확대되고 있다.

또한, 인권침해, 강제노역, 중간착취 및 기망적 수법으로 인한 피해 등이 우려되어 유료직업소개를 정책적으로 제한하였으나 소비자의 욕구가 다양해지고 고급화되었으며 다양화·전문화되고 있는 기업들의 이러한 욕구를 충족시키기 위해 직업

---

55) 우리나라도 1961년도에 전국 44개 시·도립에 직업안정소가 설치·운영되었으며 1968년부터는 민간 유료직업소개업의 허가기준이 마련되어 민간유료직업소개제도를 도입·운영하였다.

정보가 신속히 전달되어야 하는데 정부가 이를 독점적으로 담당하는 것은 한계를 가지게 되었다. 따라서 ILO(국제노동기구)에서는 1997년 민간직업소개기관에 의한 인력수급조정을 보다 넓게 인정하는 방향으로 직업안정기관의 역할을 조정하였으며 공공직업안정기관에서 제공할 수 없는 다양한 서비스를 제공할 수 있도록 하였다.

5. 고용서비스기관의 유형비교

고용서비스의 제공형태는 고용시장의 규모와 특성이 다른 국가의 상황에 따라 다르게 제공되고 있다. 국가 독점적으로 운영되고 있는 나라가 있는가 하면 민간과 공동의 협력을 통해 고용서비스가 제공되는 국가들이 있다. 국가가 독점하는 경우에도 정부기구가 독점하는 나라와 민관협조기구가 독점하고 있는 나라로 구분이 된다. 그리고 공존체계 역시 허가와 같은 규제가 설정된 공존체계가 있는가 하면 완전히 정부로부터 자유로운 공존체계로 구분할 수 있다.

국가독점형 국가에서는 구인·구직의 연결을 비롯한 모든 고용서비스업무를 정부기구가 직접 담당하는 체제를 갖추고 있는 국가들이 정부기구에 의한 독점형에 속한다. 부분독점형 국가는 구인·구직의 연결 등 고용서비스에 관한 일을 주로 공공기관에서 담당하지만 그 기구가 정부기관의 성격보다는 민관협조에 의한 독립기관의 성격을 가지고 있다는 점에서 국가독점형과 구별된다. 공민 공존형 국가는 정부기구 또는 다른 형태의 공공고용서비스기관과 함께 민간고용서비스의 활동이 허용된 체계를 말한다. 자유주의형 국가는 공공고용서비스와 민간고용서비스가 공존하는 국가 가운데 민간기구의 설립과 활동에 대해서 까다로운 허가 또는 규제가 거의 없이 비교적 자유로운 형태로 공존하는 국가들이다.

<표 Ⅳ-2> 고용서비스 유형

유 형	주요내용	국 가
국가독점형	정부가 직업안정기능 독점 모든 구인 구직자는 정부가 운영하는 직업안정기관에 의무적으로 등록하도록 법제화	스페인 노르웨이
부분독점형	주로 공공직업안정기관이 담당하지만 민간기관의 협조가 병행하여 이루어짐 재원을 정부로부터 지원받아 운영	독일 오스트리아
공민공존형	정부주관 공공직업안정기구가 존재하면서 민간인력서비스 업체의 활동이 법적으로 보장	영국, 스위스, 일본, 한국
자유주의형	민간기구의 설립과 활동이 비교적 자유로운 형태	미국, 덴마크, 호주, 뉴질랜드

　민간부분에서의 고용서비스의 역할이 강조되면서 민간부문의 고용서비스 영역도 발전되고 있다. 국제노동기구(ILO)는 민간고용서비스를 '개별 구인업체의 부족인원의 충원을 용이하도록 하고 개인 구직자에게는 취업 또는 경력개발을 쉽게 할 수 있도록 하며, 구인 및 구직기간을 단축하기 위한 일체의 노력'이라고 언급하였다. ILO는 민간고용서비스업은 그 범위가 넓으며 하나의 업체가 다양한 업무를 수행하기도 하기 때문에 유료직업소개소, 파견근로업체, 도급업체, 직원임대업체, 중역탐색업체, 전직지원업체로 분류하고 있으며 우리나라는 현재 법적으로 직업소개사업, 직업정보제공사업, 근로자파견사업, 근로자공급사업 등으로 분류할 수 있다.

　ILO와 우리나라의 민간고용서비스 유형을 분류를 고려하여 크게 5개 범주로 구분하여 분류하고 있다. 그 내용을 소개하면 다음과 같다.

　첫째는 노동공급과 수요의 중개를 주요 업무로 하는 유료직업소개사업을 들 수 있다.

　둘째는 사용업체, 근로자, 파견사업체 간 계약의 삼각관계의 형태를 가진 근로자파견사업 등이 이에 해당된다.

　셋째는 주로 전문인력을 탐색하거나 또는 경력을 상담해 주는 사업으로서 헤드헌팅사업, 전직지원사업 등을 들 수 있다.

넷째는 교육훈련과 취업지원을 동시에 수행하는 종합적인 인력개발지원사업이 있다.

다섯째로는 위에 포함되지 않는 기타사업으로 경력관리사업, 인력관리대행사업 등이 있다.

특히 직업소개사업은 가장 전통적인 고용서비스로서 특정지역, 산업 또는 직업에 따라 특성화하여 발전하고 있으며 최근에는 직업정보제공사업과 융합하는 추세를 보이고 있다. 헤드헌팅사업의 경우는 산업화된 대도시를 중심으로 국적을 가리지 않고 필요한 전문가들을 수요가 있는 지역에 소개하는 등의 활동범위가 점차 세계화되는 확대추세에 있으며 산업구조조정의 속도가 빨라지면서 기존 근로자의 실직이 증가하면서 전직지원서비스 필요성이 확대되고 있다.

〈표 Ⅳ-3〉 민간부문 고용서비스 유형

범 주	유 형
노동공급과 수요의 중개업체	유료직업소개소, 해외직업소개소
사업체, 근로자, 민간직업 안정기구 간 계약의 삼각관계를 가진 업체	파견근로업체, 도급업체, 직원임대업체
전문 인력을 탐색하거나 또는 경력을 상담해 주는 업체	중역탐색업체, 전직지원업체, 구직상담업체, 인력관리 상담업체
여러 가지 직업안전기능을 동시에 제공하는 업체	교육훈련과 취업지원을 동시에 수행하는 업체, 직업정보제공업체
기타업체	직업경력관리업체, 위탁고용업체

6. 고용서비스와 고용가능성(employability)

가. 고용가능성의 개념

고용가능성이란 넓은 의미로 노동시장 내에서 (재)취업이 될 수 있는 능력 즉 실직으로부터 지속 가능한 직업으로의 이동 능력을 말하는 것이다. 이는 고용에 실질적으로 영향을 미칠 수 있는 노동수요조건 및 직업탐색조건뿐만 아니라 노동공급 측면에서의 고용능력, 속성 등이 결합되어 있다. 고용가능성의 개념에는 구직자와 실직자들이 직업능력과 환경의 부적합(mismatching)상황에서 어떻게 의사결정을 해야 하는지를 지원하기 위한 잠재적 속성도 포함되어 있다.

이것은 직업훈련 및 직장경험계획 설계에 대한 개입 필요성을 암시하는 것이며 지속 가능한 취업능력과 경력개발을 지원해야 함을 시사한다. 이와 같은 역할은 노동시장의 매개자에 의해서 이루어지며 성공적인 접근을 위해서는 많은 고려를 해야 하는 어려운 일이다. 따라서 노동시장의 매개자인 고용서비스의 역할과 시스템이 매우 중요한 것이다.

적극적 노동시장정책의 핵심기능인 고용서비스는 직접적으로 구직자(실직자)에게 일할 수 있는 기회를 제공하는 데 있다. 이를 위해서는 능력이 부족한 실직자에게는 능력을 개발할 수 있는 기회를 제공하며 취업 및 고용정보가 부족한 구직자(실직자)에게는 적합한 정보를 제공하는 등의 고용지원 서비스가 긴요하다. 또한 구인업체에게는 필요한 인재정보를 적시에 제공하고 일자리를 창출할 수 있도록 하는 고용지원서비스는 매우 유용하다고 할 수 있을 것이다.

이와 같은 서비스를 제공하기 위한 효과적인 고용서비스가 요구되며 이를 위한 연구도 많이 이루어지고 있다. 따라서 고용서비스기관에서 제공되는 서비스내용들이 구직자 또는 구인업체에게 도움이 되도록 고용서비스가 지원되고 있는가가 초점이 될 것이다. 따라서 고용서비스의 고용가능성의 향상과 관련한 많은 접근방법들이 연구되고 있다.

최근 고용가능성에 대한 개념에 논의는 1세기 전으로 거슬러 올라간다. 최근에 받아들여진 개념들이 지속적으로 발전되고 있다는 측면에서 유용하다. 가지에르 (Gazier, 2001)는 고용가능성을 개인 및 다른 행위자와 노동시장에서의 조건 간의 상호작용을 포함하는 것으로 이해하고 정책토론이나 노동시장전략에 대한 내용에서는 개인중심적 해결과 공급자 중심적 해결이 초점이 되고 있음을 강조하면서 고용가능성의 개념을 7가지 차원에서 그 발전과정을 설명하였다.

첫 번째는 이분적인 고용가능성의 개념에 대한 접근이다. 20세기 초 영국에서 시작된 것으로 고용가능성에 대한 개념 형성은 "고용될 수 있는"과 "고용될 수 없는"의 이분적 의미에 초점을 두었다. 고용될 수 있다는 의미는 일을 할 수 있을 가능성이 있는 사람을 의미하며 고용될 수 없다는 의미는 일을 할 수 없는 사람을 의미한다.

두 번째는 사회-의료적 차원에서 고용가능성을 접근한 개념이다. 1950년대 미국, 영국, 독일 등의 국가에서 발전된 개념으로 사회적으로, 물리적으로 정신적인 장애인들의 기존의 일할 수 있는 능력과 고용의 요구수준 간의 거리 또는 차이로 설명하였다.

세 번째는 인력정책 차원의 고용가능성을 설명한 개념이다. 1960년대 미국에서 개발되었으며 사회-의료적 차원의 고용가능성 논의를 사회적으로 취약계층으로 확대 적용하였으며 취약계층의 현재의 일에 대한 능력과 고용의 요구수준 간의 거리로 설명하였다.

네 번째는 공급측면의 고용가능성 개념접근이다. 1960년대 프랑스 사회학문헌에서 발견되는 개념으로 지역 또는 국가경제에서 고용에 대한 수요측면과 접근성에 초점을 둔 개념을 말한다. 따라서 고용가능성이란 일자리를 찾는 구직자들이 취업할 수 있는 가능성, 목적지향적 기대 또는 높은 가능성으로 설명하였다.

다섯 번째로 노동시장 성과로서의 고용가능성을 설명한 접근방법이다. 1970년대 말부터 이용되었으며 노동시장정책의 개입결과로서 성취된 산출물을 의미하는 것으로 고용기간, 근무시간, 임금수준 및 고용가능성 향상 프로그램 등에 참여한 노동시장 결과물 등을 의미한다.

여섯 번째로 고용가능성을 촉진한다는 차원으로 설명한 접근방법이다. 1980년대 후반 북미와 유럽의 인적 자원 개발분야 문헌에서 발견되는 개념으로서 노동시장을 이동할 수 있는 기술능력개발과 직무이동에 따른 유연성을 통해 성공적인 능력개발이 가능함을 설명한다.

일곱 번째로 고용가능성의 상호작용성을 강조한 접근방법이다. 1980년 말에 북미와 국제적으로 이용된 개념으로 개인의 촉진책을 강조한다. 또한 개인의 고용가능성은 다른 사람, 고용기회, 노동시장과 관련된 제도에 의한 고용가능성에 의해 비례한다고 설명하였다.

이상에서 살펴본 바와 같이 고용가능성의 개념이 시대적 상황, 노동시장 여건 등에 따라 고용가능성의 개념이 지속적으로 발전되어 왔다. 최근에는 과거의 굴뚝산업에서 중요시하던 고용안정성(employment)보다는 유연한 지식정보화 경제에 맞는 고용가능성(employability)을 더욱 많이 중요시하고 있으며 이로 인해 조직의 역량의 새로운 접근이라고 할 수 있는 고용가능성에 초점을 맞추고 있다. 현재와 같이 불확실한 상황하에서는 종업원의 소속감을 위해 종업원의 욕구를 충족시키고, 동기화시키며, 권한을 위임시켜야 하는 새로운 형태의 고용가능성이 제기되고 있다. 그러나 여기서의 고용가능성은 고용자가 아닌 피고용자의 능력을 말하는 것으로 기업에서 일하는 개인이 고용될 만한 가치를 소유하고 있는가, 기업이 해당 노동자의 존재가치성을 신뢰하는가를 묻는 말로서 고용가능성 개념의 기저에는 본인 스스로가 능동적으로 일하기 위한 지표를 만들어야 한다는 목적의식이 밑바탕에 있다.

노동시장정책에서 고용가능성의 중요성이 증가하게 된 것은 부분적으로 경제적 경쟁에서는 기술기반적 해결을, 사회적 상황에서는 작업기반적 해결을 강조한 데 있다.(Hillage and Pollard, 1998). 이와 같은 환경에서 고용가능성에 대한 조치는 직장의 안정성 강화를 위한 대안으로서 유연한 기술을 개발할 수 있는 기회를 제공하기 위한 수단을 의미한다. 핀(Dan Finn, 2000)은 고용가능성을 일에 대해서 고용될 수 있는 능력이라고 제안했는데 첫째, 고용될 수 있는 능력, 둘째, 고용안정을 유지시킬 수 있으며, 조직 안에서 새로운 요구에 절충하기 위해서 변화하는 직무와 역할을 유지하는 능력, 셋째, 조직 내에서든 조직 간이든 노동시장에서 독립적으로 새로운 고용안정을 획득할 수 있는 능력을 유지하는 것으로 보았다.

또한 고용가능성은 다양한 역량과 새로운 지식이 적용되는 것이거나 다른 조직에서도 사용할 수 있는 가능성이라고 정의된다(Civelli, 1998). 가나에 도시히로 (2000)는 고용되는 능력에는 두 가지 의미가 포함되어 있는데, 첫째, 기업이 고용조정을 실시할 경우 조직을 떠나 노동시장에 나와도 다른 조직에 채용될 수 있는가라는 전직가능 능력과 둘째, 지금 있는 조직에 계속 몸담고 있으면서 조직 내에서 끊임없이 업무를 맡을 수 있는 존재인가라는 고용지속 가능성을 말한다.

영국산업협회(CBI: The Confederation of British Industry)는 고용가능성을 기업주와 고객이 변화된 요구에 충족할 수 있는 능력과 자질의 소유를 의미하며 자신의 열망이나 잠재성을 실현할 수 있는 데 도움이 되는 것으로 정의한다. 캐나다 노동력개발위원회(CLFDB: Canadian Labour Force Development Board, 1994)는 고용가능성을 개인적 환경과 노동시장 간의 상호작용에서 이루어진 의미 있는 고용안정을 성취하기 위한 개인적인 상대적 능력을 의미한다고 하였다. 즉 개인에게는 고용가능성이 소유 가능한 지식, 기술 및 태도와 노동시장에서 나타난 개인적 특성, 환경, 사회·경제적 환경과 관련이 있다.

힐라지와 폴라드(Hillage & Pollard, 1998)는 고용가능성을 지속 가능한 고용안정을 유지하기 위해서 스스로 잠재성을 실현할 수 있는 능력을 의미한다고 하였다. 따라서 개인에게는 지식과 기술, 태도, 이들 장점을 발휘할 수 있는 방법과 고용주에게 제시할 수 있는 능력, 환경과 관련이 있다. 리스터(Lister, 2001)는 고용가능성 개념이 수요측면의 고용안정성보다는 공급측면과 관련된 접근방법임을 강조하였으며, 에반스(Evans, 1999)는 고용가능성 부문을 공급측면(고용가능성 구성요소)과 수요측면(외부요소)으로 구분하여 설명하였다. 즉 공급측면에서의 고용가능성 구성요소로는 개인의 기술이동 정도, 알자리 탐색을 위한 동기부여수준, 개인의 직업이동

정도, 정보접근 및 네트워크 지원능력, 일자리 이동장벽의 정도 등을 말하며 수요 측면에서 외부요소로는 실직자에 대한 고용주의 태도, 교육훈련 제공수준 및 품질, 실직자를 위한 다른 지원프로그램 가용성, 세금 감면시스템구축 정도 적합한 일자리 제공 정도 등을 말한다.

그루트와 매쎈(Groot & Maassen, 2000)은 고용가능성과 관련하여 노동시장 유연성을 개선하기 위한 두 가지 유형으로 구분될 수 있음을 제시하였다. 첫째는 내부유연성으로 근로자의 고용가능성과 관련이 있다. 즉 한 종업원이 맡을 수 있는 직무의 수, 직무에서 요구되는 지원량, 직장 내에서 다른 직무로 이동할 수 있는 능력 등을 말하며, 둘째는 외적 이동성으로 사업주의 변화에 따른 직장이동과 구별되는 것으로 노동시장에서 퇴직, 무능력, 실업, 비참여 등의 방법으로 내부노동시장에서 나가는 것을 말한다. 인적 자본은 교육훈련투자로 내적 이동성을 증가시키나 외적 이동성은 줄일 수 있다는 것이다. 따라서 인적 자본은 종업원에게 고용가능성을 높여주며 내적이동을 증가시킨다고 주장하였다.

푸가트(Fugate, 2004)는 고용가능성의 차원을 인적 요인에 초점을 맞추어 경력일치성, 개인적응성, 사회 및 인적 자원으로 구성되어 있다고 주장하였다. 경력일치성은 일을 할 수 있는 가능성을 나타내는 것으로 개인의 과거 현재 미래의 경험을 통합한 개인속성으로 심리적 동기요인 즉 희망과 일치된 행동 등이 포함된다. 또한 개인의 일치성 특성을 정보지향성, 규범지향성, 회피지향성 등으로 구분할 수 있는데 정보지향성이 경력기회와 능력을 높인다. 또한 진로정체성과 관련하여 자신의 이해, 직업정보의 이해, 자신감 등이 포함한 개념이라고 할 수 있다. 개인적응성은 낙천주의적 성격, 학습능력, 개방성, 내재성 및 자기효능감 등의 개념들이 포함된 것을 의미하며 사회 및 인적 자원은 직업탐색행동과 관련하여 구직을 위한 공식 또는 비공식적인 네트워크망과 교육 및 경험이 포함된 개념이라고 할 수 있다.

최근에 맥퀴아드와 린드세이(McQuaid & Lindsay, 2005)는 고용가능성에 대한 개념을 공급측면과 수요측면의 중요성을 반영하여 개인적 요소, 개인적 환경과 외부요소로 구분한 고용가능성 구조를 제시하였다. 다음의 내용은 고용가능성에 대한 구조로서 각 개인에게 영향을 줄 수 있는 3가지 주요상호작용요소 즉 개인적 요소, 개인적 환경, 그리고 외부요소를 제시한 것이다.

〈표 Ⅳ-4〉 고용가능성 구조

개인적 요소	개인적 환경	외부요소
고용 가능한 기술과 속성 (기본적 속성, 개인적 능력, 자격증, 이전가능기술, 경험, 노동시장 접근성)	가정환경	수요적 요소 (노동시장적 요소, 거시경제적 요소, 일자리 특성, 채용여건)
인구통계적 특성	작업문화	지원요소 (고용안정정책요소, 기타 지원 가능한 요소 등)
건강, 신체적 조건	자원의 접근성 (교통수단, 재정적 접근성, 사회자본의 접근성)	해당 없음
직업탐색능력	해당 없음	해당 없음
적응성과 이동성	해당 없음	해당 없음

자료: McQuaid & Lindsay(2005), "The Concept of Employability, *Urban Studies*", Vol.42, No.2, pp.197~219.

나. 고용가능성 향상 방안

이상에서 정의된 내용들에서 알 수 있듯이 고용가능성에 대한 초점이 개인의 성격이나 작업의 용이성에 있느냐 아니면 일자리를 얻는 데 영향을 미치는 요소에 있느냐에 따라 관점에 차이가 있음을 알 수 있다. 고용서비스의 기본적인 목표가 구직자의 취업능력, 구인업체의 고용가능성을 높이기 위한 활동에 기반을 두고 있으므로 고용가능성에 대한 관련개념들이 고용서비스의 효과를 높이는 중요한 요소가 될 것이다. 특히 노동시장의 매개자로서 고용서비스의 핵심개념이 되는 고용가능성을 보다 향상시키기 위한 실질적인 노력으로 직업탐색행동과 구직효능감 등이 있으며 이에 대한 개념은 아래와 같다.

(1) 직업탐색행동

직업탐색활동은 학자들에 따라서 진로탐색, 진로탐색정보행동, 직업탐색행동 등으로 명명하고 있다. 진로탐색(career exploration)은 진로결정이나 진로발달을 목적으로 자기 자신과 직업세계(또는 환경)를 이해하기 위하여 수행하는 인지적·행동적 활동을 의미한다(박재홍·유연숙, 2006).

구체적으로 직로탐색은 진로를 선택·준비하거나 취업한 후의 적응과 개선을 위하여 또는 진로를 변경하려 할 때 수행하는 활동으로, 가치관, 성격적 특성, 흥미, 능력 등의 개인의 특징에 대한 평가와 직업세계에서의 선택사항, 제약사항, 요구사항 등을 이해하기 위하여 관련 정보를 수집·분석하는 활용, 자신에게 적합한 직업기회를 조사하는 활동, 성인이 되었을 때 갖게 될 다양한 역할들을 실험해 보는 활동, 아르바이트나 지원봉사활동 등을 통하여 자신의 능력을 발휘할 수 있는 활동을 찾으려는 활동, 자기 자신이나 직업세계에 관하여 갖고 있는 다소 모호한 기대나 생각들을 검증하려는 활동이라고 할 수 있다(Jordaan, 1963).

또한 진로탐색활동으로 다음 4가지 관점을 제시하였다. 이들 4가지 관점이 서로 보완적이며 진로탐색의 개념적인 발전을 의미한다(최동선, 2003).

첫째, 진로탐색행동을 진로문제를 해결하기 위한 정보수집활동(Information-seeking behavior)의 일환으로 보는 관점이다. 이 관점은 진로탐색행동의 가장 초기 수준의 단순한 개념이라고 할 수 있으나 보편적으로 받아들여지고 지금까지도 진로탐색행동의 중심개념이 되고 있다.

둘째, 진로탐색행동을 진로발달의 하나의 하위 단계로 보는 관점이다. 주로 발달의 관점에서 진로행동을 규범적, 종단적으로 설명하려는 진로발달이론의 입장에서 개인의 생애에 걸쳐 나타나는 여러 진로발달 단계의 하나로 간주한다.

셋째, 진로탐색을 진로의사결정이론을 기초로 의사결정 과정의 중요한 국면(phase)으로 설명하고 있다. 이러한 관점은 진로탐색행동이 진로를 결정하기 위해 반드시 수행되어야 하는 과정으로 개인은 진로에 대한 인식과 관련정보의 수집을 통하여 다양한 대안을 형성하는 과정을 말한다.

넷째, 진로탐색행동을 인지적ㆍ정서적 행동을 수반하는 전 생애에 걸친 활동으로 보는 관점이다. 진로탐색활동을 진로목적으로 획득하기 위하여 정보의 수집은 물론 자신과 환경에 관한 복잡한 심리적 과정으로 진로학습과 진로발달을 수반하는 행동을 말한다. 단순한 정보수집활동에 국한하지 않고 수집한 정보에 대한 만족도, 탐색으로 인한 스트레스 강도, 탐색활동과 탐색의 결과에 대한 기대 등의 다양한 심리사회적 특성을 포함한다(최동선, 2003).

따라서 진로탐색행동은 앞으로의 진로결정이나 진로선택을 위하여 자신의 특성에 대한 평가와 직업에 대한 정보를 수집하려는 의도적인 행동이라고 말할 수 있다(박재흥ㆍ유연숙, 2006). 고용서비스는 위에서 언급한 직업탐색행동을 강화하는 역할을 한다. 효과적인 구직활동을 위해서는 고용서비스기관으로부터 전문적인 직업상담을 받고 직업탐색에 대한 전문적인 기술과 정보를 취득하는 기법 등의 조언을 받아 적극적인 직업탐색활동과 직업탐색강도를 높이는 과정이 병행되어야 한다. 이를 통해서 구직자 본인이 원하는 일자리 등을 보다 용이하게 탐색하도록 하며 조기에 취업하도록 지원한다.

(2) 구직효능감

(가) 자기효능감의 개념

밴더라(Bandura, 1978)는 자기효능감 개념을 최초로 발표하였는데, 이는 사회학습이론에서 도출된 개념으로 특정 과업을 성공적으로 수행할 수 있는 자신의 능력

에 대한 개인적 믿음으로 정의되며 자기효능감에 대한 개념에 대한 정의는 다음과
같이 발전 보완되어 왔다.

〈표 Ⅳ-5〉 자기효능감의 개념

관련연구	개념적 정의의 변화
Bandura (1977)	행동의 변화를 중재하는 공통적인 인지 메커니즘이며, 개인이 갖고 있는 기술(skill)을 의미하는 것이 아니라 개인이 소유하고 있는 기술을 어느 정도 행할 수 있는가에 대한 판단
Bandura (1978)	특정 과업을 수행해 나갈 수 있는 자신의 능력에 대한 개인적 믿음, 신념
Bandura (1982)	각자의 상황을 처리하는 데 필요한 행동 과정을 얼마나 잘 수행할 수 있을 것인가에 대한 판단
Bandura (1986)	개인이 어떤 특정한 유형의 성과를 달성하기 위해 요구되는 일련의 활동을 수행할 수 있다는 능력에 대한 개인적인 판단 목표하는 성과를 달성하는 데 필요한 활동과정을 조직화하고 실행할 수 있는 자신의 능력에 대한 믿음
wood& Bandura (1989)	특정 과업을 달성하기 위해 요구되는 일련의 활동과 동기(motivation), 그리고 인지 자원(cognitive resource) 등을 동원할 수 있는 자신의 능력에 대한 신념 또는 판단
Bandura (1997)	목표를 산출하기 위해 필요한 행동 과정을 조직화하고 실행할 수 있는 자기의 능력에 대한 신념

자기효능 이론에 따르면 행동에 영향을 미치는 두 종류의 기대가 있는데, 자기효
능감은 이 두 가지 기대인 결과기대와 효능기대의 차이를 설명하였다. 이는 사회학
습이론 가운데 '어떤 행동으로 자기가 바라는 결과를 얻을 수 있을 것인가에 대한
판단기능'과 '그 행동을 자기가 수행할 수 있는지 없는지에 대한 판단기능'을 구별
하여 전자를 '결과기대', 후자를 '효능감 기대'라고 했다.

효능감 기대란, 어떤 결과를 얻기 위해 요구되는 행동을 성공적으로 수행할 수
있다는 개인의 신념을 말한다. 따라서 효능감 기대는 일반적인 성격이라기보다는

어떤 행동에서 특정의 결과를 산출해 낼 수 있다는 개인의 믿음의 강도로 시도하고자 하는 활동의 선택을 결정할 뿐만 아니라 확장시키고자 하는 노력의 정도와 과제 완수를 위한 활동의 지속력을 말하며, 인내, 사고유형, 정서적 반응, 궁극적인 행동에 영향을 준다.

결과 기대란, 어떤 특정 행동이 어떠한 결과를 가져올 것이라는 개인의 판단을 말한다. 즉 결과 기대는 하나의 주어진 행동이 특정의 결과를 나타낼 수 있으리라는 개인의 추측 또는 판단을 의미한다.

결과 기대가 높다 해도 자기효능감 기대가 낮으면 행동은 일어나지 않는다. 즉 특정 행동이 특정 결과를 유발할 것이라고 개인이 기대한다고 할지라도, 자기가 실제로 그 행동을 잘할 수 있다고 평가하지 않으면 그러한 행동을 하지 않게 되는 것이다. 이 두 가지 기대는 상반된 것이 아니고 상호 관련되어 있지만, 결과 기대보다는 효능기대가 행동의 예측에 있어 더 중요한 요인으로 확인된다. 이는 결과기대가 효능기대에 매우 의존적이어서 일단 효능기대가 결정된 후에는 결과기대가 행동에 대한 예측을 증가시키지 못한다는 것이다. 두 기대감 중 구성원의 행동 유발 및 효과에 중요한 것은 결과 기대가 아니라 효능감 기대이며 따라서 결과 기대보다 효능감 기대가 더 행동에 영향을 미치며, 모든 행동 변화는 이러한 자기효능감을 통해 중재된다(1986). 자기효능감은 행동에 관련된 정보를 처리하고 종합하는데, 이 정보는 사회인지이론의 관점에서 네 가지 기본적인 주요 정보원천에 의해서 형성된다(1989). 즉 자기효능감의 결정요인으로 이전경험, 행동모델, 다른 사람의 설득, 생리적·정서적 상태의 평가 등의 네 가지 정보원천에 의해서 영향을 받게 되며 그중에서도 이전경험은 개인의 자기효능감에 가장 큰 영향력을 미친다.

자기효능감을 결정하는 첫 번째 요인인 이전 경험은 지속적인 과거의 성공경험을 의미한다. 이러한 성공경험은 자신의 수행 성취 결과라는 개인적 경험에 기초를 두고 있기 때문에 자기효능감 판단에 가장 영향력 있는 정보를 제공한다. 사람은 성공할수록 자신감이 더해지며 실패를 경험할수록 자신감을 잃어간다. 따라서 성공했던 경험이 많다면 자기효능감은 높아지게 될 것이다. 이와 같이 성공과 실패에 대한 경험은 자기효능감에 영향을 주며 미래의 수행에도 영향을 준다. 또한 반복된 성공을 통해 일단 자기효능감이 형성되면, 일시적으로 실패한다 할지라도 부정적인 효과를 끼치지는 않는다고 한다. 그러므로 자기효능감을 높이기 위해서는 계속적인 성공의 경험이 중요하며 따라서 과거의 반복적인 성공경험은 다른 어떤 요소보다도 강력하게 자기효능감을 증대시킨다. 반면에 수행과정 초기에 경험한 실패나 많은 노력을 기울였음에도 불구하고 일어나는 실패 또는 외부의 방해요인이 없었음에도 불구하고 일어난 실패는 다른 유형의 실패보다 더 심각하게 자기효능감을 손상시키는 나쁜 영향을 미친다. 하지만 모든 실패가 자기효능감을 낮추는 것은 아니다. 자신의 노력으로 실패가 극복되면 스스로 동기화되어 지속성이 강해지고 지속적인 노력으로 어려운 장애도 극복할 수 있다는 경험을 얻어 오히려 자기효능감이 높아질 수도 있다. 이러한 성공과 실패에 대한 원인 지각은 효능감에 영향을 준다. 자기효능감이 높은 사람은 실패를 자신의 능력부족보다 노력이나 지식, 기술부족으로 보며 자기효능감이 낮은 사람은 실패를 자신의 능력부족으로 본다. 따라서 어려운 과제를 자신을 위협하는 것으로 보아 이를 피하고자 하며 자신들이 설정한 목표를 이루기 위해 노력을 기울이지도 않는다. 그들은 어려운 과제가 주어지면 성공적으로 수행하기 위해 무엇을 해야 하는지에 대해 생각하기보다는 오히려 자신들의 개인적인 결함이나 앞으로 직면하게 될 어려움들이나 나쁜 결과에 대해 걱정한다.

(나) 기업의 인력선발·배치와 자기효능감

자기효능감과 인적 자원관리에 관한 연구는 주로 선발, 훈련, 성과평가 및 결근과 관련하여 자기 효능감이 영향을 미치는지에 대해 이루어졌다. 기스트와 미셸(Gist & Mitchell, 1992)은 작업장에서의 동기와 성과에 대한 자기효능감의 중요성을 밝혔으며, 목표를 달성하기 위해서 자기효능감에 대한 믿음을 변화시켜야 함을 제의하였다. 이와 같은 자기효능감에 대한 연구는 인적 자원관리 전문가의 기술목록으로 발전하였다.

자기효능감이 고려되는 인적 자원관리 분야는 주로 선발, 훈련수요평가, 훈련방법, 성과평가 및 결근에 관한 것이며 주로 현장에 접목을 목적으로 연구가 이루어졌다. 페퍼(Pfeffer, 1998)는 사람을 통해 지속적 경쟁우위를 창출해 나갈 수 있는 인적 자원관리 시스템의 7가지 주요 요인[56] 중 하나로 신중한 선발관리(채용)를 제안하였다. 그는 처음부터 해당 직무가 필요로 하는 스킬과 능력 등이 무엇인지 명확히 해놓고 가급적 그 직무요건을 충분히 구비한 사람을 선발해야 하며, 입사 후 교육/훈련을 통해서 쉽게 변화되기 어려운 특성에 더 초점을 맞추어 지원자들을 보다 쉽게 변별해 주는 선발 예측치(요건)를 통해 채용을 진행해야 한다고 주장하였다.

인적 자원 기능분야에서 자기효능감의 적용은 이론적인 면이 있으나 구직자 선발에 관련한 자기효능감의 평가에 대한 유용성은 구직자의 미래성과 가능성을 확인하는 데 있다. 기스트(1987)는 선발 시 높은 수행을 보일 사람을 선발해야 하는데, 그러한 수행의 예측치로서 지원자가 가지는 자기효능감 수준을 고려할 수 있다고 하였다. 그는 여타의 선발도구와 함께 자기효능감을 평가할 수 있고, 이는 특히 직무면접에서 유용할 수도 있으며, 이러한 자기효능감 정보의 주기적 평가를 통해 배치와 경력개발에도 활용이 가능하다고 하였다. 즉 어떤 직책이 공석일 경우, 그 직책과 관련한 스킬에 대한 높은 자기효능감을 가지고 있는 사람들을 우선적으로 고려하는 것이 바람직하다는 것이다.

구직자의 조직 적응에 대한 반응을 조사한 결과 낮은 자기효능감을 갖는 구직자는 보다 보호관리지향적인 특성을 보인 것으로 나타났다. 또한 구직자의 선발에 관한 연구에서도 낮은 자기효능감을 가진 구직자는 외부통제성향 즉 자신의 앞길이 우연이나 외부적 영향에 의해서 결정되었다고 믿는 특성을 가진 것으로 나타났다. 따라서 구직자의 선발과정에서 자기효능감을 확인하는 것이 더욱 유용한 도구가 될 수 있다고 볼 수 있다.

---

56) 고용보장, 신중한 선발, 자율관리팀과 의사결정 분권화, 조직성과에 연계한 보상, 교육/훈련, 조직 내 신분격차 감소, 정보 공유 등을 제시하였다.

(다) 구직자 자기효능감(구직효능감)

구직자의 구직활동에서의 자기효능감(job – seeking self – efficacy)은 다양한 구직 활동을 성공적으로 수행하리라는 자기 능력에 대한 확신을 말한다. 이는 밴더라가 제시한 자기효능감 개념으로부터 구직행동에 적용시킨 것이 구직 효능감이다. 구직 효능감과 구직행동 간의 구체적인 연구결과에서 구직 효능감이 높은 사람일수록 구직 행동과 재취업할 가능성이 높은 것으로 나타났다.

카플란(Carplan, 1989)은 구직활동에 참여하려는 동기 및 재취업에 관한 개입프로그램(JOBS)의 효과를 검증하기 위해 현장실험을 최초로 수행하였다. 연구결과, 개입 프로그램에 참가한 사람들(실험집단)은 두 번의 사후 검사에서 교육용 자료로 스스로 학습한 통제 집단보다 훨씬 더 유의미하게 높은 재취업률을 나타냈고, 구직 효능감을 더 높게 지각하고 있었다. 아울러 통제집단의 미취업자들은 구직 동기가 감소된 데 반해, 실험집단의 미취업자들은 구직 동기가 감소되지 않았다.

밴 린과 비노크(Van Ryn & Vinokur, 1992)의 연구는 구직행동과 재취업의 결정요인을 설명하기 위해서 구직효능감, 태도, 규범 및 구직 의지가 구직행동에 미치는 매개효과를 검토하였다. 연구결과 구직효능감은 구직 의지와 단기간의 구직행동에 직접 영향을 미침으로써, 그리고 구직행동에 대한 주관적인 규범과 태도에 간접적으로 영향을 미침으로써 구직을 돕는 개입프로그램의 효과를 중개하는 것으로 나타났다. 직업을 탐색하는 기술을 가르치는 프로그램을 실시하였을 때 자기 효능감이 이 프로그램에 참가한 사람들의 구직의향, 구체적인 구직행동 그리고 직업을 찾는 태도에 직접 또는 간접적으로 영향을 준 것으로 나타났다. 또한 에덴과 아비람(Eden & Aviram, 1993)의 연구 결과에서도 구직 효능감 훈련을 받은 실직자들의 재취업이 높은 것으로 나타났다.

우리나라의 경우 비자발적 실직자들을 대상으로 한 김명언과 노연희(1998)의 연구에 의하면, 구직효능감이 높을수록 재취업에 대한 기대를 높게 하는 것으로 나타났고, 실직에 대한 기능적 대처행동을 많이 하는 것으로 나타났다. 또한 구직효능감이 높을수록 구직망의 폭이 넓은 것으로 나타났다. 여기서 구직망의 폭이 넓다는 것은 구직 정보를 얻기 위해 접촉한 기관이나 사람의 수가 더 많은 것을 의미하며, 구직망의 폭은 구직활동(구인업체 방문 횟수, 지원 횟수, 면접 횟수 등)의 정도와 유의미한 정적상관을 나타냈다.

김명언 등(2003)은 노동부에서 운영하는 실직자 재취업 훈련 프로그램인 성취프로그램의 효과를 조사하기 위한 목적으로 성취프로그램을 통하여 구직 기술 습득 및 구직효능감 증진이 이루어졌는지 그리고 구직효능감의 변화를 중심으로 한 성취프로그램의 효과가 참가자 특성(인구통계학적 특성 및 심리적 특성)에 따라 차이가 나는지 알아보았으며 조사는 2,517명의 성취프로그램 참가자들을 대상으로 설문조사를 통해 이루어졌다. 연구결과에 따르면 구직효능감의 변화량이 클수록 프로그램에서 학습한 구직 기술을 더 많이 연습한 것으로 나타났다. 이러한 결과는 프로그램을 통한 구체적인 구직 기술을 학습함으로써, 참가자의 구직효능감이 긍정적 방향으로 개선되었을 가능성이 높음을 시사하는 결과이다.

또한 구직효능감의 수준에 따른 차이는 구직활동과 관련이 있음을 보여주는 많은 연구가 있다.[57] 미국의 구직기술 훈련 프로그램인 JOBS – I의 성과에 대한 몇몇 연구들에서도 JOBS – I의 참가자들이 통제집단과 비교했을 때, 보다 더 빨리 재취업이 되고 높은 수준의 직장생활의 질을 보고하였으며, 동종 업계에서 보다 높은 급여의 일자리를 찾는 것으로 나타났다.[58]

(라) 고용서비스측면에서 자기효능감

고용서비스가 구직자에게 취업경쟁력을 높이기 위한 다양한 지원을, 구인업체에게는 적합한 인재를 선발할 수 있도록 다양한 서비스를 제공하는 데 있으므로 자

---

57) Kanfer & Hulin, 1985, Eden & Aviram, 1993, Saks & Ashforth, 1999, Wanberg, Kanfer, & Rotundo, 1999 등의 연구가 있다.
58) Caplan, Vinokur, Price, & van Ryn, 1989, Vinokur, van Ryn, Gramlich, & Price, 1991 등 참고

기효능감을 통해서 고용서비스의 효과를 알아볼 수 있을 것이다.

고용서비스기관을 통해서 구직 또는 구인서비스를 받아 보다 효과적으로 구직내지 구인활동을 할 수 있도록 교량역할을 하는 데 있으므로 구직자 내지 구인업체에게 구직효능감 및 인재선발에서 자기효능감을 적극 활용할 수 있을 것이다.

7. 선진국가의 고용서비스 발전형태

가. 공공 고용서비스 모델의 등장과 구축

유럽 등 선진국의 공공고용서비스는 노동시장이 단순하였던 과거에는 고용정보제공 및 취업알선을 담당하는 것으로 충분하였으나, 오늘날에는 지역노동시장에서 유관기관·단체와 유기적인 네트워크를 구성해 구직자·기업에게 개별화된 서비스를 체계적으로 제공하는 전문서비스 제공기관으로 탈바꿈되고 있다. 또한 이전소득 중심의 복지정책이 가져오는 부작용을 탈피하기 위하여 '고용친화적 사회정책'이 추진되면서 고용이 최대의 복지라는 말을 실현하기 위하여 실업보험 등 사회복지 수혜자의 고용을 촉진하는 공공고용서비스의 역할이 크게 강조되고 있다.

OECD도 취업알선·실업급여·노동시장프로그램을 공공고용서비스를 중심으로 통합하여 원스톱서비스를 제공하고, 장기실업의 위험이 높은 실업자를 조기에 확인해 심층상담 등 고용지원서비스를 체계적으로 제공하여야 한다고 촉구하였다.

유럽연합(EU)도 공공고용서비스는 유럽고용전략을 집행하는 핵심수단이라고 선언하면서, 실업의 초기단계에서 실업자의 수요(needs)를 조기 확인해 심층상담·개인별 취업지원계획 등을 통해 청소년에게는 실업 후 6개월 이전에, 성인에게는 실업 후 12개월 이전에 다양한 노동시장프로그램을 활용한 새 출발(new start)이 제공되어야 하며, 이를 위해 각국은 공공고용서비스를 선진국의 고용서비스와 같은 서비스가 되도록 하여야 함을 강조하였다. 이와 함께, EU는 공공고용서비스의 향후 역할에 관한 공동선언을 통해서, 공공고용서비스는 전문서비스 제공기관으로서 구직자에게는 전문적인 상담과 고용지원을 제공하고, 기업에게는 인력채용의 지원은 물론인력관리와 직업훈련·자격에 관한 상담을 실시하며, 취업취약계층의 취업을 지원하는 사회적 책임을 이행한다고 정의하였다. 또한 ① 고용과 관련된 유관기관·단체와 네트워크를 통한 협력관계를 구축하고, ② 인터넷 등정보통신기술을 최대한 도입·활용하며, ③ 구직자에 대한 프로파일링, 심층상담, 다양한 고용지원서비스의 체계적 제공을 집중 추진하고, ④ 기업과의 협력관계를 강화하면서 노동시장 내 양적·질적 불일치(mismatch)를 조기에 확인해 대처해 나갈 것임을 강조하였다.

일련의 동향 중에서도 관심이 집중되는 분야는 실업자 개인에 대한 사례관리(case management)를 중심으로 한 고용서비스 모델의 구축이다. 즉 공공고용서비스기관의 상담원은 심층상담을 통해 실업자의 수요(needs)를 조기에 확인해 개인별 취업지원계획을 수립하고 이를 토대로 필요한 고용지원서비스를 체계적으로 지원한다. 여기에서 개인별 취업지원계획은 실업자와 상담원이 상담을 통해 상호 합의된 사항을 문서화하여 서로 서명한 것으로서, 대부분의 경우 실업자에게 적합한 구직활동의 방법·대상·빈도, 공공고용서비스가 제공할 고용지원서비스, 직업훈련 등 적절한 노동시장프로그램 및 참여시기, 향후 상담일정 등을 포함하고 있다. 개인별 취업지원계획은 상호합의·서명되었다는 점에서 양측에게 권리와 의무를 발생시키는 구속력 있는 합의서로 간주되며, 공공고용사무소는 이를 실업급여를 계속 지급하거나 또는 불이행 시 지급을 정지하는 근거로 활용하기도 한다.

이와 같은 고용서비스모델의 구축에 선진국들의 정책적 관심이 집중되고 있는 이유는 첫째는, 이러한 모델이 '고용을 통한 복지(Welfare-to-Work)'로 대표되는 고용복지정책을 추진하기 위한 핵심수단이기 때문이다.

둘째는, 급격하게 진행되는 인구의 고령화에 대응해 노동공급을 늘림으로써 고용을 증대시켜야 하기 때문이다. 이와 관련해, OECD는 노동공급의 증대와 고용증대는 장기적으로 거의 완벽한 상관관계를 보여주고 있다고 강조하고 있다. 노동공급이 증가하면 기업들은 일자리에 응모하려는 구직자들을 더욱 쉽고 많이 접하게 되어 인력난으로 초래된 임금상승 압력이 해소됨으로써 기업들이 보다 많은 일자리를 구인할 수 있기 때문이라는 것이다. 거시경제적 측면에서도 고용 증대는 총수요 증대에 의해 대부분 이루어지는 것이기는 하지만 노동공급의 증대는 총수요 증대를 자극하는 요인이 되기 때문에 고용 증대를 가져온다고 설명하고 있다. 이와 같은 점에서 OECD 각국에서는 고용지원서비스를 강화함으로써 비경제활동인구와 실업자를 노동시장에 적극적으로 참여시켜 고용을 증대시켜 나가는 것이 고령화시대의 매우 중요한 고용전략이 되어 가고 있다.

셋째는, OECD 국가들, 특히 EU국가들에서 실업률이 낮아지고 고용이 증대되면서 과거에는 문제되지 않았던 노동시장 내 인력수급 불일치의 문제가 서서히 대두되고 있기 때문이다. 즉 구직자들은 구직활동의 범위를 자신에게 친숙한 특정 지역·직업에 한정하려는 경향이 있고 일자리의 질(quality)에 대한 정보도 제한적이기 때문에 심층상담을 통한 고용지원서비스가 반드시 필요하다는 것이다.

나. 주요 선진국의 고용서비스의 특성과 기능 변화

고용서비스의 발전특성을 살펴보면, 첫째, 탈중앙화는 고용서비스의 변화 가운데 가장 두드러지게 나타나는 현상이다. 탈중앙화의 정도는 나라에 따라 차이가 있으나 서비스전달체계에서부터 노동시장정책에 이르기까지 탈중앙화의 형태가 다르다. 두 번째는 서비스의 통합이다. 고용서비스의 기능과 역할의 확대는 서비스 이용자들에게 종종 관료주의의 확대로 나타나기로 한다. 서비스의 통합은 이런 문제를 예방하고 효율적인 서비스 전달체계를 확립하기 위한 방책으로 제시되었다. 서비스의 통합은 원스톱형태, 맞춤형 형태 등이 있다. 셋째는 시장요소의 도입이다. 고용서비스의 효과성을 높이기 위해 민간고용서비스의 확대 등 다양한 시장요소가 도입되고 있다. 넷째는 민관 파트너십의 발전이다. 오랫동안 공공고용서비스기관의 독점적 지위가 탈피하여 민간고용서비스기관과의 협력적, 보완적 파트너십뿐만 아니라 경쟁적 파트너십이 도입되고 있다.

한편 정보통신기술의 발달에 따라 기능별로도 변화가 이루어지고 있다. 취업알선과 관련하여 가장 두드러진 특징은 셀프서비스의 확대이다. 인터넷의 발달에 따라 셀프서비스의 확대를 촉진하고 있다. 또한 인터넷을 비롯한 정보통신기술의 발전은 노동시장 정보의 취합, 분석, 전파하는 일에도 많은 변화가 일어나 다양한 자료를 통합적으로 분석 제공하게 되었다. 선진국들은 1990년대 전후로 '고용의 기적(jobs miracle)'이라고 일컬을 정도로 노동시장의 성과를 크게 향상시킨 국가들로 1994년 이후의 덴마크, 1996년 이후의 아일랜드, 1990년대 초 이후의 네덜란드, 1986년 이후의 영국 등이 포함된다. 이들 국가들은 일련의 노동시장 개혁을 통해 그와 같은 성과를 얻었으며, 노동시장 개혁에는 고용지원서비스의 개혁이 예외 없이 자리하고 있다.

덴마크의 경우에는 1994년에 실업 기간이 일정기간 경과하면 노동시장프로그램에 참여해야 실업급여가 지급되는 제도(active period of benefits)를 도입하였다. 당초에는 그 실업경과기간이 3년으로 설정되었으나, 점차 단축되어 2000년부터는 실업 1년이 경과하면 노동시장프로그램에 참여해야 한다. 이때 실업자는 공공고용사무소를 방문하여 심층상담을 받고 개인별 취업지원계획을 수립하여 적절한 프로그램을 제시받아야 한다. 이와 같은 제도는 덴마크의 유연안정성(flexicurity)을 뒷받침하는 '황금삼각형(Golden Triangle)'의 한 축을 이루고 있다는 평가를 받고 있다.

아일랜드는 1996년부터 일련의 개혁을 통해 실업급여 수급자의 구직등록을 의무화하고 청소년은 실업 6개월 이전에, 성인은 실업 9개월 이전에 개인별 취업지원계획을 수립하도록 하였다. 그 결과 1996년부터 실업률이 크게 하락하였고, 개인별 취업지원계획을 수립하게 된 실업급여수급자들은 공공고용사무소의 상담원으로부터 평균 5회의 심층상담을 받게 되고 그중 64%는 3개월 내에, 93%는 1년 내에 취업한 것으로 나타났다.

네덜란드의 경우에는 1980년대에 실업급여 수급자가 급증하기도 하였으나 1990년대 초부터 구직활동에 관한 실업급여 수급조건을 엄격히 하는 개혁을 취하였으며, 1990년대 중반에는 장기실업자 등 취업취약계층에 대한 고용지원서비스를 민간위탁하는 등 급진적인 개혁을 추진하기도 하였다.

영국의 경우에는 1986년부터 실업 기간이 6개월 경과하면 심층상담(restart interview)을 실시하였고, 1989년에는 구직활동에 관한 실업급여 수급조건을 엄격히 하였으며, 1991년에는 장기실업자에게 구직활동교육과정 이수를 의무화하였다. 1998년과 2000년에는 청소년과 성인을 대상으로 실업 기간이 6개월 또는 18개월 경과하면 집중상담(gateway period)을 거쳐 노동시장프로그램에 참여하도록 하는 뉴딜프로그램을 도입하였다.

오랫동안 높은 실업률과 낮은 고용창출로 어려움을 겪은 독일도 이를 타개하기 위해 최근 포괄적인 노동시장 개혁을 추진하고 있다. 2002년부터는 실업자가 구직등록하는 즉시 실업자 프로파일링을 통해 장기실업의 위험을 측정하고 개인별 취업지원계획을 수립하도록 하였다. 2003년에는 이와 같은 고용지원서비스가 실업발생 초기에 이루어지도록 실업자가 실업발생 즉시 구직등록을 하지 않으면 실업급여를 삭감하도록 하였다. 2004년에는 하쯔위원회의 제안을 토대로 실업급여 수급자는 물론 다른 사회부조 수급자도 동일한 고용지원서비스를 받도록 하고자 고용사무소에 사회복지사무소를 통합해 직업센터(Job Centre)를 설립하기로 하고 취업능력이 있는 사회부조 수혜자에 대한 급부를 실업보험에 통합해 급부체제를 재구성하였다.

다른 공공분야와 달리 공공고용사무소의 경우 공공부문의 기능 축소 대신에 기능 강화가 강조되고 있는 것은, 공공고용사무소에는 수많은 실업자들이 실업급여를 받기 위해 구직등록을 하고 있어 이들 실업자를 최대한 조기에 취업시켜야 실업보험 재정도 안정되고 노동시장도 안정된다는 행정수요가 존재하기 때문이다. 다만, 인력시장 분야에도 민간업체가 점차 증가하면서 공공고용사무소도 민간업체들과 경쟁적 협조관계를 구축해 가고 있다.

일부 국가에서는 고용지원서비스의 일부를 민간에 위탁하기도 한다. 호주의 경우 1998년부터 실업급여, 실업자 프로파일링, 개인별 취업지원계획, 고용정보제공 등 기본적인 고용지원서비스는 고용사무소(Centrelink)가 계속 담당하되, 더욱 집중적인 고용지원서비스의 제공은 입찰을 통해 선정된 민간업체에 성과보상을 전제로 민간위탁하고 있다.

네덜란드의 경우에는 2002년부터 실업자 프로파일링, 고용정보제공 등 기본적인 서비스는 고용사무소(CWI)가 계속 담당하되 취업애로집단에 대한 고용지원서비스는 실업보험관장기구가 입찰을 통해 선정된 민간업체에 성과보상을 전제로 민간위탁하고 있다. 또한 영국 등 일부 국가에서는 장기실업자에 고용지원서비스를 민간위탁하기도 한다. 그러나 여기에서 중요한 점은 이들 민간위탁 사례는 성과평가를 토대로 비용이 지불되는 인센티브제를 도입함으로써 고용지원서비스의 효율성을 제고시키기 위한 시도라는 점이다.

다른 많은 국가들에서는 공공고용사무소에 성과평가에 따른 인센티브제·목표관리제를 도입하거나 또는 구조개혁 등을 통해 고용지원서비스의 효율성을 제고해 나가고 있다. 스위스에서는 2000년에 고용사무소의 성과를 계량 평가해 예산배정에 차등을 주는 인센티브제를 도입해 시행하고 있다.

또한 2001년 EU의 조사에 의하면 18개 대상국 중 10개국이 공공고용사무소에 목표관리제(MBO)를 도입해 운영하고 있는 것으로 파악되었다. 이와 같이 제도를 도입·운영하기 위해서는 일선기관의 재량권 확대 등 내부운영구조가 혁신되어야 하므로 이 분야에 대한 혁신도 계속 추진되고 있다.

이와 함께 심층상담 등을 통해 개인별로 특화된 고용지원서비스를 체계적으로 제공하기 위해서는 고용사무소에 근무하는 상담인력이 적정 수준으로 확보되어야 하는 것이 필수적이다. 유럽대륙, 특히 종래 15개 EU 회원국에는 5천 개소 이상의 고용사무소에 10만 명의 직원이 근무하고 있다. 그럼에도 2000년도에 채택된 EU의 공동선언에서는 현재의 인력은 구직자 1인에 대하여 한 달 평균 20분의 시간만을 할애할 수 있는 규모라고 지적하면서, 새로운 고용서비스 모델이 성공하기 위해

서는 개별화된 고용서비스를 제공할 수 있을 정도의 적정 수준의 인력이 확보되어
야 한다고 선언하고 있으며, 독일 등 고용지원서비스를 개혁하는 국가들은 예외 없
이 인력확충을 중요한 정책과제로 추진하고 있다.

이와 같은 주요 선진국들의 동향이 주는 시사점은 다음과 같다.

첫째, 고용지원서비스는 '고용친화적 사회정책'은 물론 고용증대를 목표로 하는
고용정책의 핵심수단으로 중요시되고 있으며, 고용의 기적(jobs miracle)을 이룬 국
가들의 경우 예외 없이 고용지원서비스를 개혁하고 강화하는 조치를 취하였다.

둘째, 고용지원서비스 개혁의 초점은 사례관리모델을 구축하여 심층상담을 통해
조기에 실업자의 취업애로요인을 확인하고 개인별 취업지원계획을 통해 이를 해소
하기 위한 개별화된 고용서비스를 제공하는 것이며, 그 효과를 높이기 위해 지역네
트워크를 구축해 가고 있다.

셋째, 고용지원서비스의 효율성을 제고하기 위해 일부 국가는 성과보상을 전제로
고용지원서비스의 일부를 민간에 위탁하기도 하며 또 다른 많은 국가들은 공공고
용사무소에 목표관리제 및 성과평가에 따른 인센티브제도 도입, 구조개혁 등 혁신
을 추진해 가고 있다.

넷째, 이와 같은 사례관리 모델을 성공적으로 구축해 실시하기 위해서는 공공고
용사무소에 대한 투자와 전문 인력의 적정 수준 확보가 반드시 수반되어야 할 것
으로 보인다.

V.

직업훈련기관 및 직업능력개발 프로그램

1. 직업훈련의 변천

가. 직업훈련법 제정과 태동기(1967년 ~ 1976년)

우리나라의 직업훈련제도는 1967년 1월에 직업훈련법이 제정되면서 정식으로 도입되었다. 직업훈련법 이전에도 공업계고등학교에서의 실업교육, 견습공제도 및 직업보도시설 등과 같은 체계를 통해 기능인력을 양성하였지만 기존의 제도 하에서는 산업화에 필요한 기능인력을 원활하게 공급할 수 없었다. 특히, 1962년부터 경제개발 계획을 추진함에 따라 높은 수준의 기능인력 수요가 증가하였지만 당시의 실업교육과 견습공제도로는 급증하는 수요를 충족시킬 수 없었다. 이에 정부는 직업훈련법을 제정하여 기능인력을 체계적으로 양성하기 위해 과거 근로기준법의 기능장양성령, 산업교육진흥법 등에 의해 분산적으로 실시되어 오던 직업훈련을 일원화함으로써 정부 주도 하의 본격적인 직업훈련이 실시하였다. 또한, 기업이 스스로 필요한 기능인력을 양성하도록 하는 제도적 장치를 마련함으로써 직업훈련은 공공직업훈련과 사업내 훈련으로 크게 구분되었다.

직업훈련법의 제정과 함께 정부는 직업훈련제도를 도입 정착시키기 위하여 선진국 및 국제기구로부터 도움을 받았다. 독일, 미국, 일본, 벨기에 등과의 국제협력을 통해 한독부산직업훈련원, 정수직업훈련원, 대전직업훈련원, 한백직업훈련원 등을 설립하였으며 ADB와 IBRD의 차관사업을 통해 각 지역별로 공공훈련기관을 설립하였다. 한편, 정부는 중앙직업훈련원 설립을 추진하여 각종 공공직업훈련의 구심적 역할을 하도록 하였다.

　민간차원에서는 인력양성의 효율화를 위하여 기업의 사업내 직업훈련 활성화를 유도하였다. 즉, 보사부령이 정하는 기준에 적합한 사업내 직업훈련이 노동청장의 인가를 받는 인정직업훈련제도를 도입하여 인정직업훈련기관으로 지정될 경우 직업훈련에 대한 교재 및 자료 제공, 직업훈련교사의 지원 및 기술 지원 등과 같은 다양한 혜택을 주었다.

　한편, 1973년 3월에 개정된 직업훈련법에서는 공공단체와 사업주 이외의 단체가 훈련주체가 될 수 있도록 하였다. 이법의 개정으로 비영리법인이 직업훈련을 실시할 수 있도록 정해진 것은 산업화의 진전으로 다양해질 인력수요에 대응할 수 있도록 하기 위해서였다. 또한, 개정된 직업훈련에서는 직업훈련과정을 기능사과정과 교사훈련과정으로 구분하여 직업훈련교사 양성훈련을 강화하였다.

　1974년 12월에는 사업내 직업훈련을 활성화시키기 위하여 직업훈련에관한특별조치법을 제정하여 일정규모 이상 사업주에 대해 매년 일정비율의 인원을 의무적으로 양성토록 하는 사업내 직업훈련 실시 의무제도를 도입·시행하게 되었다.

　그러나, 1976년 당시 직업훈련법은 시행된 지 10년이 안 되었고 직업훈련에 관한 특별조치법이 제정된 것도 1년여에 불과하였지만, 산업사회의 확대로 꾸준히 증가하는 인력 수요를 충족시킬만한 정비된 체제가 요구되는 한편 직업훈련에 관한 특별조치법 시행에 따르는 직업훈련 실시 의무를 이행하지 못한 사업주에게 벌금 및 전과기록을 부과하면서 사업주들의 불만이 야기되는 등 여러 가지 문제점이 야기되어 이를 해결할 필요성이 대두되었다.

　직업훈련법이 제정된 1967년 당시 우리나라의 직업훈련기관 수는 공공이 20개소, 사업내가 16개소이었으나 그 후 본격적으로 직업훈련 실시와 사업내 직업훈련의 실시의무제에 따라 1976년경에는 공공이 80개소, 사업내가 476개소로 크게 증가하였다(<표 V-1> 참조). 이에 따라 직업훈련 실적도 크게 제2차 경제개발5개년계획 기간인 1967~1971년도에 비해 제3차경제개발5개년계획기간인 1972~1976년도에 3배 이상으로 증가하였다(<표 V-2> 참조).

<표 Ⅴ-1> 1967~1976년간 직업훈련기관 현황

(단위: 개소)

연 도	계	공 공	사업 내	인 정
1967	36	20	16	-
1971	160	101	59	-
1975	388	109	279	-
1976	556	80	476	-

자료: 직업능력개발사업현황(노동부) 자료 재정리.

<표 Ⅴ-2> 1967~1976년간 직업훈련 실시 실적

(단위: 명)

연 도 \ 구 분			계	'67~'71년	'72~'76년
총계			413,441	99,308	314,133
기능사		계	411,599	98,863	312,736
	공공	소계	117,611	36,317	81,294
		공법인	12,291	1,091	11,200
		정부기관(KNOP)	52,216(3,267)	12,717	39,499(3,267)
		자치단체	35,884	8,432	27,452
	사업 내		225,575	48,225	177,350
	인정		68,413	14,321	54,092
훈련교사			1,842	445	1,397

주: 1. 공법인 훈련원은 '82. 3. 18. 한국직업훈련관리공단으로 통합됨.
　　2. 정부기관 실적은 KNOP 양성실적을 포함함.
자료: 직업훈련사업현황(노동부) 자료 재정리.

나. 직업훈련기본법 제정과 확충기(1977 ~ 1997년)

　1976년 12월에는 1967년에 제정된 직업훈련법과 직업훈련에관한특별조치법을 통·폐합하여 직업훈련기본법을 제정하였다. 동법은 직업훈련분담금제를 설정하여 사업주로 하여금 훈련을 실시하거나 분담금을 납부하도록 선택적으로 규정하였고, 직업안정을 위해 사업 내 직업훈련에 있어 양성훈련 외에 전직훈련도 직업훈련 의무에 포함하도록 하였다.

동법은 1981년 12월에 개정하여 직업훈련의 원칙에 여성, 중·고령자 및 신체장애자에 대한 직업훈련의 중요성을 포함하였고, 직업훈련과정을 기능사와 직업훈련교사 외에 사무·서비스직 종사자, 감독자, 관리자 등에까지 확대하였고, 모든 훈련생에 대한 훈련수당, 재해위로금 등의 지급근거를 규정하였으며, 사업 내 직업훈련에 있어 향상 및 재훈련도 의무에 포함하도록 하였다.

1991년 1월에는 동법을 개정하여 직업훈련과정을 양성훈련, 향상훈련, 전직훈련, 재훈련으로 구분하여 직무능력 향상훈련체제로 개편하였고, 직업훈련방법은 산업현장의 적응능력을 제고하기 위하여 집체훈련, 현장훈련 또는 산학협동훈련으로 개편하였으며, 인력수급상으로 직업훈련이 특히 필요한 산업은 사업 내 직업훈련의 우선적 실시 대상으로 지정하고 직업훈련을 실시하지 않는 경우 분담금의 100분의 50 범위 내에서 추가 납부하게 하는 제도를 신설하였다.

1993년 12월에는 향상·재훈련 또는 단기 양성훈련과정의 경우 훈련실시기관이 자체 특성에 맞는 교재를 검정 절차 없이 자율적으로 편찬하여 사용하도록 하였고, 신기술 신직종의 경우에는 직업훈련교사 면허가 없는 해당분야 전문가를 강사로 활용할 수 있도록 하였으며, '직업전문학교' 및 '기능대학' 등 직업훈련시설의 명칭 사용을 체계화하였다.

한편, 1977년 7월에는 국가기술자격법에서 정하는 기능장을 양성하여 근로자의 기술/기능 향상 욕구를 충족시키고 국민경제발전에 기여할 목적으로 기능대학법을 제정하였다. 동법은 1991년 1월에 기능장 양성을 훈련직종 및 훈련대상자의 특성을 고려하여 교육과정을 장기과정과 단기과정으로 구분하여 신축적으로 운영하도록 개정하였고, 1993년 12월에는 기능대학의 기능을 기존의 기능장 양성 외에 다기능기술자 양성 등으로 확대하고, 일정범위 내에서는 교원 이외의 자를 시간강사로 위촉하여 직업훈련을 담당토록 규정하였으며, 1997년 12월에는 기능대학의 다기능기술자과정 졸업자들에게 전문대학과 동등한 학력을 인정하도록 개정하였다. 또한 1996년 12월에는 직업훈련기본법에 의한 분담금을 재원으로 설치하여 효율적으로 관리·운용함으로써 직업훈련의 촉진을 도모함을 목적으로 직업훈련촉진기금법을 제정하였는데, 이 법은 1999년 2월 직업훈련촉진기금법폐지법률에 의해 폐지되고 직업훈련촉진기금법이 보유하고 있는 자산과 부채는 고용보험법에 의한 고용보험기금에 승계하도록 하였다.

직업훈련기본법이 제정된 1977년 당시 우리나라의 직업훈련기관 수는 공공이 79개소, 사업 내가 558개소, 인정이 33개소이었다. 그러나 1980년에 마이너스 경제성장을 기록함에 따라 1983년부터 사업 내 훈련기관이 점점 감소하여 1990년에는 122개소에 이르렀다가 1991년 사업 내 직업훈련분담금 제도가 실시됨에 따라 증가하기 시작하여 1997년에는 242개소로 증가하였다. 이에 따라, 직업훈련 실적도 제4차 경제개발5개년계획 기간인 1982~1986년도의 사업 내 훈련 실적은 크게 감소하였다가 제6차 경제개발5개년계획 기간인 1992~1997년에는 크게 증가하였다 (<표 Ⅴ-3> 참조). 또한 이 당시에는 직업훈련과정을 기능사와 직업훈련교사 외에 사무·서비스직 종사자, 감독자, 관리자 등에까지 확대함에 따라 고용노동자훈련 26,361명, 관리·감독자훈련 31,016명, 기능장훈련 6,412명 등을 실시하였다 (<표 Ⅴ-4> 참조).

(단위: 개소)

연 도	계	공 공						사업 내	인 정
		소 계	산업인력공단	대한상의	정부기관	지방자치단체	장애인공단		
1977	670	79	–	–	–	–	–	558	33
1978	670	84	–	–	–	–	–	553	33
1979	695	89	–	–	–	–	–	575	31
1980	590	90	–	–	–	–	–	472	28
1981	512	85	–	–	–	–	–	400	27
1982	390	85	–	–	–	–	–	283	22
1983	278	81	–	–	–	–	–	272	25
1984	294	80	25	–	37	18(6)	–	183	31
1985	312	78	25	–	37	16(5)	–	188	46
1986	310	79	26	–	36	17(6)	–	179	52
1987	283	78	26	–	35	17(6)	–	133	22
1988	296	74	34	–	36	4(1)	–	143	79
1989	284	75	34	–	37	4	–	110	99
1990	316	82	37	–	38	7	–	122	112
1991	397	80	36	–	37	7	–	211	106
1992	406	80	36	–	37	7	–	220	106
1993	451	87	39	–	38	9	1	232	132
1994	468	90	38	4	38	9	1	239	139
1995	450	89	38	4	37	9	1	233	128
1996	443	91	38	6	37	9	1	219	133
1997	477	96	41	8	37	9	1	242	139

주: (   )는 KNOP임.
자료: 직업능력개발사업현황(노동부) 자료 재정리.

(단위: 명)

연 도 \ 구 분	계	'77~'81년	'82~'86년	'87~'91년	'92~'97년
총 계	2,437,283	501,147	279,429	370,455	1,286,252
기능사 / 계	2,335,031	495,739	273,151	313,275	1,252,866
공공 / 소계	555,380	120,117	121,044	113,802	200,417
산업인력공단	344,571	56,417	66,474	78,648	143,032
대한상공회의소	12,501	–	–	–	12,501
장애인고용촉진공단	1,051	–	–	–	1,051
정부기관	123,306	34,239	34,947	25,482	28,638
자치단체	69,865	26,646	18,366	9,658	15,195
KNOP	4,086	2,815	1,257	14	–
사업 내	1,450,590	337,388	114,773	116,389	882,040
인정	328,161	37,334	37,334	83,084	170,409
고용노동자	26,361	–	–	26,361	–
관리·감독자	31,016	–	3,036	27,980	–
다기능기술자	14,541	–	–	–	14,541
기능장	6,412	–	1,556	2,148	2,708
훈련교사	23,922	5,408	1,686	691	16,137

자료: 직업훈련사업현황(노동부) 자료 재정리.

다. 근로자직업훈련촉진법과 훈련시장 경쟁체제 시대(1998~2004년)

1997년 12월에는 종전의 직업훈련기본법을 폐지하고 근로자직업훈련촉진법을 제정하여 직업훈련의무제 등 각종 규제의 폐지 완화를 통하여 민간훈련의 제약요인을 해소하고, 영리법인의 훈련사업에 참여, 훈련기관 성과에 따른 차등 지원 등으로 훈련시장에 경쟁체제를 확립하여 민간주도의 직업능력개발 기반을 조성하였다. 또한 공공훈련을 수요자 중심체제로 전환, 기업 근로자 수요에 따른 다양한 훈련과정을 마련하고, 민간훈련에 대한 기술정보 제공 등 지원을 확대하며, 특히 실직자,

중・고령자 등 사회취약계층에 대한 공공훈련의 역할을 강화하였다. 또한 재직근로자의 지속적인 능력개발을 위해 향상 및 전직훈련 등 다양한 과정의 훈련서비스를 제공하고, 제조업 생산직 위주의 기능훈련을 서비스직 분야로 확대하며, 중소기업의 인력개발을 우선적으로 지원하도록 하였다.

한편, 근로자직업훈련촉진법은 21세기 세계화, 정보화 시대에 대비한 신직업교육훈련체제를 구축함으로써 모든 국민에게 소질과 적성에 맞는 다양한 직업교육훈련의 기회를 제공하여 국민생활수준의 향상과 경제발전에 이바지함을 목적으로 1997년 3월에 제정된 직업교육훈련촉진법과 그 맥을 같이하고 있다.

그러나 이러한 과정을 거치면서 1999년 근로자직업훈련촉진법이 시행되기 전까지 종업원 1,000인 이상을 고용하는 기업체는 직업훈련을 의무적으로 실시함으로 인해 사업 내 직업훈련이 활성화되어 있었지만(1998년의 경우 313개소), 직업훈련기본법이 근로자직업훈련촉진법으로 전환되면서 직업훈련의무제가 폐지되고, 이로 인하여 개별기업의 직업능력개발훈련시설 및 장비에 대한 투자가 미미해짐으로써 기업체의 기능인력 양성과정인 사업 내 직업훈련은 급격히 위축되었다.

위와 같이 기업에서의 양성훈련이 급격히 위축된 반면 재직근로자를 대상으로 하는 단기간의 향상훈련은 급격한 증가추세를 나타내고 있다. 특히, 1999년부터 도입된 통신훈련(인터넷 및 우편 통신훈련) 지원제도는 향상훈련의 양적 증가에 중추적인 역할을 하고 있다. 2004년의 경우 제도가 첫 시행되었던 1999년에 비해 인터넷통신훈련 인원이 약 44배가량 증가하는 괄목할 만한 성장세를 보였음(노동부, 2004). 실제로, 2004년도의 경우 노동부의 인터넷통신훈련 인원은 864,612명으로 노동부의 훈련비용 지원이 이루어졌던 직업능력개발훈련인원(총 2,059,727명)의 약 42%를 차지하여, 인터넷통신훈련이 국내 기업의 교육훈련 현장에 빠르게 정착되어 가고 있음을 보여주고 있다.

이와 함께 노동부가 1999년부터 시행하고 있는 훈련기관 및 훈련과정 평가 사업은 평가결과를 통하여 훈련시장의 건전성을 제고하고 평가기준의 활용을 통하여 훈련기관의 자율적인 질적 향상을 유도하고 있다. 즉 훈련기관 평가결과에 대한 다양한 정보를 수요자에게 제공함으로써 수요자의 선택권을 확대하는 한편, 평가결과에 따른 행·재정적 지원을 차등화하는 평가 연계적 지원체계를 구축함으로써 훈련기관 간의 자율경쟁 강화는 물론 직업훈련정책의 효율성을 제고하고 있다.

그리고 2001년 3월에는 근로자직업훈련촉진법을 개정하여 노동부장관이 직업능력개발 훈련교사들의 능력향상에 필요한 사업을 실시하고 국민기초생활보장법 수급자 중 취업대상자에 대하여 실시하는 직업능력개발훈련에 대한 근거규정을 마련하였다.

〈표 Ⅴ-5〉 직업능력개발훈련 참여기관 현황

(단위: 개소)

연도	구분	계	공공훈련기관							민간훈련기관			
			노동부					법무부 훈련원	지자체 부설 직교	훈련 법인	여성 인력 개발 센터	노동부 지정 시설	지정 시설 외 훈련 기관
			인력 공단 직교	기능 대학	대한 상공 회의 소	장애 인 공단	기타						
1999	계	3,221	95							3,126			
	기관수		21	21	8	2	–	36	7	77	44	501	2,504
2000	계	2,635	95							2,540			
	기관수		22	21	8	–	1	36	7	84	24	278	2,154
2001	계	2,892	91							2,801			
	기관수		21	23	8	–	1	31	7	77	46	138	2,540
2002	계	3,229	93							3,136			
	기관수		21	23	8	–	2	32	7	119	45	372	2,600
2003	계	4,245	90							4,155			
	기관수		21	23	8	–	1	32	5	67	51	601	3,436
2004	계	3,606	90							3,516			
	기관수		21	23	8	–	1	32	5	63	51	627	2,775

주: 기타는 한국기술교육대학교임.
자료: 직업능력개발사업현황(노동부) 재정리.

　　1998년 수요자 중심과 다양한 훈련과정 중심의 직업훈련 실시를 목적으로 제정된 근로자직업훈련촉진법이 시행됨에 따라 기존의 직업훈련기관 외에 단기적인 훈련과정을 실시하는 민간직업훈련시설이 직업능력개발훈련에 대거 참여함에 따라 훈련참여기관은 1999년의 경우 3,221개로 크게 증가하였다. 이 당시 직업능력개발 훈련실적은 1997년 IMF사태와 재직근로자훈련의 중요성이 증대됨에 따라 실업대책직업훈련과 사업주 직업능력개발훈련의 실적이 크게 증가하였다.

〈표 Ⅴ-6〉 1998~2004년간 직업능력개발사업 실적

(단위: 천 명)

훈 련 명	계	1998년	1999년	2000년	2001년	2002년	2003년	2004년
총　계	11,571	1,088	1,189	1,516	1,871	1,900	1,873	2,134
□ 실업대책직업훈련	1,465	331	358	216	189	152	110	109
○ 재취업훈련	1,270	301	324	189	158	129	87	82
－ 실업자재취직훈련	820	170	226	120	104	88	58	54
－ 고용촉진훈련	308	107	69	47	38	25	12	10
－ 취업훈련	83	11	10	7	4	16	17	18
－ 취업유망훈련	30	－	11	10	9	－	－	－
－ 창업훈련	29	13	8	5	3	－	－	－
○ 인력개발훈련	195	30	34	27	31	23	23	27
－ 기능사양성훈련	91	15	17	13	12	12	11	11
－ 우선직종훈련	76	11	9	7	10	11	12	16
－ 유급휴가훈련	28	4	8	7	9	－	－	－
□ 재직자향상훈련	9,733	679	795	1,239	1,617	1,675	1,725	2,003
○ 사업주직업능력개발훈련	9,428	667	781	1,220	1,555	1,585	1,662	1,958
○ 유급휴가훈련	18	－	－	－	－	6	6	6
○ 근로자수강지원금	235	12	14	19	62	60	29	39
○ 학자금대부	106	－	－	19	4	24	28	31
□ 기능인력양성훈련	373	78	36	61	65	73	38	22
○ 다기능기술자 등 훈련	355	76	34	59	63	70	34	19
○ 훈련교사양성훈련	18	2	2	2	2	3	4	3

주) 학자금대부는 2001년까지는 수강장려금과 함께 포함하였으나, 2002년부터 구분함.
자료: 직업능력개발사업현황(2005) 자료 재정리.

라. 근로자직업능력개발법과 평생학습사회 시대(2005년 ~ 현재)

지식경제와 평생학습사회로의 전환에 대응하여 근로 생애에 걸친 체계적인 능력개발이 요구됨에 따라 사업주에 의한 직업훈련뿐만 아니라 근로자의 자율적 능력개발, 노사단체의 직업훈련 등 다양한 직업능력개발사업을 지원하여 직업훈련의 수요 변화에 능동적으로 대응하고, 직업능력개발사업에 대한 평가를 제도화하여 성과연계적 직업훈련체제를 구축하는 한편, 그간 제도 운영과정에서 나타난 문제점을 보완·개선을 목적으로 2004년 12월 근로자직업능력개발법을 제정하였다.

동법은 노동부장관이 수립하는 직업능력개발 기본계획에의 노사단체의 참여를 의무화하고, 사업주가 근로자 대표와 협의하여 실시하는 직업훈련에 대해서는 우대 지원하도록 하였고, 사업주, 노사단체 등이 중소기업 근로자에게 직업훈련을 실시하는 경우에 우대 지원할 수 있도록 하였으며, 노사단체 또는 그 연합체가 직업훈련 등 직업능력개발사업을 실시하는 경우에 이에 필요한 비용을 지원 또는 융자할 수 있도록 하였다. 또한 직업능력개발훈련시설의 지정요건·지정취소기준 및 직업능력개발법인의 설립허가요건·설립허가취소요건 등을 정하였고, 노동부장관이 지원하는 모든 직업능력개발사업에 대한 평가를 제도화하고 평가결과에 따른 차등적 지원체계를 규정함으로써 투입중심에서 성과연계적 정책으로 전환하였다.

2. 직업훈련기관 및 훈련과정의 현황

가. 직업훈련기관 및 시설의 유형 및 현황

직업능력개발훈련은 '근로자에게 직업에 필요한 직무수행능력을 습득·향상하게 하기 위하여 실시하는 훈련'(근로자직업능력개발법 제2조제1호)으로서, 직업훈련 기관 및 시설은 직업훈련을 받고자 하는 개인들에게 직업과 관련된 지식 및 기술을 제공하는 활동을 수행하는 모든 기관 또는 시설이라고 할 수 있다. 그러므로 일반 정규학교도 근로자의 직업에 필요한 교육과정을 노동부에 등록하여 인정을 받는다면 직업훈련 기관 및 시설로서 분류된다.

[그림 Ⅴ-1] 직업능력개발 공급체계

<table>
<tr><td></td><td>[유　형]</td><td>[기　능]</td><td>[공　급]</td></tr>
<tr><td rowspan="6">기술·
기능인력</td><td>과　학　자</td><td rowspan="2">연구개발
생산·기술관리</td><td>대학원</td></tr>
<tr><td>기　술　자</td><td>대학교</td></tr>
<tr><td>일반 기술공</td><td>연구개발지원</td><td>전문대학</td></tr>
<tr><td>현장 기술공</td><td>생산기술중간관리</td><td>직업훈련기관</td></tr>
<tr><td>기　능　공</td><td>생산·보수·운전</td><td>실업계고</td></tr>
</table>

자료: 노동부(2004), 직업능력개발사업 현황.

　현재 산업현장에서 필요로 하는 기술·기능인력은 과학자, 기술자, 기술공, 기능공으로 구분할 수 있다. 일반적으로 기술·기능인력 중 과학자는 대학원에서, 기술자는 대학에서, 기술공 전문대학과 직업훈련기관 중 기능대학에서, 그리고 기능공은 실업계고등학교와 직업훈련기관 중 직업전문학교에서 각각 양성하여 공급하고 있다([그림 Ⅴ-1] 참조). 그러므로 일반적으로 직업훈련 기관 및 시설이라 함은 생산기술을 중간 관리하는 현장기술공을 양성하거나 생산·보수·운전하는 기능공을 양성하는 시설이라고 할 수 있다.

직업능력개발훈련시설은 공공직업훈련시설과 지정직업훈련시설로서 분류할 수 있다(동법 제2조제3호). 공공직업훈련시설은 국가·지방자치단체 및 대통령령이 정하는 공공단체가 직업능력개발훈련을 실시하기 위하여 설치한 시설로서 노동부장관이 지정한 시설이며, 공공직업훈련시설을 설치할 수 있는 공공단체는 동법 시행령 제2조에 의거 한국산업인력공단법에 의한 한국산업인력공단(한국산업인력공단의 출연에 의하여 설립된 학교법인을 포함), 장애인고용촉진 및 직업재활법에 의한 한국장애인고용촉진공단, 산업재해보상보험법에 의한 근로복지공단, 상공회의소법에 의한 대한상공회의소 등이 해당된다. 지정직업훈련시설은 직업능력개발훈련을 실시하기 위하여 설립·설치된 직업훈련원·직업전문학교 등의 시설로서 노동부장관이 지정한 시설로서 민간훈련기관의 대부분이 여기에 해당된다.

그리고 직업훈련기관은 크게 공공훈련기관과 민간훈련기관으로 구분되며, 기관의 유형에 따라 훈련 직종에도 차이가 난다. 한국산업인력공단, 상공회의소 등의 공공훈련기관에서는 산업별 공통수요 직종, 수출전략 직종, 첨단 및 신수요 직종, 그리고 기능장 양성을 위한 직종을 중심으로 훈련을 실시하는 반면, 같은 공공훈련기관이라도 여타 정부기관(법무부 등)이나 지방자치단체에서의 훈련직종은 다르다. 민간훈련기관은 공공훈련에서 수용하지 못하는 직종이나 자체 수요를 반영하는 직종으로 구성된다. 2004년 12월 현재 훈련기관 총수는 3,606개이며, 공공이 90개, 민간이 3,516개로서 민간훈련기관의 비중이 압도적이다.

그리고 2005년도 8월 현재 직업훈련정보망(HRD-Net)에 등재되어 있는 실업자 직업훈련기관의 현황에 대해 분석한 결과는 <표 Ⅴ-7>과 같다.

<표 Ⅴ-7>에서 보는 바와 같이, 전체적으로 볼 때 '학원'(27.4%)이 가장 많고, 다음으로 '직업능력개발훈련시설'(19.3%)로 나타났다.

이를 설립연도별로 살펴보면, '학원'의 비율은 연차적으로 증가하는 반면에, '사

업주, 사업주단체 등의 시설'의 비율은 연차적으로 감소하는 것으로 나타났다.

〈표 Ⅴ-7〉 훈련기관의 유형별 분포

(단위: %(개소))

구분		직업능력개발훈련시설	직업능력개발훈련법인	고등교육법에의한학교	평생교육시설	학원	사업주, 사업단체등의 시설	기타	전체	유의도
전체		27.4	3.1	4.1	18.5	24.8	7.1	15.1	100.0(1619)	
설립연도별	~1970년	14.6	0.7	2.0	15.9	6.0	18.5	42.4	100.0(151)	x2=252.981 p=0.000
	1971~1980년	25.8	2.3	10.9	19.5	9.4	7.8	24.2	100.0(128)	
	1981~1990년	30.7	4.5	1.9	18.7	20.2	5.6	18.4	100.0(267)	
	1991~2000년	31.5	3.7	4.2	18.2	29.3	5.9	7.3	100.0(836)	
	2001년~	18.1	1.3	3.8	20.3	34.6	5.5	16.5	100.0(237)	

자료: HRD-Net DB.

나. 직업훈련과정의 유형 및 현황

직업훈련과정은 근로자직업능력개발법이 시행되는 2005년 7월 현재 훈련목적과 훈련방법 두 가지 기준으로 구분된다([그림 Ⅴ-2] 참조).

훈련목적에 따라서는 양성훈련·향상훈련·전직훈련으로 다시 구분되는데, 양성훈련이란 근로자에게 직업에 필요한 기초적 직무수행능력을 습득시키기 위하여 실시하는 직업능력개발훈련을 말하고, 향상훈련이란 양성훈련을 받은 자 또는 직업에 필요한 기초적 직무수행능력을 가지고 있는 자에게 더 높은 직무수행능력을 습득시키거나 기술 발전에 대응하여 필요한 지식·기능을 보충하기 위하여 실시하는 직업능력개발훈련이며, 전직훈련이란 근로자에게 종전의 직업과 유사하거나 새로운 직업에 필요한 직무수행능력을 습득시키기 위하여 실시하는 직업능력개발훈련이다 (동법 제3조4제1항).

훈련방법에 따라 집체훈련 · 현장훈련 · 통신훈련으로 구분되는데, 집체훈련이란 직업능력개발훈련을 실시하기 위하여 설치한 훈련전용시설을 이용하거나 기타 훈련을 실시하기에 적합한 시설(산업체의 생산시설 및 근무장소를 제외함)에서 실시하는 훈련이고, 현장훈련이란 산업체의 생산시설을 이용하거나 근무장소에서 실시하는 직업능력개발훈련이며, 통신훈련이란 정보 · 통신매체 등을 이용하여 원격지에 있는 근로자에게 실시하는 직업능력개발훈련이다(동법 제3조제2항).

[그림 Ⅴ-2] 직업훈련 과정

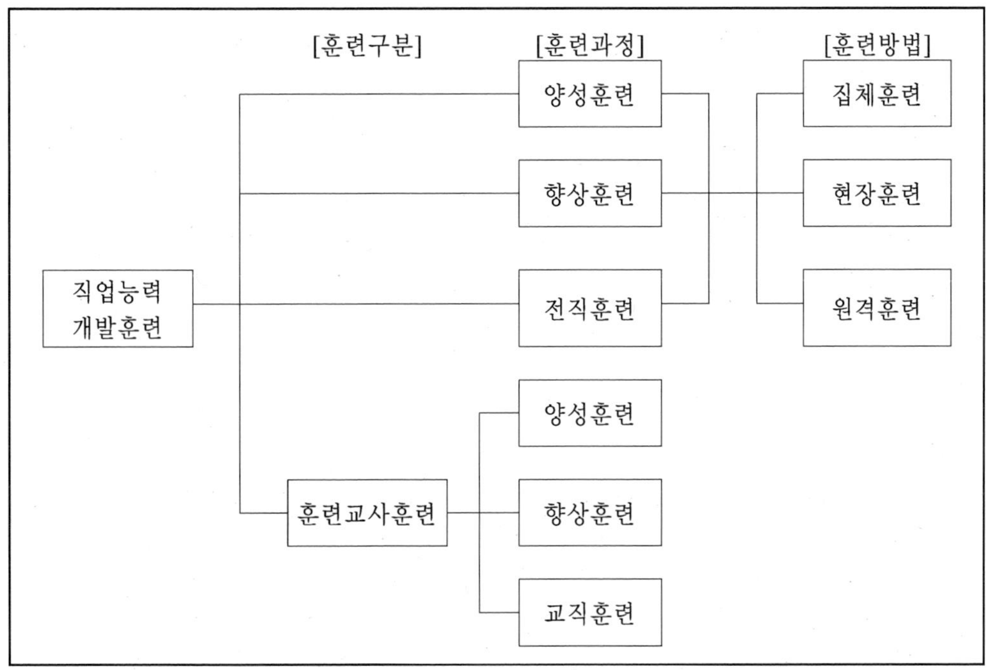

자료: 노동부(2005), 직업능력개발사업 현황.

직업훈련과정은 훈련대상에 따라 실업자훈련, 재직자훈련, 기능인력 양성훈련으로 구분할 수 있다.

실업자훈련은 전직실업자훈련, 정부위탁(우선선정직종)훈련, 취업훈련, 고용촉진훈련, 자활직업훈련 등으로 구분할 수 있다. 전직실업자훈련은 고용보험적용 사업장에서 실직한 만 15세 이상의 근로자로서 직업안정기관에 구직등록을 하고 직업훈련을 희망하는 자를 대상으로 실시하는 훈련이고, 정부위탁훈련은 직업안정기관에 구직등록한 만 15세 이상의 실업자 또는 인문계고등학교 3학년에 재학 중인 상급학교 비진학 예정자를 대상으로 실시하는 훈련으로 인력이 부족한 직종 등 매년 노동부장관이 고시하는 훈련직종(2005년에는 기계정비 등 101개 직종 고시)으로 실시하는 훈련이며, 취업훈련은 고용보험의 적용을 받지 않는 실업자로 직업안정기관에 구직등록을 하고 직업훈련을 희망하는 만 15세 이상의 실업자를 대상으로 실시하는 훈련이다. 또한 고용촉진훈련은 고용보험의 적용을 받지 않는 실업자, 비진학 청소년, 군전역자(전역예정자), 국민기초생활보장법상 수급권자(자활훈련 참여자 제외), 취업보호대상자 및 영세농어민 등 15세 이상인 자를 대상으로 실시하는 훈련이고, 자활직업훈련은 국민기초생활보장법상 수급자 중 직업훈련이 가능한 자를 대상으로 실시하는 훈련이다.

<표 Ⅴ-8> 직업훈련 과정별 훈련시설의 참여 체계

훈련과정 \ 훈련시설	공공훈련시설				민간훈련시설	
	인력공단	기능대	대한상의	기타	사업 내 훈련시설	사업주단체, 법인, 개인
실업대책직업훈련						
○ 재취업훈련						
－ 실업자재취직훈련	○	○	○	○	×	○
－ 고용촉진훈련	○	○	○	○	×	○
－ 취업훈련	○	○	○	○	×	○
－ 자활직업훈련	×	×	×	×	×	○
○ 인력개발훈련						
－ 기능사 양성훈련	○	○	×	×	×	×
－ 우선직종훈련 (정부위탁훈련)	×	×	○	×	×	○
재직자훈련						
－ 사업주 훈련	○(위탁)	○(위탁)	○(위탁)	○(위탁)	○(자체)	○(위탁)
－ 유급휴가훈련	○(위탁)	○(위탁)	○(위탁)	○(위탁)	○(자체)	○(위탁)
－ 수강장려금	×	×	×	×	×	×
－ 학자금대부	×	×	×	×	×	· ×
기능인력 양성훈련						
－ 다기능기술자 훈련	○(기능사)	○(다기능 기술자	○(기능사)	×	×	×
－ 훈련교사양성훈련	×	×	×	○(기교대)	×	×

주) 1. 기타 공공훈련시설에는 법무부 직업훈련시설, 지자체, 장애인직업훈련원, 근로복지공단 재활훈련원 등이 있음.
    2. ○: 참여, ×: 미참여

재직자훈련은 재직근로자훈련, 유급휴가훈련, 근로자 수강지원금, 근로자 학자금 대부, 직업능력개발 훈련비 대부 등으로 구분할 수 있다. 재직근로자훈련은 사업주 가 고용하고 있는 근로자 또는 채용하고자 하는 자를 대상으로 직접 또는 훈련기관에 위탁하여 실시하는 훈련이고, 유급휴가훈련은 재직근로자를 대상으로 유급휴가를 부여하여 실시하는 훈련으로서, 현재 우선지원대상기업 또는 상시근로자 150인 미만인 중소기업에서는 7일 이상의 유급휴가를 부여하여 30시간 이상의 훈련을 실시하고 기타기업에서는 1년 이상 재직한 근로자를 대상으로 30일 이상의 유급휴가를 부여하여 120시간 이상의 훈련을 실시하여야 한다. 또한 근로자 수강지원금은 상시근로자 300인 미만 사업장에 종사하는 40세 이상인 재직근로자가 스스로 직업능력개발훈련을 수강한 경우 지원하는 제도이고, 근로자학자금 대부는 고용보험 피보험자인 재직근로자로서 기능대학, 사이버대학 또는 전문대 이상의 학교에 입학하거나 재학 중인 경우 학자금을 장기 저리로 대부해 주는 제도이며, 직업능력개발 훈련비 대부는 고용보험 피보험자인 재직근로자가 직업능력개발 훈련을 수강하는 경우 수강비용을 대부해 주는 제도이다.

기능인력 양성훈련은 산업현장에 필요로 하는 인력을 양성하기 위하여 만 15세 이상 비진학 청소년을 대상으로 실시하는 훈련이다. 기능인력 양성훈련은 다기능기술자훈련과 기능사훈련으로 구분할 수 있다.

현행 체제는 훈련시설의 취지와 특성에 따라 훈련과정에의 참여범위가 서로 다르게 설정되어 있다(<표 Ⅴ-8>참고). 기능인력 양성훈련은 공공훈련시설의 산업인력공단과 기능대, 기타 지방자치단체에서 주로 실시하고 있으며, 실업대책 직업훈련은 공공훈련시설과 사업 내 훈련시설을 제외한 민간훈련시설에서 주로 실시하고 있다. 특히, 실업대책 직업훈련 중 우선선정 직종(정부위탁훈련)은 공공훈련시설 중 대한상의와 민간훈련시설 중 사업주단체·법인·개인 등에서 주로 실시하고 있다. 또한 재직자훈련은 공공훈련시설과 사업 내 훈련시설을 제외한 민간훈련시설에서 위탁훈련 형태로 주로 실시하고 있다.

2005년 8월 현재 직업훈련정보망(HRD-Net)에 등재되어 있는 실업자직업훈련과정, 재직자훈련과정, 고용촉진훈련과정(지자체 주관)의 현황에 대해 분석한 결과는 다음과 같다.

(1) 실업자훈련과정

실업자훈련과정의 유형별 분포를 분석한 결과는 <표 Ⅳ-9>와 같다. <표 Ⅳ-9>에서 보는 바와 같이, 전체적으로 볼 때 '실업자재취직훈련(일반)'(51.9%)이 가장 많고, 다음으로 '취업유망분야훈련(일반)'(16.1%), 취업유망분야훈련(IT) (10.8%) 등의 순으로 나타났다.

이를 훈련직종별로 살펴보면, 전기·전자·정보통신직종의 경우 다른 훈련과정과는 달리 '실업자재취직훈련(일반)'(27.8%)보다는 '취업유망분야훈련(IT)'(28.9%)가 가장 많은 것으로 나타났다.

〈표 Ⅴ-9〉 실업자훈련과정의 유형별 분포

(단위: %(개))

구 분		정부위탁훈련	실업자재취직훈련(일반)	여성가장훈련	실업자재취직훈련(IT)	취업유망분야훈련(IT)	취업유망분야훈련(일반)	북한이탈주민훈련	자활직업훈련	계(빈도)	유의도
전체		5.4	51.9	3.1	9.5	10.8	16.1	0.2	3.0	100.0(5517)	
훈련직종별	농림어업, 광업	–	50.0	12.5	–	–	35.5	–	–	100.0(8)	x2 = 2725.976 p = 0.000
	섬유, 화학, 제품 및 요업	7.8	57.8	5.9	–	0.3	22.5	–	5.6	100.0(306)	
	금속, 기계 장비, 운송장비 제조	16.4	62.3	–	0.3	0.6	18.4	0.4	1.7	100.0(713)	
	전기, 전자, 정보통신	5.5	27.8	0.2	24.7	28.9	11.2	0.2	1.5	100.0(1886)	
	산업응용, 공예	0.5	55.9	1.6	4.6	6.4	28.5	–	0.8	100.0(376)	
	건설 서비스	16.0	48.8	0.7	0.4	0.3	30.7	0.3	2.4	100.0(293)	
	사무관리, 금융	0.1	70.8	7.4	6.3	1.2	14.4	0.1	4.2	100.0(1840)	
	의료, 환경	–	63.2	5.3	–	–	12.6	–	18.9	100.0(95)	

자료: HRD-Net DB(2005. 8.).

실업자훈련과정의 훈련기간을 분석한 결과는 <표 Ⅴ-10>과 같다. <표 Ⅴ-10>에서 보는 바와 같이, 전체적으로 볼 때 '181일 이상'(39.9%)이 가장 많고, 다음으로 '151~180일'(26.7%), '121~150일'(16.5%) 등의 순으로 나타났다.

이를 훈련과정별로 살펴보면, 여성가장훈련과 북한이탈주민훈련의 경우 '120일 이하'(각각 56.1%, 60.0%)가 다른 훈련과정에 비해 훈련기간이 짧은 것으로 나타났다. 또한 훈련직종별로 살펴보면 농림어업·광업직종의 경우 '90일 이하'(87.5%)가, 의료·환경직종의 경우 '181일 이상'이 가장 많아 서로 대조를 이루고 있다.

〈표 Ⅴ-10〉 실업자훈련과정의 훈련기간

(단위: %(개))

구　분		~90일	91~120일	121~150일	151~180일	181일~	계(빈도)
	전　체	5.7	11.2	16.5	26.7	39.9	100.0(5517)
훈련과정별	정부위탁훈련	–	–	4.1	23.6	72.3	100.0(296)
	실업자재취직훈련(일반)	6.8	13.2	18.4	23.7	37.8	100.0(2864)
	여성가장훈련	21.6	34.5	19.3	9.4	15.2	100.0(171)
	실업자재취직훈련(IT)	1.3	5.7	13.9	38.6	40.5	100.0(526)
	취업유망분야훈련(IT)	2.3	6.9	14.9	33.8	42.1	100.0(597)
	취업유망분야훈련(일반)	5.2	9.9	15.4	31.0	38.5	100.0(889)
	북한이탈주민훈련	30.0	30.0	20.0	20.0	–	100.0(10)
	자활직업훈련	6.7	12.8	23.2	14.6	42.7	100.0(164)
유의도		x2＝535.423, p＝0.000					
	전　체	5.7	11.3	16.5	26.7	39.9	100.0(5518)
훈련직종별	농림어업, 광업 섬유, 화학, 제품 및 요업 금속, 기계, 장비, 운송장비제조 전기, 전자, 정보통신 산업응용, 공예 건설 서비스, 사무관리, 금융 의료, 환경	87.5	–	–	–	12.5	100.0(8)
		4.6	7.8	10.5	29.7	47.4	100.0(306)
		11.8	12.8	13.2	19.9	42.4	100.0(713)
		2.6	7.3	15.7	32.8	41.6	100.0(1886)
		5.1	12.2	17.0	29.3	36.4	100.0(376)
		8.2	7.5	11.3	24.6	48.5	100.0(293)
		5.9	15.9	21.2	23.7	33.2	100.0(1841)
		8.4	8.4	1.1	1.1	81.1	100.0(95)
유의도		x2＝454.393, p＝0.000					

자료: HRD-Net DB(2005. 8.).

(2) 재직자훈련과정

재직자훈련과정의 훈련기간에 대해 분석한 결과는 <표 Ⅴ-11>과 같다. <표 Ⅴ
-11>에서 보는 바와 같이, 전체적으로 볼 때 '30일 이하'가 72.6%로서 대부분을
차지하였고, 다음으로 '91∼120일'(9.3%), '31∼60일'(8.3%) 등의 순으로 나타났다.
이를 훈련직종별로 살펴보면, 섬유·화학제품 및 요업직종의 경우 '91∼120
일'(28.3%)에서 다른 훈련직종에 비해 많은 것으로 나타났다. 또한 훈련형태별로
살펴보면 전직훈련의 경우 다른 훈련형태에 비해 적은 것으로 나타났다('30일 이
하' 79.3%, '31∼60일' 20.7%).

〈표 Ⅴ-11〉 재직자훈련과정의 훈련기간

단위: % (개)

구 분		∼30일	31∼ 60일	61∼ 90일	91∼ 120일	121일 ∼	계	유의도
	전 체	72.6	8.3	7.3	9.3	2.5	100.0(89212)	
	농림, 어업, 광업	95.5	1.8	0.9	0.0	1.	100(111)	
	섬유, 화학제품 및 요업	59.0	3.1	6.9	28.3	2.7	100.0(813)	
	금속, 기계장비, 운송장비 제조	85.5	7.0	3.1	3.3	1.1	100.0(4768)	
훈련 직종별	전기, 전자, 정보통신	87.4	8.0	2.3	1.6	0.7	100.0(17453)	x2 = 6498.722 p=0.000
	산업응용, 공예	75.3	16.8	65	1.2	0.2	100.0(2675)	
	건설	84.2	9.7	3.7	1.1	1.3	100.0(1358)	
	서비스, 사무관리, 금융	64.9	9.0	9.7	12.9	3.4	100.0(54792)	
	의료, 환경	76.7	9.2	5.5	6.3	2.4	100.0(382)	
	계층별훈련	85.1	1.5	4.8	6.6	2.0	100.0(6860)	
	전 체	72.6	8.3	7.3	9.3	2.5	100(89212)	
훈련 형태별	양성훈련	70.	14.7	4.4	3.3	7.2	100.0(1023)	x2=207.298 p=0.000
	향상훈련	72.6	8.3	7.4	9.3	2.4	100.0(88160)	
	전직훈련	79.3	20.7	0.0	0.0	0.0	100.0(29)	

자료: HRD-Net DB(2005. 8.).

재직자훈련과정의 훈련방법에 대해 분석한 결과는 <표 Ⅴ-12>와 같다. <표 Ⅴ-12>에서 보는 바와 같이, '국내집체훈련'(55.0%), '인터넷통신훈련'(28.5%), '우편매체통신훈련'(16.4%) 등의 순으로 나타났다. 또한 훈련형태별로 살펴보면 향상훈련의 경우 '우편매체통신훈련'(16.6%)과 '인터넷통신훈련'(28.8%)에서 다른 훈련형태에 비해 많은 것으로 나타났다.

〈표 Ⅴ-12〉 재직자훈련과정의 훈련방법

단위: % (개)

구 분		국내 집체 훈련	현장 훈련	해외 훈련	우편 매체 통신 훈련	인터넷 통신 훈련	on -off 통신 훈련	중소 기업 컨소 시엄	외국인 근로자 훈련	계	유의도
훈련직종별	전 체	55.0	0.0	0.0	16.4	28.5	0.0	0.0	0.0	100.0(89212)	
	농림, 어업, 광업	87.4	0.0	0.0	1.8	10.8	0.0	0.0	0.0	100(111)	
	섬유, 화학제품 및 요업	56.0	0.4	0.0	33.1	10.6	0.0	0.0	0.0	100.0(813)	
	금속, 기계장비, 운송장비 제조	90.1	0.2	0.1	3.9	5.5	0.0	0.1	0.0	100.0(4768)	
	전기, 전자, 정보통신	70.4	0.1	0.0	2.0	27.4	0.0	0.0	0.0	100.0(17453)	$x2=$ 11704.094 $p=0.000$
	산업응용, 공예	78.2	0.0	0.0	0.2	21.5	0.0	0.0	0.0	100.0(2675)	
	건설	82.2	0.0	0.0	1.5	16.3	0.0	0.0	0.0	100.0(1358)	
	서비스, 사무관리, 금융	42.8	0.0	0.0	23.5	33.6	0.0	0.0	0.1	100.0(54792)	
	의료, 환경	59.9	0.0	0.0	8.4	31.7	0.0	0.0	0.0	100.0(382)	
	계층별훈련	73.6	0.0	0.0	12.9	13.5	0.0	0.0	0.0	100.0(6860)	
훈련형태별	전 체	55.0	0.0	0.0	16.4	28.5	0.0	0.0	0.0	100(89212)	
	양성훈련	94.4	2.8	0.0	08	1.6	0.0	0.4	0.0	100.0(1023)	$x2=$ 2517.530 $p=0.000$
	향상훈련	54.5	0.0	0.0	16.6	28.8	0.0	0.0	0.0	100.0(88160)	
	전직훈련	100.0	0.0	0.0	0.0	0.0	0.0	0.0	0.0	100.0(29)	

자료: HRD-Net DB(2005. 8.).

재직자훈련과정의 훈련주체 여부에 대해 분석한 결과는 <표 Ⅴ-13>과 같다. <표 Ⅴ-13>에서와 같이, '위탁훈련'(56.1%)이 가장 많고, 다음으로 '자체훈련'(35.1%)의 순으로 나타났다.

이를 훈련직종별로 살펴보면, 금속·기계장비·운송장비제조직종과 계층별 훈련직종의 경우 '자체훈련'(각각 60.2%, 55.7%)이 가장 많은 반면, 섬유·화학제품 및 요업직종, 산업응용·공예직종, 건설직종, 서비스·사무관리·금융직종, 의료·환경직종 등의 경우 '위탁훈련'(각각 77.5%, 85.7%, 72.7%, 62.7%, 61.3%)이 가장 많은 것으로 나타났다. 또한 훈련형태별로 살펴보면 향상훈련의 경우 다른 훈련형태와는 달리 '위탁훈련'(56.6%)이 가장 많았다.

〈표 Ⅴ-13〉 재직자훈련과정의 훈련주체 여부

(단위: % (개))

구 분		자체	위탁	자체+위탁	계	유의도
	전 체	35.1	56.1	8.8	100.0(89212)	
훈련직종별	농림, 어업, 광업	24.3	55.9	19.8	100(111)	
	섬유, 화학제품 및 요업	21.9	77.5	0.6	100.0(813)	
	금속, 기계장비, 운송장비 제조	60.2	38.9	0.9	100.0(4768)	
	전기, 전자, 정보통신	42.0	40.5	17.6	100.0(17453)	x2 = 7618.399 p = 0.000
	산업응용, 공예	12.0	85.7	2.3	100.0(2675)	
	건설	27.2	72.7	0.1	100.0(1358)	
	서비스, 사무관리, 금융	29.7	62.7	7.6	100.0(54792)	
	의료, 환경	37.7	61.3	1.0	100.0(382)	
	계층별훈련	55.7	37.0	7.3	100.0(6860)	
훈련형태별	전 체	35.1	56.1	8.8	100(89212)	
	양성훈련	87.4	12.2	0.4	100.0(1023)	x2 = 1277.554 p = 0.000
	향상훈련	34.5	56.6	8.9	100.0(88160)	
	전직훈련	86.2	13.8	0.0	100.0(29)	

자료: HRD-Net DB(2005. 8.).

(3) 고용촉진훈련과정

고용촉진훈련과정의 훈련기간에 대해 분석한 결과는 <표 Ⅴ-14>와 같다. <표 Ⅴ-14>에서 보는 바와 같이, 전체적으로 볼 때 '151일 이상'이 85.7%로서 대부분을 차지하였고, 다음으로 '91～120일'(7.4%)의 순으로 나타났다.

〈표 Ⅴ-14〉 고용촉진훈련과정의 훈련기간

(단위: %(개))

구 분	～60일	61～90일	91～120일	121～150일	151일～	계
전 체	0.2	2.7	7.0	4.4	85.7	100.0(1091)
농림, 어업, 광업	–	–	–	–	100.0	100.0(1)
섬유, 화학제품 및 요업	–	4.3	14.5	7.2	73.9	100.0(69)
금속, 기계장비, 운송장비 제조	–	4.6	6.9	3.4	85.1	100.0(174)
전기, 전자, 정보통신	–	0.9	5.0	1.4	92.8	100.0(221)
산업응용, 공예	3.3	–	6.7	–	90.0	100.0(30)
건설	–	5.1	2.6	15.4	76.9	100.0(39)
서비스, 사무관리, 금융	–	3.0	9.2	6.4	81.4	100.0(435)
의료, 환경	0.8	1.6	–	–	97.5	100.0(122)

자료: HRD-Net DB(2005. 8.).　　x2 = 81.715, p = 0.000

(4) 훈련직종 분포

직업훈련과정의 훈련직종을 조사한 결과는 <표 Ⅴ-15>와 같다. <표 Ⅴ-15>에서 보는 바와 같이, 전체적으로 볼 때 '서비스/사무/금융'분야(59.6%)가 가장 많고, 다음으로 '전기/전자/정보통신'분야(20.4%)가 차지하여 이 두 가지 직종이 대부분을 이루었다. 이를 훈련과정별로 살펴보면, 재직자훈련과정의 경우 '서비스/사무 / 정보통신' 비율(61.4%)이 다른 훈련과정의 그것에 비해 월등히 높은 것으로 나타난 반면 고용촉진훈련과정의 경우, '의료 / 환경'분야 비율(11.2%)이 다른 훈련과정에 비해 월등히 높은 것으로 나타났다.

〈표 Ⅴ-15〉 훈련과정별 훈련직종 분포

(단위: %, 명)

구　분	실업자 훈련과정	재직자 훈련과정	고용촉진훈련과정	전　체
전체	100.0(5518)	100.0(89211)	100.0(1091)	100.0(95820)
농림 / 어업 / 광업	0.1	0.1	0.1	0.1
섬유 / 화학제품 및 요업	5.5	0.9	6.3	1.2
금속 / 기계장비 / 운송장비 제조	12.9	5.3	15.9	5.9
전기 / 전자 / 정보통신	34.2	19.6	20.3	20.4
산업응용 / 공예	6.8	3.0	2.7	3.2
건설	5.3	1.5	3.6	1.8
서비스 / 사무 관리 / 금융	33.4	61.4	39.9	59.6
의료 / 환경	1.7	0.4	11.2	0.6
계층별훈련	0.0	7.7	0.0	7.2

자료: HRD-Net(2005. 8.).　　x2 = 6421.257, p = 0.000

3. 외국의 직업훈련 동향

가. 직업훈련 비전 영역

(1) 고숙련 노동자를 형성하기 위한 인적 자원의 경쟁력 강화

미국은 대통령과 의회에 의해 설립된 21세기 위원회는 미국 국민 전체가 지식정보사회에 적응할 수 있도록 정책목표를 설정하고 이의 달성을 위한 9개의 성공으로 가는 열쇠(핵심과제)와 세부전략을 제시하였다. 21세기 위원회는 원래 정보기술인력에 대한 연구를 수행하도록 의회에 의해 설립된 위원회이지만 정보기술인력에만 한정하지 않고 미국민 전체가 미래의 지식정보사회에 적응할 수 있는 방안을 제시하였다. 정책목표는 '21세기 하이테크 직업기회에 적합한 고숙련 노동자를 형성하여 인적 자원의 경쟁력을 강화하는 것'이며, 9개의 열쇠(핵심과제)는 21세기 Literacy의 형성, 파트너십을 통한 리더십의 발휘, 청소년층을 위한 학습연계 형성, IT직업으로 가는 길 이해, IT 숙련 획득의 증가, 계속학습의 확대, 숙련 IT노동자에 대한 유연한 이민정책 수립, 학업의 향상, 기술 접근과 인터넷 연결의 보편화 등이다.

(2) 고숙련과 높은 보상, 그리고 교육훈련에의 접근이 개방된 사회

영국의 교육고용부는 '고숙련과 높은 보상, 그리고 교육훈련에의 접근이 모든 사람들에게 열려 있는 사회 형성'을 인력개발의 비전으로 설정하고, 비전을 달성하기 위한 과제를 중요도에 따라 몇 개로 구분하여 제시하였다. 또한 이러한 인력개발의 비전을 달성하기 위한 행동계획(Action Plan)을 채택하고 다양한 정책수단을 개발하여 실시해 오고 있다. 행동계획은 크게 4가지로 학습과 고용 간의 연계 강화, 직업 관련 학습에서의 우수성 창출, 성인들을 위한 학습기회 보장, 숙련 도전에 대한 고용주들의 참여 지원 등이며, 핵심 정책수단의 주요내용을 보면, 파트너십, 평생학습, 그리고 숙련 향상 등을 강조하고 있다.

(3) 신기술 적용에서 글로벌 리더로서의 인정

호주정부는 유연학습의 직업교육훈련시스템에 가치를 부여함으로써 산업들과 시민들이 정보경제로 신속하고 성공적으로 이행하는 것을 지원하기 위하여 2004년까지 호주가 직업교육훈련 생산물과 서비스에 대한 신기술 적용에서 글로벌 리더로서 인정되도록 노력하고 있다. 이를 위해 직업훈련목표를 창의적이고 능력 있는 사람, 기술적 하부구조 지원, 세계수준의 온라인 컨텐츠 개발 및 적용, 실효성 있는 정책, 문제해결 규제 등으로 설정하고, 이에 따르는 기본원칙으로 편익 공유, 새로운 학습기술의 전략적 사용, 흡수(take-up)의 가속화, 전략적 파트너십, 레버리지화된 투자, 노동자 참여, 수요 주도형 등을 설정하였다.

(4) 노동력 수급의 미스매치 해소

일본은 현재 지식정보경제로의 발전과 글로벌화의 진전 속에서 계속되는 경영악화와 노동력 수급의 미스매치가 가장 큰 과제로 부각되었다. 이러한 노동력 수급의 미스매치를 해소하기 위해 향후 직업능력개발의 3대 방향과 6대 정책을 제시하였다. 직업능력개발의 3대 방향은 근로자의 자발성을 중시한 직업능력개발, 직업능력의 미스매치 해소에의 대응, 캐리어 형성의 추진과 지원 등이며, 이에 따르는 6대 정책으로는 근로자의 캐리어 형성을 지원하기 위한 시스템 정비, 캐리어 형성을 촉진하기 위한 능력개발의 추진, 다양한 교육훈련 기회의 확보 및 제공, 산업체에

필요한 인재의 육성, 제조업 근로자의 능력개발, 능력개발시책 추진의 역할 분담
등이다.

(5) 생각하는 학교, 학습하는 국가

싱가포르는 21세기 교육이념으로 생각하는 학교, 학습하는 국가를 주창하였다.
싱가포르는 인적 자원정책은 인력부를 중심으로 수립, 시행되는데 그 외에도 관련
행정기관이 유기적으로 연결되어 있는 것이 특징이다.

싱가포르 인력부는 Manpower 21 프로젝트를 통해 인적 자원을 재능자본으로
전환시키기 위한 전략적 청사진을 제시하였다. 재능자본이란 싱가포르의 경쟁우의
는 인적 자원에서 나온다는 기본가정을 나타내주는 표현으로서 6개의 프레임워크
하에 총 41개의 제안이 규정되어 있고 각 제안별로 주무기관과 역할을 명시하였다.
6개의 전략적 프레임워크는 전략적 기획, 고용가능성 제고, 국내·외 인적 자원 네
트워크 확대, 근무환경 혁신, 관련산업 지원, 협력관계 조성 등으로 나누어져 있으
며 상호간에 긴밀한 유기적 연계관계를 유지하고 있다.

나. 직업훈련 수단 영역

(1) 평생학습 및 교육훈련체제 구축

영국 정부는 생애 과정에서 소외를 줄이기 위해 장기적인 목적으로 기초적인 능
력을 제고시키기 위해 노력하고 있다. 이를 위하여 성인을 대상으로 한 기초능력
훈련을 강화하고, 학습자료의 효율성 제고와 접근성 강화를 위하여 정보기술을 활
용한 새로운 형태의 학습자료를 개발하는 데 초점을 두고 있다. 그리고 지역사회의
학습 활동과 노조 참여를 위한 정부 지원 등 학습활동과 참여를 지원하기 위한 중

개자 역할을 확대해 나가고 있으며, 비전통적인 학습자들을 유인하고 채용하며 재훈련시키는 훈련제공자들에게 추가적인 재정지원을 시도하고 있다. 1999년에 실시한 NIACE의 조사결과에 의하면, 영국 성인의 약 40%가 최근 3개월 동안 교육훈련에 참여한 바 있으며, 37%는 학교졸업 이후 전혀 참여하지 않았던 것으로 파악되고 있다.

일반적으로 성인의 평생학습은 계속교육대학(further education college)에서 많이 이루어지고 있다. 영국 교육제도의 구조는 크게 초등교육, 중등교육, 계속교육, 그리고 고등교육으로 분류할 수 있는데, 연령별로는 초등교육은 5~11세, 중등교육은 11~18세, 계속교육은 16~19세, 대학 등의 고등교육은 18세 이후의 청소년과 성인이 해당된다(영국은 5~16세까지를 의무교육임). 이 가운데, 계속교육대학은 대학입시를 준비하는 제6학년 학교(sixth form college), 중등 이후 대학(tertiary college)과 함께 후기 중등교육의 대표적인 기관이다. 1999년 기준 계속교육대학의 학생 가운데 정시제 학생은 약 3,300,000명으로서 500,000명 정도의 전일제 학생보다 훨씬 많은 수를 차지하고 있으며, 25세 이상의 성인 학습자 비율은 50%를 넘어서고 있다. 계속교육대학은 직업을 구하는 데 필요한 실무중심의 직업과정뿐만 아니라 학문 지향적인 고등교육과정을 개설·운영하고 있다.

미국의 직업성인교육국(OVE: Office of Vocational and Adult Education)에서는 노동자에게 점점 복잡한 기술을 요구하고, 끊임없이 변화하는 세계의 전반적인 요구에 부응하여 국가의 미래를 준비하기 위한 업무를 담당하고 있다. 이곳의 정책과 프로그램에서는 '탈락하는 학습자가 없다'는 목표를 제시하고 있으며, 청소년과 성인이 중등 과정 이후 교육의 준비를 필요로 하는 지식과 기술을 얻도록 도와주는 광범한 정책, 프로그램, 활동과 성공적인 생애, 생산적인 삶의 범위를 지원하고 있다. 직업성인교육국은 학생이 평생학습자로서 최상의 교육과 경력을 유지하고, 개인의 잠재력 형성을 도와줄 수 있는 정보, 자원에 대한 접근이 가능하도록 한다.

직업성인교육국은 모두 네 영역에서 구체적으로 활동을 전개하고 있다. 그것은 고등학교, 전문·직업 교육, 지역사회전문대학(community college), 그리고 성인교육 및 문해(adult education and literacy)인데, 이 네 영역에서 직업성인교육국은 입법(legislation), 보조금(grants)의 차원에서 지원사업을 수행하고 있다.

독일은 빠른 속도로 진행되고 있는 기술 및 경영혁신과 이에 따라 요구되는 자격요건의 변화로 인해 초·중등학교, 대학 산업체에서 받은 기초교육으로는 생애 전반의 직업생활을 하기에는 충분하지 않다는 인식에 기초하여 새로운 개혁방안을 제시하고 있다. 첫째, 산업체의 경쟁력을 갖추는 요소로서 종업원의 직무능력 및 자격향상을 위한 계속교육을 제공하는 것이다. 이러한 계속교육이 잘 이루어지기 위해서는 근로의 질을 저하시키는 근무형태나 작업구조를 철폐하고, 근로자들이 보유하고 있는 능력과 자격 활용을 극대화하며, 학습효과가 극대화되도록 산업체에 작업조직 개선을 요구하고, 제반 행·재정 지원이 잘 이루어져야 한다. 둘째, 계속교육훈련의 신축성 제고를 통해 더 많은 교육훈련을 제공하는 것이다. 이를 위해 연방교육연구부는 계속교육훈련의 하나로 추가자격제도를 도입하고, 모든 사람들이 계속교육자격시험에 응시할 수 있도록 법적 제한을 철폐하는 등의 규제완화를 통해서 계속교육훈련을 활성화하고 있다.

(2) 민간 중심의 시장 중심적 직업훈련

영국에서는 기업체의 교육훈련에 관한 한 정부가 전혀 개입하지 않고, 시장 실패 영역인 청소년 및 실업자 직업훈련에만 정부가 개입한다는 것이다. 기업 내에서 실시하고 있는 훈련인 계속훈련에 관해서 정부는 직접적인 재정지원은 하지 않고 있으나 기업에 대한 인적 자원투자인증제도(Investor in People)나 개인에 대한 훈련비용 대부, 세제혜택 등을 통하여 간접적으로 지원하고 있다. 더불어 민간 주도의 교육훈련에서 문제가 발생하면 부분적으로 정부의 간접적 개입형태가 나타나고 있다. 그러나 시장중심의 정책을 운영하고 있으나 교육훈련의 문제가 제기되는 부분에 정부의 참여와 역할이 높아지고 있다. 기존의 정부와 계약하에 정부지원훈련을 전담하였던 독립적인 기업형태의 훈련기업협의회가 실질적으로 기대한 만큼 효과적이지 않았다는 지적에 따라 이를 개선하기 위하여 1999년 6월 훈련기업협의회와 계속교육재정지원협의회가 통합되어 비정부부처인 공공기구 성격의 학습기술협의회(LSC: Learning and Skills Councils)가 설립되었다. 현재까지 학습기술협의회는 수요자 요구에 맞춘 능력과 새로운 학습 능력 목표에 기초하여 능력을 연결하는 것을 추구하였으나 아직까지 성공을 거두지 못하고 있다.

미국의 인적 자원개발은 주로 민간에서 활발하게 일어나고 있다. 대표적인 기관인 ASTD(the American Standards of Training and Development)를 보면, 주로 업무현장의 학습과 성과를 위한 전문가 모임으로 다양한 컨퍼런스, 전람회, 세미나, 출판 등을 통하여 인적 자원개발의 정보, 연구물, 현업 사례 분석 등을 제공하고 있다. 현재 100개 이상의 나라에서 70,000 이상이 회원으로 참가하며 15,000개 이상의 다국적기업, 중소기업, 정부, 대학이 회원으로 참여하고 있다. 그리고 각 민간부문마다 조직의 규모나 사업의 방향에 따라서 자체 인적 자원개발 센터를 가지거나(예: 모토롤라, 포드, GE 등), 인적 자원개발부서나 인적 자원개발을 담당하는 조직구성원을 두고 있다. 민간부문, 특히 기업에서는 Work-to-Work 프로그램을 통하여, 일과 학습을 통합을 통하여 개인에게 새로운 직업에서 요구하는 기술 등을 배울 수 있는 기회를 제공하며, 이를 조직에서 일정한 형태로 제공(대학에서 배우도록 하거나 학비를 보조하거나, 회사가 직접 대학을 설립)하여 개인과 조직 상호간에 학습에 책임을 지는 시스템을 통하여 인적 자원을 개발하고 있다. 또한 민간부문의 인적 자원개발을 지원하고 권장하기 위하여 연방정부는 1998년 '노동인력투자법'(Workforce Investment Act)을 제정하였는데, 이 법에 의해 확립된 새로운 '원스톱(one-stop)' 시스템에 의해 이루어지고 있는데, 프로그램마다 자원의 평가를 제공하는 기준이 준비되어 있고, 자원은 '원스톱' 시스템의 실행을 지원하기 위해 지역 수준에서 활용되고 있다.

(3) 실용성과 복지 증진의 강화

교육부와 고용부를 통합한 교육고용부(DfEE: Department for Education and Employment)가 1995년 출범하면서 교육훈련이 범국가적인 차원에서 추진되기 시작하였다. 교육고용부의 발족은 교육을 좀 더 실용성 있게 강화하려는 국가적 취지를 보여주는 것이었다. 그러나 교육고용부 조직체계가 사회보장부에서 담당하는 사회보장정책과 노동정책과의 연계를 미흡하게 처리하고 있다는 문제가 제기되었다. 즉 평생학습의 기본취지 아래 단행된 교육부와 고용부의 통합이 기능적인 측면만이 강조되어 실질적인 복지증진을 위한 사회보장제도와 노동정책 간의 괴리를 가져왔다고 지적되었다. 이에 블레어 정부는 2001년 6월 교육고용부와 사회보장부의 기능을 조정하여 새로운 부처인 교육기술부(DfES: Department for Education and Skills)와 근로연금부(DfWFP: Department for Work, Family and Pensions)를 발족시켰다.

교육고용부의 지방업무는 정부지역사무소가 대행하고 있다. 정부지역사무소는 환경·교통·지역부(DETR: Department of the Environment, Transport and the Regions) 산하에 소속되어 있다. 영국의 중앙부처 중 지방정부를 직접 관할하고 통제하는 권한이 있는 부처는 1998년 설립된 환경·교통·지역부이다. 이 부처에는 내무장관(Secretary of State)이 있고, 그 아래에 교통부장관, 환경부장관, 지방 부장관, 주택 및 계획 부장관과 하나의 위원회가 있다. 지방정부의 각종 업무를 관장하는 것이 바로 지방 부장관이며, 이 아래에 지방정부담당실, 지방정부재정정책실, 정부사무소 및 지역정책실이 있다. 정부사무소 및 지역정책실은 영국 전체에 있는 아홉 개의 정부지역사무소를 관장한다. 이 정부지역사무소는 1994년 4월에 중앙정부의 업무를 지방수준에서 원활히 하기 위하여 설치된 중앙정부 기관으로 광역권별로 설치되어 있다. 이 기관은 중앙의 환경·교통·지역부, 통상산업부(Department for Trade and Industry: DTI), 교육기술부의 업무들을 대행해 주는 파견기관적 성격을 지니고 있다.

(4) 통합적인 사회를 지향하는 직업훈련

영국은 지역사회의 학습 활동과 노조 참여를 위한 정부 지원 등 학습활동과 참여를 지원하기 위한 중개자 역할을 확대해 나가고 있으며, 비전통적인 학습자들을 유인하고 채용하며 재훈련시키는 훈련제공자들에게 추가적인 재정지원을 시도하고 있다. 또한 가능한 많은 청년들이 학습에 계속 참여할 수 있도록 장려하고, 국가자격의 최소 수준 2의 자격을 갖추도록 지원하기 위하여 청소년현장훈련(work－based training for young people)사업의 일환으로서 현대 도제제도(modern apprenticeships), 국가직업훈련생(national traineeships)제도를 추진하고 있다. 이 사업의 추진 대상은 14~19세까지의 청년 중에서 사회적으로 배제되고, 어떠한 활동에도 참여하지 못하며, 성취가 낮은 청년들을 대상으로 하고 있다. 이 사업은 취약 청년을 대상으로 하는 종합적인 전략으로서 1997년 12월에 시작된 이래, 10개 사업 부문에서 큰 성과를 거둔 것으로 평가되고 있다. 또한 생산적 복지 전략(welfare to work strategy)의 일환으로 개인의 책임과 고용가능성에 초점을 두어 뉴딜정책을 추진하고 있다. 뉴딜은 1997년 7월에 민영화된 과거 국영 기업체의 초과 이득세를 초기 재원으로 하여 1998연 1월부터 시범실시를 시작하여 4월부터 전국적으로 확대되었고, 2000년 봄부터는 부분적으로 세금에 의한 국가재정이 뉴딜의 재원으로 지원되기 시작하였다. 뉴딜은 6개월 이상 실업상태인 18~24세의 구직자 수당 수혜 대상인 청소년, 25세 이상이면서 2년 이상의 장기실업자, 단기간 실업자, 편부모를 대상으로 하고 있다.

미국의 퍼킨스 법령 Ⅲ(Perkins Ⅲ)은 비전통적인(nontraditional) 훈련과 고용에 대한 개개인의 준비를 지원하기 위해 구성되었으며, 다수의 규정(provision)을 포함하고 있다. 동 법령의 제3(17)항은 "비전통적인 훈련과 고용"을 "컴퓨터 과학, 기술, 그 외에 최근에 형성된 고도의 기술 업무를 포함한 직업(occupation)이나 작업 분야"로 정의하고 있다.

(5) 노동시장에 부합하는 직업훈련

프랑스의 인적 자원개발 관련 주요 방안은 『U3M계획』수립(국가교육·연구·기술부, '99. 12.)에 의하여 전통적인 개념의 대학 신설을 억제하는 대신, 산업구조사의 변화와 지역의 특수성을 고려한 기술대학을 신설하였다. 주요 내용으로는 많은 수의 대도시 학생들이 2년 과정의 단기기술대학 학위(DUT) 취득 이후 학업을 연장하는 추세에 따라 노동시장의 수요에 부합하기 위해서는 단기기술대학보다 고등기술자 자격증 과정을 육성하고자 지원하고 있다. 이와 더불어, 중소도시의 대학을 비롯, 단기기술대학(IUT), 고등기술자과정(STS), 기술계 및 직업계 고등학교의 기술자원(인력자원 포함)을 재조직하여 중소기업의 신기술 연구개발을 위한 기술플랫폼을 형성하여 연구네트워크를 강화하고 있다.

일본의 경우 2001년의 고용실업정세는 완전실업률이 5.0%의 높은 수준이나, 당분간 이러한 어려운 상황이 지속되리라는 예상 속에서 기업의 구인도 개선될 것으로 예상되고 있다. 정보통신기술과 간병 관련 분야 등 이후 성장이 예상되는 새로운 산업에 필요한 인재를 조기에 육성하고 착실하게 취직의 촉진을 꾀하는 것이 상당히 중요하다는 인식 아래, '미스매치해소를 중점으로 하는 긴급 고용대책'을 2000년 5월 16일에 책정하였다. 이에 관련된 시책을 1년간 집중하여 실시함으로써 고용회복이 경기회복에 뒤떨어지지 않도록 노력하고 있다. 구체적인 직업능력개발대책은, 첫째, 직업능력 확대에 의한 모든 근로자의 IT화 대응과 취직을 촉진하고, 둘째, 취직을 위해 직업훈련을 필요로 하는 자에 대해 실무능력을 부여하기 위해 단기간 직업훈련을 실시하며, 셋째, 대학졸업 미취업자의 채용 후 능력개발을 지원하기 위하여 취직 후 훈련에 대한 지원금을 지급한다.

(6) 국민 개개인의 자질에 대한 조기인식체제 구축

2001년부터 독일 정부는 '새로운 자질 변화에 대한 조기인식체제'를 구축하여 사전에 직종의 변화에 따라 새로이 요구되는 자질과 능력에 대응하여 질적인 인적 자원개발을 강화하고 있다. '새로운 자질 변화에 대한 조기인식체제'는 미래의 직업 변화에 대한 모든 정보를 DB화하여 관리하고, 정부와 기업은 새로이 보완적인 직업훈련을 제공할 수 있도록 하는 것이다. '새로운 자질 요구에 대한 조기인식을 위한 조사망'(Forschungsnetz zur Früherkennung von Qualifikationserfordernissen – 약어: FreQueNz)이란 특정한 직업분야에서 필요한 능력에 대한 인식, 필요한 능력을 습득하기 위한 행위 선택과 이와 관련한 연구 프로젝트의 결과를 제공할 수 있다. 총 8개의 연구소가 프로젝트 파트너로 참여하고 있으며, 이들 연구소들은 각기 다른 측면에서 접근한 연구 결과로 기여하고 있다.

다. 직업훈련 집행 영역

(1) 성과와 연계한 재정 지원

영국은 직업훈련에 있어서 '성과연계재원지원방식'(Output – related funding)을 추진하고 있다. 영국의 중앙정부는 주도적으로 직업훈련정책을 결정하고 공공재정 지원을 분배하는 조정자(regulator)의 역할만 수행하고 있다. 즉 직업훈련의 집행은 칼리지나 직업교육훈련기관, 기업이 담당하며 중앙정부는 이들 민간부문이 정책방향에 협조적이고 성과를 제고하는 경우에만 인센티브를 제공하는 유인전략을 채용하고 있다. 물론, 직업훈련의 성과는 자격취득률과 취업률이다. 이를 통하여 영국의 직업훈련은 과거보다 성과를 자주 보이는 것으로 기록되고 있다.

그러나 정부가 제시한 재원의 방식대로 집행하는 직업훈련제도 자체에도 문제점이 지적된다. 즉 성과를 기초로 재정 지원하게 되는 성과연계재정지원방식에도 문제가 있다는 지적이 많다. NVQ(National Vocational Qualification) 취득률, 전일제교육으로의 연계나 취업과 같은 긍정적 성과에 대해서 증가되는 이러한 방식은 너무 강조될 경우 실제 직업훈련이 절실하게 필요한 이들의 훈련에 대한 접근을 어렵게 함으로써 직업훈련에 관한 국가목표를 손상시킬 수 있다. 즉 취업 및 자격증취득과 같은 긍정적 결과를 얻는 것이 불투명하다고 여겨지는 사람들에 대해 직업훈련의 기회를 박탈할 수 있다. 실제로 자격취득률을 최대화하기 위하여 자격 평가시 기준을 낮추게 되거나 허위발급을 하는 사례도 발견되고 있다. 현재, 성과에 연계한 재정 지원을 보면 기업훈련협의회가 재정 지원하는 훈련의 60%가 훈련생의자격증이나 취업에 근거한 것으로 이루어지고 있다.

(2) 신직종 개발과 미래 유망 직종의 제공

독일의 연방정부는 1995년부터 직업교육훈련법 제정 이후 처음으로 새롭게 등장하고 있는 직종에 대한 직업훈련을 현대화하는 작업에 착수하였다. 특히, 고용 확대와 직업훈련의 자리가 증대되고 있는 새로운 분야들, 즉 신기술 부문, 세분화·차별화된 서비스 부문, 정보통신·방송기술 부문, 간호부문, 여행 및 여가 부문 등에서 직업훈련 현대화 작업을 가속화하고 있다. 이에 따라 연방정부와 노동조합 및사용자 단체와의 협약을 통해 2년 내에 이들 부문의 직업훈련 내용을 재검토하고,새로운 직업훈련을 개발하여 1년 내에 실시하도록 하고 있다. 이를 위해 우선적으로 새로운 직종 분야를 선정하고 훈련을 실시하는 일련의 과정은 혁신적인 직종분야에서 요구되는 유자격자의 수요예측 기법을 개선함으로써 적극적으로 추진할 수있도록 하였다. 더 나아가, 연방정부는 이원화 제도의 현대화에 의해 새로이 직업훈련이 필요한 직종에 대해 전국적으로 단일화된 통일적인 규정을 제정하여 노동시장에서 유연성과 이동성을 갖게 하고 있다.

(3) 사업 내 직업교육훈련 여건의 개선

독일정부는 사업 내 직업교육훈련 여건이 개선되도록 하기 위하여 ‘직업훈련생에 대한 자격규정(AEVO: Ausbilder – Eignungsverordnungen)’상의 모든 규정을 완화하여 현장실습이 신축적으로 운영될 수 있도록 하고 있다. 이에 상공회의소는 규정에 상응하는 직업교육을 받은 자, 즉 직업경험이 풍부하고 자격요건을 갖춘 전문인력의 경우 시험을 치르지 않더라도 직업훈련을 받은 것으로 인정할 수 있게 하고 있으며, 각 주정부에 직업학교 수업시간을 산업체의 실정에 맞게 짜도록 요구하고 있다. 예를 들어, 하루에 받는 직업학교의 수업시간을 연장함으로써 실습생이 주 5일 근무일수 중 4일은 오로지 현장실습업체에서 훈련을 받을 수 있도록 하고 있다. 더 나아가 산업체에 대한 상공회의소의 불필요한 지도감독을 엄격히 제한하고, 상공회의소의 일반 예산 중 현장실습부분에 대한 예산을 확대하여 산업체의 실습비용 부담을 감소시키고 있으며, 이렇게 함으로써 실습생의 실습현장업체 근무시간을 더 늘릴 수 있도록 하고 있다.

(4) 원격교육(Fernunterricht)의 강화

2001년도에 독일 계속교육 안에서 원격교육을 제공하는 강좌의 수는 전년도보다 10.6% 증가하여 1,567개 강좌(취미강좌는 제외됨)가 계속 교육시장에 제공되었다. 이 중 일반교육영역은 379개 강좌로 24.2%이고, 직업교육은 1,188개 강좌로 75.8%를 차지하였다. 직업교육영역은 63개의 강좌가 증가하였고(5.6%), 이에 반해 일반교육영역은 19개의 강좌가 줄어들었다(－6.3%).

직업교육영역에서 전년도보다 절대적으로 증가한 원격교육강좌는 경영학 관련 강좌로 24개가 새롭게 제공되고 있고(5.6%), 정보학과 수학 강좌는 24개(＋17.6%), 그리고 문화 및 사회과학은 6개(＋6.3%)가 증가하였다. 전체 직업교육영역의 1,188

개 원격 강좌 중 660개 강좌(55.6%)가 동시에 수업을 직접적으로 동반하고 있으며, 수업이 딸리지 않은 것이 527개 강좌(44.4%)이다. 원격교육강좌의 기간을 보면, 전체 1,567개 강좌 중 525개 강좌(33.5%)가 3개월에서 6개월이고, 454개 강좌(29%)는 12개월, 392개 강좌(25%)는 13개월에서 24개월이다. 36개월 이상인 것은 52개 강좌이며, 대개 기술자 관련 강좌는 국가공인시험을 동반한 강좌이다.

(5) 근로자 커리어 형성 촉진을 위한 지원

일본의 커리어형성 촉진지원제도는 직업능력개발촉진법에 의해 기업 내에서 근로자의 커리어형성을 효과적으로 촉진하기 위해 재직근로자를 대상으로 실시하는 제도이다. 본 제도는 직업능력개발추진자가 사업 내 직업능력개발계획을 세우고, 직업훈련을 실시하며, 직업능력개발휴가를 부여하고, 장기교육훈련휴가제도를 도입하며, 직업능력평가를 실시하거나 또는 커리어·컨설팅 기회를 확보하려는 사업주에게 비용의 일부를 지원하기 위해 2001년 10에 창설되었다.

커리어형성 촉진지원제도는 직업능력개발촉진법 제12조에 규정하는 직업능력개발추진자를 선임하고, 동시에 동 법 제11조에서 규정하는 사업 내 직업능력개발계획 또는 해당계획에 의거한 연간직업능력개발계획에 의한 직업훈련, 직업능력개발휴가, 장기교육훈련휴가제도 도입, 직업능력 평가, 근로자에 대한 커리어·컨설팅 기회 확보 등을 통해 근로자의 직업생활설계를 전 기간에 걸쳐 단계적이고 체계적으로 추진하고, 기업 내 근로자의 커리어형성을 효과적으로 촉진함을 목적으로 한다. 이러한 커리어형성 촉진지원제도는 훈련지원금, 직업능력개발휴가지원금, 장기교육훈련휴가제도도입 장려금, 직업능력평가추진지원금 및 커리어·컨설팅추진지원금으로 구성되어 있다. 훈련지원금 및 직업능력개발휴가지원금의 특례로 중소기업고용창출능력개발지원금과 지역인재고도화 능력개발지원금제도가 운영되고 있다.

(6) 정보 관련 인재 육성

일본에서는 경제가 활력을 유지하고 안정된 경제성장을 유지해 가기 위해서는 신규사업의 창출이 중요한 과제가 되고 있다. 이를 위해 개인에게 창업 및 새로운 기업을 설립하는 것을 직접 지원하기 위해 신사업창출촉진법을 1998년 12월 18일에 공포, 1999년 2월 16일부터 시행되었다. 본 법의 직업능력개발 시책의 하나인 정보관련 인재육성사업은 고도의 정보관련 인재육성을 목적으로 하고 있다. 이 사업은 도도부현 등이 작성하는 본 법에 의거한 '기본구상'에 대해 정보관련 인재육성사업을 실시하는 시설로 통상산업성(通商産業省) 및 후생노동성 고시(告示)로 지원대상시설로서 지정된 신사업지원기관이 정보관련 인재육성사업을 실시하고, 정보처리진흥사업협회(IPA)의 인재육성추진센터가 측면 지원한다. 고용·능력개발기구는 사업 추진을 꾀하기 위해 신사업지원기관, 정보처리진흥사업협회(IPA) 및 그 사업에 종업원을 파견한 사업주에 대해 필요한 지원을 통상산업성과 공동으로 실시한다.

라. 직업훈련 평가 영역

(1) 평가 대상을 구분하여 실시

미국은 직업훈련 평가에 있어 국가가 수행해야 할 것(정책 평가)과 자발적으로 형성된 민간기구에서 수행해야 할 것(기관 및 과정 평가)이 구분되어 실시되고 있다. 이와 같은 평가 대상에 대한 구분은 이 결과를 활용하고자 하는 의도에 따라 구분된다. 예컨대, 직업훈련정책 평가는 직업훈련 서비스의 효율적 활용과 성과를 분석하기 위함이며, 직업훈련기관 및 과정 평가는 학점인정과 관련되어 이를 승인하기 위한 것이다. 직업훈련서비스에 대한 정책 평가는 노동부에서 직업훈련 전반에 걸친 정책적 평가를 수행하도록 함으로써 성과에 연계한 사업 규모 확대를 고려하고 있으며, 실험적인(또는 유사 실험적인) 정책 분석방법을 활용(비교집단 설정)하여 경제적 효과성 분석을 중심으로 하고 있다. 또한 유사한 서비스에 대해 여러 정부부처가 협력하여 평가를 실시하며, 이를 지속적인 직업훈련서비스에 적극적으로 반영하고 있다. 또한 직업훈련기관 및 과정 평가는 두 단계의 수준별 접근을 하고 있다. 이는 직업훈련평가를 위해 전국적 단위에서 수행해야 할 것과 부분적으로 수행해야 할 것에 대해 이원화시킴으로써 평가의 통일성 및 전문화를 가져오고 있다. 국가 수준의 평가인정위원회에서 승인된 기구에서 평가인정을 받을 경우, 이것은 전국적으로 통용된다.

(2) 국가 수준의 평가인정기구 설치

미국은 국가수준의 평가인정위원회(기구)를 전문 또는 직업분야별, 지역별 평가인정기구를 승인하고, 전체 평가의 운영 절차 및 기준을 종합하며, 각 평가인정기구에 권고안을 제시하고, 평가기준을 설정 및 수정 보완하며, 평가인정기구에 대한 종합적으로 기록을 수합 및 보고한다. 전문 또는 직업분야별, 지역별 평가인정협의회는 자체 평가인정 기준을 개발하고, 특성에 맞는 평가지표를 개발 및 수정을 하며, 자체적으로 평가인정위원회와 현장방문평가팀을 구성하여 평가인정을 실시하고 있다. 전문 또는 직업분야별, 지역별 평가인정협의회에 의해 실시되는 평가는 해당 훈련기관의 특수성을 충분히 고려하여 평가할 수 있으며, 피평가기관의 의견을 적극적으로 도입할 수 있다.

직업훈련 기관 및 프로그램 평가의 경우, 2단계의 평가과정을 거치고 있다. 즉 고등교육평가위원회가 직접 모든 훈련기관을 평가하는 것이 아니고, 동 위원회는 평가인정을 할 수 있는 조직이나 협회를 승인하고, 전문 또는 직업분야별, 지역별로 승인받은 조직이나 협회에서 직업훈련기관을 평가하는 것이다. 그러나 이것은 미국의 지리적 특성에 의해 영향을 받은 것으로 보이며, 지역별로 평가인정기구가 다르기 때문에 학습자가 다른 지역으로 전이(transfer)를 하고자 할 경우, 지역마다 해당 기관에서 이를 인정하지 않는 경우도 있기 때문에 이러한 문제가 최근의 이슈로 나타나고 있다.

(3) 평가주체의 다양화

독일의 평가주체는 훈련의 재원이 어디에서 나오느냐에 따라 다르다. 즉 기업이 주도적으로 실시하는 양성훈련의 경우는 이들의 협회인 회의소(수공업협회, 상공회의소, 농협 등)가 담당하고, 고용보험으로 실시되는 계속훈련(실업자 재취업훈련)은 지방노동사무소가 평가업무를 하고 있다. 이러한 독일의 양성훈련과 계속훈련의 평가는 훈련의 승인을 위한 평가가 주를 이루고 있으며, 이러한 평가는 직업훈련의 질을 향상시키는 목적에서 실시되고 있다. 그리고 재직자 향상훈련의 성과에 대한 평가는 기업이 자체적으로 실시하고 있다. 독일 직업훈련 기관 및 과정의 평가주체는 외형적으로는 하나의 기관이 담당을 하는 것으로 보이지만 사전에 평가기준을 마련하기 위해 여러 기관, 여러 주체(BIBB(Bundesinsitut für Berufsbildung), 상공회의소, 수공업협회, 연방고용청, 지방노동사무소 등)가 공동으로 협력을 하고 있다. 독일의 직업훈련 기관 및 과정 평가는 훈련승인을 위한 것이지만 장기적으로는 훈련의 질을 보증하기 위한 것이다.

영국은 OfSTED(Office of Standard Education)와 FEFC(Futher Education Funding Concils), TEC(Training and Enterprise Councils)의 각각의 평가 결과는 동일한 등급으로 표시함으로써 평가 결과를 적절한 경우, 공유하며, 또한 평가 위원과 협력적인 계약 관계를 유지하고, 필요한 경우, 다른 기관의 평가 위원이 참여한다는 것이다. 더 나아가, 영국은 LSC(Learning and Skills Councils)를 2001년부터 가동하여, 직업훈련에 대한 평가를 일원화할 수 있도록 하였다.

(4) 직업훈련기준 평가 실시

독일의 직업훈련평가에서 독특한 점은 직업훈련기준(Berufsbildungs – ordnung)의 평가이다. 이러한 직업훈련 평가는 외부 경제환경의 변화에 따라 기존의 직업훈련 기준을 변경시킴으로써, 이를 통해 독일의 훈련기준을 산업계의 수요에 맞추어지고 있다. 특히, 새로운 훈련직종의 직업훈련기준은 다른 사람의 도움 없이 스스로 고급 업무를 계획·실행·평가할 수 있는 능력을 갖추도록 마련되고 있다. 예를 들어, 과거의 훈련기준은 지식 학습량이 차지하는 비중이 높았지만 유연성이 떨어지므로, 새로운 직업훈련기준은 유연한 직업능력(의사소통능력, 협동성, 사회성 등)을 습득할 수 있도록 방향을 잡고 있다. 따라서 독일의 직업훈련기준 평가는 직업훈련의 새로운 방향을 제시하는 데 큰 역할을 하고 있다.

(5) 평가위원의 다양화

영국에서는 평가 시 교육자, 학습자 대표, 일반인, 산업계 종사자, 행정가 등 다양한 분야에서 훈련과 이해관계를 갖고 있는 사람들이 참여한다. 또한 평가자의 역할에 따라 평가자를 구분하고 있다. 즉 내부 평가자와 외부 평가자가 구분되어 있으며, 이들의 역할과 책무를 명확히 규정하여 평가과정을 보다 공정하고 효과적으로 운영할 수 있도록 하고 있다. 즉 내부 평가자는 기관이나 조직 내에서 그들의 운영에 대한 질관리를 자발적으로 하고 있으며, 외부 평가자는 이러한 질관리가 체계적으로 이루어지고 있는가를 객관적 관점으로 조사한다는 것이다.

미국의 경우 동료집단이 평가자로 참여함으로써 직업훈련의 질적 관리와 운영을 강조하면서 훈련의 사회적 책무성이 강조되고 있다. 즉 직업훈련은 전 사회적 관심으로써 평가의 중요성을 인식하고 있다는 점이다.

(6) 평가와 지도감독의 일원화

영국은 평가가 지도 감독과 동시에 수행되어, 피평가자인 훈련기관의 입장에서는 1회의 평가로서 정부의 규정과 일반적 훈련 운영, 그리고 정책적이고 제도적인 측면까지 모두 평가를 받고 있다. 이러한 평가는 보다 권위가 있고, 그것에 대한 책임이 있기 때문에, 평가에 임하는 태도 또한 신중하고 엄격하게 이루질 수 있다는 장점이다.

마. 직업훈련 환경 영역

(1) '제조업중심 경제'에서 '서비스·정보중심 경제'로의 전환

미국의 상무부 인구조사국이 2002년 8월 13일에 발표한 경제지표에 따르면, 미국의 최근 경제적인 동향은 '제조업 중심 경제'에서 '서비스와 정보를 제공하는 경제'로 차츰 이동하는 경향을 보인다. 2002년 4월 월간노동개관(Monthly Labor Review)에 보고된 내용에 의하면, 미국의 경제구조를 생산중심부문과 서비스중심부문으로 구분하고 서비스 분야의 점진적 증가를 예측하고 있다. 또한 상무부 인구조사센서스에 따르면, 광의의 서비스부문 산업은 전체 고용의 74.4%를 차지하고 있으며, 협의의 서비스 산업은 전체 고용의 35.8%에 해당된다. 이에 따라 건설, 기계, 정비, 생산, 운수업 등 제조업중심으로 실시되는 프로그램이 통신기술이나 보건 등 서비스와 정보분야의 직업준비 프로그램으로 전환되는 추세에 있다.

영국의 경우 최근 국내총생산에서 차지하는 비중 중 제조업의 비중이 줄어들면서 서비스업의 비중은 늘어나고 있다. 현재, 영국은 전반적으로 서비스산업 부문인 금융·보험·법률·연구개발·지적산업 등 첨단·고부가가치 부문을 보유하고 있지만, 과거 영국의 전성기에 국가의 기간산업으로 자리잡았던 제조업 부문이 상실

되어 가는 문제점을 안고 있다. 또한 시장자유화에 따른 경쟁압력의 강화와 경기변동 주기의 반복을 거치면서 영국의 경제구조는 변화를 거듭하여 경제의 탈산업화가 급속하게 진행되고 있다. 정부의 구조조정 노력으로 공공부문이 빠르게 축소되었는데, 이러한 변화는 당연히 고용구조에도 변화를 가져와 민간부문과 서비스산업 고용증가를 낳았다.

(2) 노동시장과 고용관계의 유연성 확대

영국에서 고용의 산업적 특성 변화보다 더욱 중요한 것은 고용관계의 질적 변화라고 할 수 있으며, 경쟁력 강화를 위하여 노동시장의 유연성이 강조되면서 시간제 노동이 증가하고 다양한 형태의 비정규 고용이 확대되었다. 이러한 고용형태의 산업적 구성과 고용관계의 질적 변화는 부분적으로 정부와 사용자 측의 의도적인 노력의 결과이면서 노동조합의 약화와 같은 사회적 힘의 작용에 의한 변화의 결과이기도 하다.

바. 직업훈련 주체 및 이해관계자 영역

(1) 사회적 파트너십 형성

미국에서는 직업준비와 관련하여 학교에서 직업세계로의 이행법(School-to-Work Transition Opportunities Act)에 의하여 학교교육과 산업현장 간의 긴밀한 연결을 위해서 종합적인 틀을 구축하고 있다. 이 법을 통하여 학교에서 학습한 내용과 직장에서 요구되는 능력이 일치될 수 있도록 하며, 학생, 학교, 산업체, 학부모 간 연계를 통하여 학교학습(school-based learning)과 현장학습(work-based learning)이 연계되도록 하고 있다. 학교에서 직업세계로의 이행법(School-to-Work

Opportunities Act)은 주 정부에서 대학입학이나 경력 준비, 학교에서 일과 중등학교 이후의 교육에 대한 전환을 위하여 재원을 제공하고 있는데 이것을 통하여 학생들은 실제 작업 환경에서 배울 수 있는 기회를 제공받게 된다(www. workforce21. org). 이와 더불어, Youth Opportunity(YO!) Movement를 통하여 정부, 지역사회, 비즈니스 리더들, 그리고 청년들 간의 파트너십 형성을 통하여 교육을 받지 못하거나 중도 탈락한 청소년들에게 적합한 교육과 훈련을 제공하여 인적 자원의 낭비를 방지하기 위한 프로그램을 추진하고 있다.

독일에서는 이원화 제도를 통하여 학교에서는 이론을 배우고, 현장에서 실무를 배울 수 있다. 현장 실습을 통하여 학생은 미리 사업체의 문화, 조직인으로서의 예의범절과 실무를 배울 수 있는 기회를 가지게 된다. 사업체는 이원화 교육시스템을 통하여 직업인을 양성할 의무를 학교와 공동으로 지며, 고용된 학생의 경우 2~3년 후에는 충분히 역할을 수행하므로 장기적 측면에서 사업체에도 도움이 된다. 또한 독일에서는 연방대표 16명, 각 주 대표 1인(16명), 사업체 대표 16명, 노사대표 16명의 64명의 위원회에서 민주적 참여 방식에 의하여 직업교육 규정을 수립한다. 직업교육규정에 의하여 각 직종별 교육과정이 만들어진다. 연방정부는 국가 전체의 직업교육의 질을 책임지고, 주정부는 직업학교의 질 관리를 책임지며, 회사는 사업체 내 교육과 훈련을 책임지고, 노동자대표는 사업체 내에서 직업교육훈련을 잘 받을 수 있는가에 대한 관심과 책임을 진다. 또한 380여 개의 직업교육과정은 학교, 회사, 직종별 단체가 공동으로 참여하여 개발한다. 모든 기업은 직종별 단체에 가입하여야 할 의무가 있다. 회사 내 직업교육의 질 관리는 직종별 단체에서 실시하고 있다. 단, 학교에서의 직업교육 강사는 주정부에서 선발하되, 적어도 현장경험이 18개월 이상, 2년 이상 연수를 받아야 자격을 가질 수 있도록 규정하듯이 이론과 실무를 겸비하도록 준비시킨다.

프랑스는 1982년 이후, 노사 대표들이 직업 분류의 필요성과 직업 훈련과 관련된 문제들을 환기하기 위해 적어도 5년에 한 번씩 회의를 열고 있다. 산업별 단체 협약은 임금 분류표를 규정하였고, 1971년 이후 직업 분류와 자격 등급을 규정하는 데 필요한 주요 요소들을 명확하게 밝히고 있다. 임금노동자들은 단체협약을 통해 인정받는 학위에 집착하기 때문에, 다른 자격이나 직업훈련 등은 임금 분류 영역에서 전혀 체계적으로 기여하지 못하고 있다. 학위와 관련된 경력과 최소 임금 결정에 대한 협의 장치는 오늘날 고용주들에 의해 문제로 제시되고 있다.

(2) 직업훈련 유형에 따른 이해관계자의 역할 구분

프랑스의 직업훈련체제는 직업훈련 유형에 따라 이해관계자의 역할이 다음과 같이 구분이 되어 있다. 첫째, 청년층을 위한 기초직업훈련은 교육부가 관장하는 학교에서의 직업교육훈련, 각 지방 정부 관할하에 사회적 파트너들이 공동으로 주관하는 도제제도, 그리고 청년층의 노동시장 진출 촉진을 위한 노동부 주도의 정책계획 등을 통해서 이루어지고 있다. 둘째, 재직근로자의 계속훈련은 법적 근거의 토대 위에 운영되고 있다. 고용주는 피고용인이 업무내용의 변화에 적응할 수 있도록 하고, 남는 노동인력을 재훈련하고, 근무안전수칙을 교육할 법적인 의무를 지닌다. 셋째, 실직자의 훈련 / 재훈련은 실직자 훈련 / 재훈련을 제공하는 대표적인 기관은 성인 직업훈련협회이며 이 밖에 여러 군소 직업훈련기관들이 있다.

VI.

심층직업상담의 도입과 활용

1. 의의 및 도입배경

심층직업상담이란 일반적으로 구직자[59]를 대상으로 직업선택과 관련하여 단순히 직업정보만 제공하는 취업알선(job matching)[60]뿐만 아니라, 개인의 심리적인 어려움을 지원하는 심리상담 및 다양한 직업정보 및 직업훈련과정 상담, 유관기관 연계, 동행면접 등 고용과 관련된 종합적인 고용지원 서비스를 제공하는 것을 말한다.

우리나라의 직업상담은 크게 공공기관과 민간기관으로 구분할 수 있다. 공공기관의 경우 주로 노동부 고용지원센터를 통해 이루어지고 있으며, 최근에는 지방자치단체(시·군·구), 사회복지관, 청소년상담실, 한국산업인력공단, 대학교 등에서도 활발히 이루어지고 있다. 민간기관은 직업안정법상 유료직업소개업체,[61] 직업정보제공업체[62]로 등록되어 있는 민간사업체를 말하며, 최근 가장 활발하게 이루어지고 있는 직업정보제공업체는 주로 인터넷을 기반으로 온라인으로 서비스가 이루어지

---

59) 심층직업상담이 대부분 직업을 구하기 위한 구직자를 대상으로 이루어지므로 본 장에서는 내담자에 해당하는 용어로 '구직자'를 사용하였다.

60) 일반적으로 취업알선과 직업소개는 유사한 의미로 사용된다. 직업소개는 구인 또는 구직의 신청을 받아 구인자(사람을 구하는 기업체)와 구직자(직장을 구하는 사람) 간에 고용계약의 성립을 알선하는 것을 말한다(직업안정법 시행규칙 제5조 참조).

61) 유료직업소개사업은 소개대상이 되는 근로자가 취직하고자 하는 장소를 기준으로 국내유료직업소개사업과 국외유료직업소개사업으로 구분하되, 국내유료직업소개사업을 하고자 하는 자는 시장·군수·구청장에게 등록하여야 하고, 국외유료직업소개사업을 하고자 하는 자는 노동부장관에게 등록하여야 한다.(직업안정법 제19조 참조)

62) 신문·잡지 기타 간행물 또는 유선·무선 방송이나 컴퓨터 통신 등에 의하여 구인·구직정보 등 직업정보제공을 주된 사업으로 하는 자는 노동부장관에게 신고하여야 한다.(직업안정법 제23조 참조)

고 있다. 민간 기관은 1997년 말 IMF 외환위기 이후에 더욱 확대되는 추세에 있으며, 사업형태 역시 건설, 청소 등 일용직, 단순기능직 위주의 직업소개소 형태에서 최근에는 사무직, 전문직 위주의 온라인 직업정보제공과 오프라인 취업상담, 직장인의 경력개발, 직업능력개발 훈련 등 새로운 사업영역을 계속 확대해 나가고 있다. 이와 같이 민간고용서비스의 역할이 점차 긍정적으로 변화하고 전문성이 증대됨에 따라 정부에서는 민간업체의 고용서비스 발전을 위하여 2007년 7월부터 '고용지원서비스우수기관 인증제[63]'를 도입하여 시행하고 있다.

심층직업상담의 도입배경을 살펴보면, 첫째로 외부적인 고용환경의 변화를 들 수 있다. 과거 1970~1980년대에는 우리나라가 수출 위주의 비교적 높은 경제성장으로 인해 제조업을 중심으로 일자리가 지속적으로 창출되어 전체 실업률이 3% 이내의 완전고용(完全雇用)[64]에 가까운 안정세를 유지하여 왔으나, 1990년대 이후에는 이른바 '고용 없는 성장'의 영향과 세계경제의 저성장 기조로 인해 우리나라에도 전체적인 일자리 수가 절대적으로 부족한 실정이다.

둘째로 기업들의 경력사원 위주의 채용에 따른 고용패턴의 변화가 이루어지고

---

63) 이 제도는 고용지원서비스에 대한 표준적인 인증기준을 설정하고 이를 달성한 우수기관에 인증을 부여함으로써 민간고용지원기관의 서비스 품질 향상을 촉진하고, 구인·구직자의 합리적인 선택을 지원하는 데 취지가 있다. 이 제도는 직업안정법 제4조의5 및 시행령 제2조의6, 시행규칙 제1조의3이 신설되어 2007년 7월 20일부터 시행되고 있다. 인증절차는 노·사·정, 시민사회단체 및 민간전문가 등으로 구성된 인증위원회에서 심의하여 노동부장관이 인증을 부여하게 된다. 인증대상은 직업소개사업자, 직업정보제공사업자를 대상으로 하며 유효 기간 3년(3년경과 후 평가에 의해 재인증)의 인증서를 수여하고 우수기관 인증마크를 활용할 수 있게 된다.

64) 완전고용(full employment)이란, 일할 의사와 능력이 있는 사람이 취업을 원할 경우 취업할 수 있는 상태를 의미한다. 다시 말하면 완전고용이란 현행의 실질임금 수준하에서 노동의 수요와 공급이 일치하는 상태로서, 이론적으로는 노동의 수요곡선과 공급곡선의 교차점이 가리키는 고용수준을 뜻한다. 통계적으로는 자연실업률 이하의 실업률을 보이는 상태를 의미하기도 한다. 여기서 자연실업률이나 자발적 실업이나 마찰적 실업으로 발생할 수 있는 실업의 정도를 나타내는데, 일반적으로 자연실업률이라 함은 3% 미만의 실업률을 의미한다.

있다. 최근 기업들의 채용형태는 교육훈련 비용과 시간이 필요한 신입사원의 채용보다는 바로 현장에 투입할 수 있는 경력사원을 선호하는 경향이 증대되어 특히 신규 대졸인력의 취업이 심각한 사회문제가 되고 있으며, 기업들도 날이 갈수록 인재선발의 기준이 까다로워지고 있다.

셋째로는 청년층을 중심으로 취업에 대한 가치관의 변화를 들 수 있다. 최근 우리나라에서도 일본의 프리터 및 소위 'NEET族'[65]과 같은 형태의 청년 구직자가 증가하고 있다(오성욱 외, 2008). 이들은 과거와 같이 한 직장에 안주하지 않고 개인적인 만족과 자유로운 삶에 최상의 가치를 두고 자유를 우선적으로 추구하거나, 직업 자체에 대해 소극적인 자세를 취하는 경향을 보이고 있다.

마지막으로 기업의 도산과 구조조정에 따른 정리해고가 급증하여 실업급여를 받는 구직자가 증가를 들 수 있다. 최근에는 직장을 옮기는 일이 일상적으로 빈번하게 이루어지고 있으며, 재직 근로자들도 고용의 불안으로 인해 경력개발에 대한 관심이 높아져 심층직업상담을 통한 맞춤형 취업지원서비스에 대한 요구가 꾸준히 늘어나고 있는 추세이다.

2. 주요 용어해설

가. 상담(Counseling)

상담이란 용어는 라틴어의 consulere에서 유래된 것으로 '숙고하다, 고려하다, 조

---

65) 프리터는 '프리(Free)와 아르바이트(Arbeit)의 합성어이며, 문자 그대로 정식 취직은 기피하고 자유롭게 아르바이트만 하면서 생활을 하는 일본의 청년층을 일컫는 단어이다. 그리고 니트(NEET)族은 'Not in Education, Employment or Training'에서 따온 말로, 이들은 보통 15~34세 사이의 취업인구 가운데 미혼으로 학교에 다니지 않으면서 가사일도 하지 않는 사람을 말한다.

언을 받다' 등의 의미를 가지고 있다. 심층직업상담을 이해하기 위해서는 상담의 정의를 이해할 필요가 있다. 상담이라는 용어는 일상생활의 다양한 장면에서 일반적으로 많이 사용하는 단어이다. 상담에 대해서는 여러 가지로 정의할 수 있으나, 일반적으로 상담이란 도움이 필요한 사람이, 전문적인 훈련을 받은 사람과의 관계에서 자기의 생활 과정상의 문제를 해결하고, 생각, 감정, 행동 측면의 '인간적 성장'을 위해 노력하는 학습의 과정이라고 할 수 있다(이장호, 1995). 학교 상담, 학부모 상담, 소비자 상담, 직업상담 등은 용어에서 보는 바와 같이 일반적인 상담의 기법을 기초로 하여 해당 전문분야에 특성화된 상담이라고 할 수 있다.

나. 직업상담(job counseling)

직업상담은 상담의 기본 원리와 기법에 바탕을 두고 직업을 선택하고 직업생활 준비와 직업생활에 적응하며 직업 전환을 하거나 은퇴하는 과정에서 일어나는 개인의 문제를 예방하고 지원하며 돕고 처치하는 활동이라고 정의할 수 있다(김병숙, 2008). 다시 말하면, 직업상담은 생애에 걸친 직업발달에 관심을 갖고, 개인의 적성과 흥미를 탐색하여 진로발달을 이룰 수 있도록 지원하며, 올바른 구직목표를 설정하고 효율적인 취업준비를 할 수 있도록 돕는 역할을 수행하는 것을 말한다(이제경 외, 2007, 우성진 외, 2001).

다. 심층직업상담(deep job counseling)

심층직업상담은 일반 직업상담의 요소를 포함하여 구직자의 직업적 문제뿐만 아니라 정서적, 행동적 측면을 모두 포함하여 접근하는 심층적인 직업상담이라 할 수 있다. 일반 직업상담에서는 주로 구직자의 직업적 문제와 고용정보 제공, 취업기술 향상에 초점을 맞추고 있으나, 심층직업상담에서는 구직자의 자아인식과 통찰, 미

래의 비전과 가치관 재정립, 최종적인 진로목표 검토 및 정서적인 문제까지를 모두
포함하여 구직자의 생애진로설계의 관점에서 현재의 진로를 검토하고 수정·보완
하여 구체적인 직업탐색과 준비를 지원한다. 심층직업상담자는 구직자의 개인별 특
성을 파악하고 자아 존중감 강화로 심리적 안정과 함께 구직자의 위기상황에 대한
능동적 대처능력의 증진 및 적극적인 구직활동을 지원하며, 필요 시 외부지원 연계
를 실시하게 된다(김봉환 외, 2006). 상담자적 측면에서 심층직업상담은 심층직업
상담에 필요한 교육을 이수하고 자격을 갖춘 전문 상담자에 의해 진행되는 상담이
라 할 수 있다.

우리나라에서 심층직업상담이라는 용어가 많은 사람들에게 보급된 것은 2002년
도에 노동부에서 고용지원센터[66]의 컨설팅 자료집을 제작하여 심층직업상담을 전
국 고용지원센터로 확대·시행하면서부터 시작되었고 할 수 있다. 심층직업상담은
시행 초기부터 상담자의 자격, 상담대상자의 선정, 분류방법, 상담의 형태 및 성격,
횟수, 지원방법에 따라 일반상담과 심층상담으로 구분하여 사용하였다(노동부, 2002a).

3. 심층직업상담을 위한 준비

심층직업상담은 고용지원센터와 민간업체에서 게시판, 인터넷, 유인물 등을 통해
홍보를 실시하여 구직자가 자발적으로 참여하거나, 센터의 취업상담창구에서 취업
알선 상담자의 추천으로 참여하는 것이 일반적이다. 노동부 고용지원센터에서 실시
하고 있는 심층직업상담의 형태를 중심으로 살펴보면 아래와 같다.

---

66) 노동부 고용지원센터는 1998년도에 처음으로 '고용안정센터'라는 명칭으로 설립되었다.
그 후 2006년에 이르러 국가적인 고용 인프라 확충사업의 필요성에 따라 '고용지원서
비스 선진화' 사업을 추진하면서 고용서비스의 중추적인 기관으로 기관의 위상을 재정
립하고자 2006년 7월부터 '고용지원센터'로 명칭과 기능이 변경되어 오늘에 이르고 있다.

고용지원센터의 주요 직업상담 대상은 고용보험 제도의 실시에 따른 실업급여 수급자가 많으며, 최근에는 고졸 및 대졸 청소년, 주부, 중년층의 방문도 늘어나고 있는 추세이다. 일반 직업상담과의 차이점을 살펴보면, 일반 직업상담은 일반 민원 행정 처리절차와 마찬가지로 별도의 예약이 필요 없으며, 구직자가 고용지원센터를 방문하여 취업알선 상담 창구에서 주로 단회 상담(필요시 2~3회)으로 이루어지며, 상담시간은 10분 내외로 매우 제한된 상담이 이루어지는 데 비해, 심층직업상담은 기초적인 상담을 통해 심층직업상담 희망자를 대상으로 별도의 심층상담실에서 이루어지게 된다. 심층직업상담의 주 대상은 장기실업자, 여성가장, 고령자, 장애인 등 취업 취약계층이며, 구직자의 상황을 고려하여 보통 5~10회(1회 30~50분) 정도 전문적인 교육을 수료한 직업상담사에 의해 집중적으로 이루어지고 있는 것이 특징이다.

가. 상담 구조화

상담의 구조화는 마치 건축에서 구조물의 뼈대를 만드는 작업이라 할 수 있다. 심층직업상담은 상담자와 구직자가 초기 상담에서 중요한 상담문제를 도출하고 이를 해결하기 위해 상호 노력하는 일련의 과정을 말한다. 상담자는 1회의 접수면접에서 협의를 통해 상담횟수, 상담시간, 상담장소 등 상담과 관련된 기본적인 사항을 구조화하며 전체적인 상담목표와 전략을 수립하게 된다.

(1) 주요 상담대상

고용지원센터를 방문하는 사람 중 특히 직업선택의 어려움을 겪고 있는 취업취약계층의 구직자를 주 대상으로 한다. 보통 장기실업자(보통 3개월 이상), 여성가장, 새터민, 고령자, 장애인, 또는 심층직업상담이 필요하여 실업급여 및 취업알선

창구에서 심층상담실로 의뢰하거나 구직자 스스로 심층상담을 신청한 경우에 실시한다.

(2) 상담횟수

대략 총 10회 정도를 최대 기준으로 설정하고 실시하고 있으나, 구직자에 따라 상담목표의 달성 여부가 다르게 진행되므로 상담자와 구직자가 협의하여 상담횟수를 융통성 있게 설정할 수 있다. 심층직업상담에서는 1~2회 상담 후에 구직자가 취업에 성공하는 사례도 가끔 발생하므로 이러한 경우에는 추가적인 상담이 없이 마무리 상담으로 내용을 정리하면서 종결되기도 한다.

(3) 상담주기

주 1회 이상 주기적으로 실시하는 것이 바람직하며, 1회 평균 30~50분 정도 충분한 상담시간을 갖는 것이 필요하다. 상담주기와 시간은 상담자와 구직자가 협의하여 조정이 가능하다.

(4) 상담장소 및 비품

심리적으로 편안한 분위기의 심층상담실을 한다. 상담실 내부에는 기본적인 시설이 갖추어져야 하는데, 조명은 자연 채광을 활용하는 것이 좋으며, 특히 창문이 없는 경우에는 조도를 잘 조정하여 너무 밝거나 어둡지 않은 느낌을 주는 상담실을 구비하여야 한다. 상담실의 환경은 상담 시 대화의 내용이 밖에 들리지 않으며 외부의 소음 또한 들리지 않는 곳이 바람직하다. 상담실의 구조는 구직자가 들어왔을 때 시선이 바로 마주치지 않도록, 상담자 업무용 책상(너무 권위적이지 않는 보통

사이즈 권장)을 상담실 안쪽으로 배치하며, 상담실 중앙에 테이블을 중심으로 의자 (4개 정도)를 배열한다. 그리고 상담용 PC(노트북 포함), 프린트기, 서류함, 가습기, 에어컨, 시계, 소품을 갖추어야 한다. 특히 사무가구 배치 시에 다른 집기들과의 형태 및 재질 등을 고려할 필요가 있으며, 기타 권장사항으로는 깨끗하고 산뜻한 상담실 분위기를 위해 작은 화분이나 액자, 모형 등을 구비하여 상배치하면 효과적이다.

(5) 상담자의 전문성 제고

심층직업상담에서는 단순히 직업문제뿐만 아니라 가족 및 대인관계, 성격장애, 진로장벽 및 해결방안, 직업 가치관 등에 대한 개인적인 내용이 상담과정에서 많이 다루어지므로 상담자와 구직자의 높은 신뢰를 필요로 한다. 심층직업상담 역시 상담자의 전문성과 역량에 따라 상담의 질이 크게 좌우되므로 직업 전반에 대한 전문적인 지식과 상담을 이끌어가는 역량 및 신뢰를 주는 인품을 요구하게 된다. 특별한 규정은 없으나 대학원 석사 이상의 상담관련 학위를 소지하고 별도의 심층상담 사전 직무교육 과정을 수료한 직원이 우선적으로 배치되고 있다.

나. 상담의 과정 및 평가방법

심층직업상담은 상담의 목표를 달성했을 때 대부분 종결된다. 심층직업상담의 목표는 상담자와 구직자가 협의하여 결정하며, 목표는 대부분 구직자의 취업 및 창업 또는 효과적인 직업전환 방법모색 등이다. 이러한 심층 상담목표를 달성하기 위하여 상담자와 구직자는 매주 상담 과정을 통해 적성과 흥미유형 탐색, 성격 및 가치관의 이해, 장점 찾기, 합리적 의사결정 방법의 이해, 이력서 및 자기소개서 작성요령, 면접 기법 등과 같은 구체적인 취업기술의 향상 방법과 취업 장애물의 해결, 구직자에 적합한 맞춤형 직업정보수집 방법 제시 등과 같이 세부적인 실천사항을 이루어 나가게 된다.

심층직업상담의 효과측정은 상담에 대한 전반적인 변화를 찾아내는 과정으로 상담을 실시하고 난 후, 상담의 목표 달성 정도와 상담과정의 적절성 여부를 평가하는 것을 말한다. 크게 주관적인 요소가 많이 포함된 정성적 평가와 객관적인 요소가 많이 반영된 정량적 평가로 나눌 수 있다.

(1) 정성적 평가

심층 상담자는 심층직업상담이 종료되고 난 후에 그동안의 상담에 대한 자체 평가를 실시한다. 이때 상담자는 구직자에게 그동안의 상담에 대한 전체적인 의견과 상담 만족도 평가를 요청할 수 있다. 상담사례가 누적되면 이전의 유사한 상담사례를 비교하여 비교·평가 자료로 활용하기도 한다. 심층직업상담의 효과를 측정하는 방법에는 여러 가지가 있을 수 있으나, 최근에는 고용지원 서비스의 개념이 강조되면서 구직자의 상담 만족도에 더욱 비중을 두는 추세로 변화하고 있다.

(2) 정량적 평가

심층직업상담을 받은 구직자에게 사전·사후 검사를 실시하여 상담에 대한 효과를 측정하거나 상담사례에 대한 취업률 등을 통해 수치화된 결과를 중심으로 이루어지는 평가방법을 말한다. 상담자에 따라 구직자의 수준에 적합하도록 간단한 측정도구를 만들어 대체하기도 한다. 사전·사후 검사[67]의 결과를 비교하여 통계적으로 상담의 효과를 측정하는 방법이 많이 사용되고 있다.

---

67) 예를 들면 노동부 고용지원센터에서는 '구직욕구진단검사'를 실시하여 구직욕구의 변화를 비교 평가하기도 하며, 직업선호도 검사, 직업흥미검사와 같은 심리검사와 고객만족도 조사표를 활용하기도 한다. 사전검사는 초기 상담 시에, 사후 검사는 상담 종료 되는 시점에 구직자의 동의를 얻어 실시한다.

다. 심층직업상담 사례작성

(1) 상담사례의 구성요소

상담자는 심층직업상담 실시 후에 당일의 상담 내용을 정리하고, 다음 상담을 준비하기 위해 상담사례 작성하기 위한 기초 자료로서 상담일지를 작성하게 된다. 상담사례는 그동안의 상담과정을 상담일지를 중심으로 형식에 맞추어 기술한 것으로 상담연구, 사례 워크숍 등의 기본적인 자료로 많이 활용되고 있다.

상담일지는 목적에 따라 여러 가지 방법으로 작성할 수 있으며, 일반적인 상담일지의 주요 구성요소를 살펴보면 다음과 같다.

① 구직자의 기본 인적 사항(성별, 나이, 주소, 학력, 경력, 자격증 등) 및 가정환경
② 구직자의 진로목표, 취업준비 및 주요 진로장애 요인
③ 심리·정서적 요인 분석(적성 및 흥미, 성격, 가치관 등)
④ 취업 장애요인 극복과정 및 구직의욕, 취업준비행동 변화과정
⑤ 상담 시 활용한 주요상담기법 및 적용과정
⑥ 취업성공 요인 및 구직자 취업소감, 만족도 등
⑦ 상담자의 상담 전반에 대한 의견 및 시사점
⑧ 기타 상담연구에 필요하다고 판단되는 사항

(2) 상담사례 작성 시 유의사항

상담사례는 개인적인 비밀과 정보가 많이 담겨 있는 개인정보이므로 상담자는 상담자료의 무단사용이나 유출 시에 윤리적, 법적인 문제가 발생할 수 있으므로 자료 작성과 보관, 발표 등 외부공개 시에 더욱 세심한 주의가 필요하다. 상담과정에

서 사례 작성 시에 사전에 구직자의 허락을 받아 주요 상담내용을 상담 축어록 형식으로 자세하게 정리하면, 추후에 상담사례를 발표 시에 매우 유용하게 활용될 수 있다. 아울러 상담자가 연구용으로 전문가의 슈퍼비전(Supervision)을 받을 경우 구체적인 조언을 받을 수 있는 장점이 있다. 상담일지의 형식은 상담자가 상담 과정과 내용에 따라 자유롭게 재구성할 수 있으며, 여러 번 상담일지를 작성하다 보면 자신에게 맞는 상담일지를 개발할 수 있는 역량을 갖추게 된다.

4. 심층직업상담의 과정

보통 상담 전문기관에서의 상담은 5～10회에서 20회 이상까지 다양하게 이루어지지만, 1회의 상담이든 20회 이상이든 그 과정을 단계적으로 구분해 볼 수 있다. 여기서는 고용지원센터의 심층직업상담을 기준으로 10회를 가정하여 상담의 단계를 상담의 진행횟수 및 진행절차에 따라 초기상담, 중기상담, 후기상담의 3단계로 나누어 구분해 보았다.

가. 초기상담(1～2회)

초기상담은 상담이 의뢰되어 시작하는 시작 단계로서 상담목표 설정 및 신뢰(rapport) 형성과 상담의 구조화가 이루어지는 시기이다. 많은 사례에서 보듯이 상담과정의 성공적인 지속여부는 초기상담에서 결정될 정도로 많은 영향을 주게 되므로 상담자는 구직자를 맞이할 심리적 준비가 필요하다. 특히 초기 상담 이후 구직자의 2차 상담참석 여부 및 상담기대에 따라 향후 전체적인 상담의 예후를 보여주는 경우가 많으므로 구직자를 포함한 상담환경의 **빠른** 변화를 잘 주시할 필요가 있다.

구체적인 내용을 살펴보면 다음과 같다.

(1) 상담목표 설정 및 신뢰형성

상담의 목표를 설정하고 앞으로의 상담을 위해 목표를 설정하는 단계이다. 상담의 촉진적 관계를 형성하고 신뢰감을 형성하여 실직으로 인한 긴장을 해소하는 단계이다. 상담 목표는 구체적이고 세부적이며, 상담을 통해 실현 가능성이 높일 수 있도록 상담자와 구직자가 서로 협의하여 결정하는 것이 바람직하다. 상담의 목표와 구조화에 대해 살펴보면 다음과 같다.

(가) 상담의 목표

① 문제에 대한 평가(구직자의 문제, 문제발생의 원인이나 유지 등)

상담자의 주요 관심사는 구직자가 어떤 문제를 가지고 있는가에 있다. 먼저 구직자에게 자신의 고민, 문제, 찾아온 이유를 말하도록 한다. 이때 상담자는 구직자의 답변을 주의 깊게 들으면서, 구직자의 비언어적인 행동을 잘 살펴보고 앞으로의 상담을 계획하게 된다.

② 구직자의 신체적 상황에 대한 평가

실직의 심리적인 충격은 신체적으로도 많은 악영향을 초래하게 된다. 특히 40대 이후의 비자발적 구직자들 중에는 약 10% 정도가 건강에 심각한 문제로 취업에 곤란을 겪는 사례도 발생되고 있다. 취업을 위한 필수 관문으로 입사 신체검사가 시행되므로 비단 고령자뿐만 아니라 모든 구직자에게는 건강관리에 대한 상담과 조언이 필요하다. 건강검진이 필요한 구직자는 가까운 보건소나 병·의원 등의 정보를 제공하고, 규칙적인 생활습관을 통한 건강유지가 취업의 필수 조건임을 강조한다. 그리고 구직자에게 지나친 음주·흡연을 삼가하고 심한 경우에는 보건소의 알코올클리닉 또는 금연클리닉을 소개하여 권유하는 것이 필요하다.

③ 구직자의 심리에 대한 평가(태도, 성격, 정서적 상태, 자존심 등)

구직자에 대한 첫인상과 성격적 특성, 습관, 대인관계 능력, 상담 시의 태도 등을 주의 깊게 알아보고 자존감의 상태를 파악한다.

④ 구직자의 지적, 기능적 발달에 대한 평가(지적능력, 신체적 능력)

구직자의 질문에 대한 답변태도와 학력, 경력, 자격증 등을 통해 직무 가능수준과 능력을 평가하고 신체적 특징과 발달 정도를 주의 깊게 알아본다.

⑤ 대인관계 평가(가족, 친구관계 등)

가족 및 친구는 구직자에게 든든한 지지자의 역할임과 동시에 갈등의 요인으로 작용하는 경우가 많으므로 구직자와 주요 관련 인물들과의 관계를 알아보고 기록해 둔다. 만일 구직자에게 가족이나 친구가 없거나 별다른 영향을 주고 있지 않다면, 상담자에게 구직자 자신의 문제를 의지하는 비중이 높아지게 될 확률이 많으므로 상담 시에는 역할관계 설정에 유의하여야 한다.

⑥ 상담에 대한 기대와 동기 평가(주요 관심사 등)

상담이 진도가 나가지 않고 제 자리를 맴돌거나 구직자가 불편해하는 경우에는 현재 구직자가 상담자에게 가지고 있는 기대와 관심에 대한 솔직한 대화의 시간을 가져본다.

(나) 구조화(構造化, structuring)

심층직업상담의 구조화란 상담의 목표와 방향설정에 대해 상담자가 정의를 내리고, 시간적 공간적 제약에 대해 구직자와 서로 협의하는 과정이라 할 수 있다. 여기에는 구직자에게 상담 시 바람직한 역할과 노력의 필요성을 포함한다. 이러한 의미에서 만일 상담이 하나의 여행이라고 비유한다면, 구조화는 그 여행의 방향을 알리는 노선 표시에 해당될 수 있다. 구조화는 상담의 효율성을 최대한 높이는 효과를 가지며, 상담의 기본성격, 상담자 및 구직자의 역할한계, 바람직한 태도, 종결방법 등을 설명하고 인식시킨다는 점에서 일종의 '상담 협정서'라고 할 수 있다.

① 상담 구조화의 종류

구조화는 크게 형식적인 구조화와 암시적인 구조화로 구분할 수 있다. 형식적인 구조화는 구직자에게 상담과정에 대해 의도적으로 설명하고 필요한 경우에는 원칙을 정하는 것이다. 자유로운 가운데 상담의 효율성을 높이기 위해 최소한의 규칙을 정하는 과정이라 할 수 있다. 이에 비해 암시적인 구조화는 상담자의 역할과 구직자가 처해 있는 상황이 자연스럽게 상담관계에 어떤 구조를 가져오게 되는 것이라 할 수 있다.

② 구조화의 내용

구조화의 내용은 크게 상담자의 역할과 한계, 구직자의 역할 및 행동, 권리와 의무로 구성되어 있다. 첫째로, 상담자의 역할과 한계는 심층상담의 본질이 취업을 위한 것임을 알리고, 상담내용은 비밀이 유지된다는 것을 설명하는 것이다. 둘째로, 구직자의 역할 및 행동에 대해서는, 구직자의 성실한 상담 출석과 적합한 구인업체에 대한 면접, 취업지원 프로그램 참가 등에 대한 구체적인 취업준비 행동을 말한다. 마지막으로, 구직자의 권리와 의무에 대한 내용은 구직자는 상담자가 제공하는 직업정보 이외에 추가적인 자료와 동행면접 같은 적극적으로 필요한 부분을 요구할 수 있으며, 상담자와 구직자가 협의한 내용은 성실히 준수하여야 함을 의미한다.

③ 상담주기와 시간

상담의 주기와 시간은 구직자와 상의하여 약속으로 결정한다. 상담주기는 주 1회 이상 정기적으로 실시하되 부득이한 사정이 있는 경우에는 사전에 상호 협의하여 변경하는 것도 가능하다. 상담자는 구직자가 아무런 연락도 없이 2회 이상 상담시간에 불참하거나, 정당한 사유가 없이 지각하는 경우에는 구직자와 협의하여 상담을 재구조화하고, 그 후에도 여러 가지 이유로 상담의 진행이 어려울 경우에는 종결한다. 다만, 그 원인을 정확히 파악하여 해결방안을 모색하는 노력은 필요하다.

(다) 촉진적 관계의 형성

상담자는 상담 초기에 구직자로 하여금 상담목표의 달성과 이를 위한 행동의 변화를 촉진하기 위해 도전과 변화를 받아들일 수 있는 마음의 자세를 갖도록 상담하는 것이 필요하다. 이를 위해 상담자는 구직자와의 촉진적 관계에 관심을 가지게 된다. 촉진관계를 위해 필요한 상담자의 태도와 행동 특징은 아래의 <표 Ⅵ－1>에서 보는 바와 같이 공감적 이해, 수용적 존중, 일관적 성실성 및 전문적 구체성으로 집약된다고 할 수 있다.

〈표 Ⅵ－1〉 촉진적 관계에서 상담자의 태도와 구직자의 지각

상담자 태도	내담자의 지각
공감적 이해	상담자는 내가 어떻게 느끼는지 알고 있다.
수용적 존중	상담자는 내가 어떤 생각, 어떤 행동을 하더라도 나를 있는 그대로 받아들이고 있다.
일관적 성실성	상담자는 말과 행동이 같고 또 나를 항상 순수하게 대할 것이다.
전문적 구체성	상담자는 내 문제에 대해 안개 속에 있지 않고 실타래의 매듭을 풀 듯 내 문제를 하나씩 해결해 나갈 능력이 있다.

※ 참고: 이장호·금명자 「상담연습교본」

나. 중기상담(3 ~ 8회)

(1) 상담목표

중가 상담은 상담문제 해결을 위한 다양한 대안을 마련하고 실천행동에 대한 평가를 하는 단계이다. 이 단계에서는 구직자의 적극적인 참여가 관건이 된다.

상담의 목표는 크게 목표의 수준에 따라 최종목표, 중간목표, 수단적 목표로 구분할 수 있다. 중간목표는 최종목표에 도달하기 위한 하위 단계이며, 수단적 목표는 중간목표를 이루기 위한 구체적인 행동지침이라 할 수 있다. 최종목표와 중간목표는 구직자와 공개적으로 협의하게 되지만, 수단적 목표는 상담자가 계획하여 내담자의 형편에 따라 구체화하게 된다.

(2) 목표설정 방법

구직자로부터 최종상담목표와 관련된 중간목표를 도출하는 것은 상담자의 역할이며, 중간목표를 설정하는 방법은 다음과 같다.
① 구직자의 목표를 명확히 제시하고 공감대를 형성한다.
② 목표 달성을 위한 주요 전략을 수립한다.
③ 최대한 구체적인 내용으로 세분화하여 실제 적용 가능한 추진방법을 기록한다.

(3) 문제해결·실천행동

상담자는 심층상담 과정에서 구직자의 문제를 해결하기 위하여 고용지원센터, 외부기관(지자체, 복지관 등)의 취업지원프로그램을 다양하게 활용하여, 다양한 구직자의 행동방법을 제시할 수 있다. 대부분의 구직자들이 실직이라는 새로운 환경을 극복하는 방법으로 교육이나 훈련을 원하고 있으며, 자존감이 저하되는 일반적인 경향을 보이게 된다. 따라서 이를 극복하기 위해서는 취업기술 향상 노력과 더불어 취업 스트레스 해소 및 자존감 향상프로그램에 참여하도록 권장하는 것이 바람직하다.

만일 구직자가 이력서나 자기소개서 등 취업서류가 많이 부족하다면, 실제적인 도움을 받으며 흥미를 느낄 수 있는 '이력서 및 자기소개서 특강'을 먼저 수강한 후에 다른 프로그램에 도전해 볼 수도 있다.

문제해결에 도움이 되는 구체적인 취업준비 프로그램을 소개하면 다음과 같다.

- 단기 취업특강(이력서 및 자기소개서 작성법, 면접기법)
- 집단상담(성취프로그램, 청년층취업지원프로그램, 취업희망, 자존감향상프로그램 등)
- 단기일자리 제공(아르바이트, 기업체 인턴십, 청소년직장체험프로그램, 일자리 프로젝트 참여, 공공근로 등)
- 취업 스트레스 해소 및 정보제공(웃음특강, 신용회복, 국민연금, 신규창업정보 안내 등)
- 창업지원 및 교육(창업특강, 신용보증, 가족상담, 심리상담 등)
- 취업행사 참여(구인·구직 만남의 날, 지역별·직종별 채용박람회 참여)
- 취약계층 일자리 제공(가정관리사, 간병인, 베이비시터, 노인요양보호사 등)
- 기타 실직자 지원프로그램(사회복지 및 종교단체 프로그램 등)

다. 후기상담(8~10회)

후기 상담에서는 상담을 종결하기 위한 마무리 작업과 그동안 상담목표를 달성하기 위해 추진해 온 상담자와 구직자의 실천 행동을 평가하고 종결을 준비하는 단계이다. 실천행동 평가 및 상담종결에 대한 내용을 살펴보면 다음과 같다.

(1) 실천행동 평가

　상담과정에서 상담목적을 달성하기 위한 실천 행동에 대한 평가는 중기 단계에서 주로 이루어지게 된다. 매 회기마다 상담을 마친 후에 상담자는 구직자의 정서적 변화와 취업기술의 습득 정도에 대한 평가를 바탕으로 구직활동에 대한 전략을 수립하고 구직자의 강점과 약점을 직시하면서 가장 최적의 대안을 발견해 나가는 단계를 거치게 된다.
　후기 상담에서는 그동안 구직자에게 새롭게 발견된 자원에 대해 의미를 부여하며, 구직자의 의견과 평가를 수렴한다. 간혹 상담 기간 동안 상담자와 구직자가 부단히 노력하였음에도 불구하고 상담에 대한 별다른 진전이 없는 경우가 있을 수 있다. 이런 경우에는 상담자가 심사숙고하여 상담이 종결된 이후에 어떻게 할 것인지에 대해 구직자와 솔직하게 의논할 필요가 있다. 상담자는 구직자가 가장 바람직한 방향으로 상담목적을 달성할 수 있도록 조력자의 역할을 수행하므로 만일 상담자의 역량이 부족하거나 한계상황을 맞이하게 되면, 구직자의 동의를 얻어 다른 적합한 상담자에게 인계할 수도 있는 점을 인식하여야 한다.
　상담목표의 달성과 변화에 대한 평가의 세부내용으로는 구직자의 상담목표의 달성도 평가(구직자의 의견청취 포함), 상담자 중간보고서 작성, 그동안의 상담과 구체적인 실천사항에 대한 항목별 평가가 있다.

(2) 상담종결

　상담의 종결은 주로 취업(창업)을 통해 중간에 갑자기 상담목표가 달성되거나 더 이상 상담을 계속해 나갈 수 없는 사정이 발생할 경우에 이루어진다. 대부분 구직자와의 합의에 의하여 이루어지며, 때로는 구직자가 별다른 이유 없이 상담에 흥미를 잃어버리거나 더 이상의 필요를 느끼지 못해 일방적으로 종결되는 경우가 발생하기도 한다. 상담자는 별다른 명확한 이유가 없이 구직자의 일방적인 불참으로 상담이 종료되는 현상이 반복될 경우 상담방법이나 상담을 이끌어가는 상담기술 면에서 문제가 있을 수 있으므로 전문가의 조언을 받을 필요가 있다.

상담의 종결에 대해 구체적으로 살펴보면 <표 Ⅵ-2>에서 보는 바와 같이 상담 종결 당사자에 따라서 '상담자의 판단에 의한 종결', '구직자의 제안에 의한 종결'로 구분되며, 종결사유에 따라서는 '합의에 의한 종결'과 '갑작스러운 종결'로 나눌 수 있다.

특히 갑작스러운 종결은 대부분 상담자와 구직자 모두에게 바람직하지 않은 결과를 초래하는 경우가 많으므로, 구직자를 둘러싼 상담환경이나 주변인 등으로부터 상세한 원인을 파악하여 다음 상담에 참고하도록 한다.

〈표 Ⅵ-2〉 상담의 종결 구분

상담 당사자	상담자의 판단에 의한 종결	ㅡ취업 또는 창업 ㅡ외부전문기관 위탁에 의한 종결 ※ 외부전문기관의 자료는 지역 내 자료를 계속 수집하여 활용 ㅡ상담자가 구직자의 문제를 감당하기가 어려워 종결 ※ 내·외부 전문가와 연계를 통해 사후관리가 필요 ㅡ기타
	구직자의 제안에 의한 종결	ㅡ취업 또는 창업 ㅡ건강, 개인사정 등으로 인한 종결 ㅡ기타
종결사유	합의에 의한 종결	ㅡ취업 또는 창업 ㅡ상담중단 요청 등
	갑작스러운 종결	ㅡ천재지변이나 상담자 및 구직자의 예상치 않은 돌발사태에 의한 종결 예) 사고, 가출, 상담거부, 유학 등

라. 사후상담

사후 상담은 상담이 종결된 이후에 이루어지는 추수지도의 일환으로 상담종결 후에 주로 전화상담, 직접 방문이 있다. 직업 상담의 경우에는 회사에 재취업한 이후에 1개월 이내에 다시 퇴사하는 비율이 약 30~50%에 이르고 있으므로, 취업 후 1개월간은 심층직업상담을 종결한 이후에도 1~2회 정도 구직자에게 전화로 연락하거나 가까운 경우에는 퇴근 후에 만나서 새로운 직장 환경에 대한 적응방법과 애로사항을 경청하고 격려를 해 줄 필요가 있다.

사후 상담의 주요 내용을 살펴보면 다음과 같다.

(1) 취업(창업) 후 주요 사후상담 내용

회사 출근여부, 급여 및 안전·보건 등 근무환경, 출퇴근 시간, 상사 및 동료에 대한 인간관계 형성 등 주로 새로운 환경에 대한 적응에 대한 내용을 다룬다. 때로는 구직자의 잘못된 판단에 의한 실수, 착오가 발견되기도 한다.

(2) 과거문제의 재발여부 확인 및 조치

재취업 구직자의 경우 과거 구직자의 실직에 직접적인 영향을 준 심리적, 경제적, 사회적 문제가 다시 부각되어 문제가 되지 않는지를 확인하여 필요한 상담과 조언을 해준다.

(3) 상담일지 마무리

심층 상담 사례에 대한 상담일지를 최종 마무리하고 행정적인 통계처리를 작성한다. 상담 종결 후에 신속하게 상담일지를 마무리하지 않으면, 시간이 경과한 후에는 잘 생각나지 않거나 작성하고 싶은 마음이 생기지 않는 경우가 있으므로 신속하게 마무리하는 것이 필요하다.

5. 주요상담 기법

상담자는 원활한 상담진행을 위해 적절한 질문이나 부연, 반영, 공감 등 각종 상담기법을 적극적으로 활용할 필요가 있다. 심층직업상담에서는 일반 상담과 같이 주요 상담기법으로 경청, 수용, 부연, 공감을 많이 활용하고 있다.

가. 경청(listening closely)

경청(傾聽)이란 구직자의 말을 잘 듣는 것을 말한다. 심층직업상담의 가장 기본이 된다. 경청은 절망적이고 힘든 구직자에게 특히 도움이 되는 쉬우면서 의미 있는 과정이다. 대부분의 사람들이 갈등과 실망의 순간에 가장 필요로 하는 것은 충고나 지혜 또는 동정이 아닌 경청이라 할 수 있다(김봉환 외, 2006). 그러나 상담자가 구직자 말을 경청한다는 것은 간단하고 쉬운 일이 아니다. 상담자의 경청 행동의 구성 요소를 알아보면, 시선을 통한 상담자와 구직자의 접촉이나 다른 사람을 주목하는 것이다. 구직자에게 관심을 가지고 있음을 알리는 효과적인 방법으로, 상담자는 구직자에게 진지한 관심을 가지고 자연스럽게 눈길을 보내면 된다. 그리고 상담자는 구직자와 어느 정도의 공간적인 거리를 두는 것이 좋은가를 고려할 필요가 있다. 어떤 구직자는 너무 가까이에서 시선을 받으면 불편해하는 경우가 있다. 그러므로 구직자가 시선을 받을 때 불편해하거나 긴장하는지를 살펴야 한다.

(1) 상담자의 자세

보통 상담자는 이완된 자세로 구직자가 말을 할 때에는 앞으로 약간 몸을 기울이고 팔을 자연스럽게 하면서 책상 앞에 가지런히 하거나 두 손을 모으는 진지한 자세가 좋다. 너무 한 자세를 오래하지 말고, 가끔 몸을 뒤로 젖히거나 앞뒤로 움직이며 긴장을 풀어준다. 상담자의 자세가 이완되지 않고 긴장된 경우는 구직자를 주목하지 못하고 상담자 자신을 더 의식하게 될 수 있다.

(2) 상담자의 언어 및 몸짓

상담자의 언어와 행동은 구직자와 상담의 자연스러운 흐름을 따라가야 한다. 상담을 잘하기 위해서는 첫째로, 구직자의 언어적, 비언어적인 반응에 민감하게 반응할 수 있어야 한다. 둘째로, 상담자도 이런 반응에 관심을 가지고 있음을 표현하여야 한다. 표현은 단순반응만으로도 효과가 있으며, 단순반응에 대한 예시로는 '그렇군요', '예……' '음……' 등이 있다.

만일 상담자가 상담 도중에 손을 거칠게 흔들거나 팔짱을 낀다면 구직자에게 자칫 거만하게 비칠 수 있다. 상담자는 자신의 자세와 몸짓이 어떤 의미를 전달하는지 구직자의 반응에 주목하고, 특히 초기상담에서는 구직자에게 오해를 일으킬 수 있는 불필요한 행동을 자제한다.

(가) 구직자의 비언어적 반응의 예시

상담자는 언어적인 행동뿐만 아니라 비언어적인 행동을 통해서 구직자에게 많은 뜻을 전달한다. 구직자의 비언어적 반응에 대한 의미를 살펴보면 <표 Ⅵ-3>과 같다. 상담에서는 대부분의 언어적인 내용보다는 비언어적으로 전달되는 내용이 많으므로 상담자는 구직자의 언어적 반응과 함께 비언어적 반응에 주의를 기울일 필요가 있다.

<표 Ⅵ-3> 구직자의 비언어적 반응에 대한 의미

구직자의 비언어적 반응	의 미
① 눈을 반짝이며 전체적으로 몸을 앞으로 약간 세우면서 특정 단어나 구절에서 강한 음성이나 높은 톤으로 밝은 표정으로 말한다.	구직자가 자신의 음성언어에 대하여 비언어적으로 확인하고 강조하는 것이다. 상담자에게 중요한 부분을 이해하고 기억해 달라고 하고 있다.
② 떨리는 목소리와 상기된 얼굴을 하면서 "난 아무렇지도 않아요!"라고 한다.	구직자가 말에 대해 의식적인 수준 또는 무의식 수준에서 부정하고 있으며,
③ 상담 도중에 자주 고개를 숙이거나, 가끔 자신도 모르게 한숨을 짓는다.	지루하거나, 상담자가 말을 잘 알아듣지 못하고 있다. 상담자의 말이 듣기 싫다.(상담자의 말이 중복되거나 훈계조인 경우에 자주 발생)
④ 상담자의 질문에 시선을 피하며, 침묵한다.	침묵은 상황에 따라 다양한 의미를 가진다. 주로 말하고 싶지 않거나, 대답하기에 시간이 필요하다는 의미이다. 때에 따라서는 긍정의 의미를, 때에 따라서는 부정의 의미를 나타낸다.

※ 참고: 이장호·금명자 「상담연습교본」.

(나) 비언어적인 반응

상담 장면에서 구직자가 사용하는 비언어적 반응을 살펴보면 <표 Ⅵ-4>와 같다. 상담자는 상담과정에서 구직자의 비언어적인 반응을 살펴보고 확인할 필요가 있다. 구직자의 지속적인 비언어적 반응이나, 전혀 의미를 알 수 없을 경우에는 구직자에 직접 질문하여 그 의미를 확인할 수도 있다.

〈표 Ⅵ-4〉 상담장면에서 구직자의 비언어적 반응

요 소	확 인 내 용	표 시
① 위치	내담자와 팔이 미칠 수 있는 거리를 유지하고 있는가?	
② 자세	가끔 상대 쪽으로 몸을 약간 기울이는 자세를 보이는가?	
③ 움직임	중요한 부분에서 강조하는 움직임을 보이는가?	
④ 눈 접촉	상담자와 자연스럽게 서로 사선을 일치시키고 있는가?	
⑤ 표정	말과 표정이 일치되는가?	
⑥ 팔다리	팔다리를 부자연스럽게 떨거나 움직이지는 않는가?	
⑦ 신체접촉	수용할 수 있는 범위 내에서 신체적 접촉을 허용함으로써 관심을 표현하는가?	
⑧ 목소리	목소리의 크기와 속도가 적절하고 이해할 수 있는가?	
⑨ 활력수준	얼굴에 생기 있으며, 상담에 열정을 보이는가?	
⑩ 기타	이상한 소리를 내거나 거부감을 주는 버릇을 나타내지는 않는가?	

나. 수용(acceptance)

수용(受容)이란 '으음' 등과 같이 짧은 문구나 고개를 끄덕이는 상담자의 반응을 말한다. 이런 반응은 구직자에게 주의를 기울이고 있으며 구직자의 말을 받아들이고 있다는 상담자의 태도를 나타내는 것이다. 이러한 수용의 기법은 구직자가 자신을 깊이 탐색하고 의미 있는 내용을 전달하도록 촉진하는 역할을 한다. 수용을 통해 구직자의 생각이나 대화를 자연스럽게 연결해 줌으로써 상담이 잘되어 간다는 느낌을 갖게 해주는 것이다.

수용의 요소에는 다음과 같은 네 가지 요소가 있다

① 주로 구직자에게 시선을 주는 주목행동이다.

256

② 상담자의 얼굴표정과 고개를 끄덕이는 행동이다. 상담자는 자신의 얼굴에 진실한 관심을 나타내야 한다. 예민한 구직자는 상담자의 관심이 위선인지 아닌지 금방 알아차릴 수 있다.

③ 상담자의 어조와 억양이다. 구직자는 상담자의 어조와 억양, 목소리의 상태 등을 통해 자신의 이야기를 받아들이고 있는지 알게 된다.

④ 말의 속도이다. 상담자가 너무 빨리 말을 한다면 구직자를 배려하지 않고 무관심하다는 인상을 주게 될 것이다. 또는 상담자가 약간 거만한 목소리로 이야기한다면, 구직자에게 상담자가 자신을 마음대로 이끌고 통제한다는 인상을 줄 수도 있다. 구직자는 상담자의 작은 반응에 예민하다는 것을 잊지 말아야 한다.

다. 부연(paraphrasing)

부연(敷衍)이란 자신에게 전달된 의미를 확인하고 보다 완벽하게 이해하기 위하여, 구직자의 말을 상담자가 이해한 말로 바꾸어 다시 물어보는 것이다. 구직자는 자신의 고민을 직접적으로 이야기하기보다는 돌려서 말하는 경우가 많다. 예를 들어 "요즘 고민이 많습니다"라는 말 대신에 "요 며칠간 밤에 잠을 못 잤어요"라고 말하는 식이다. 상담자는 구직자가 정하고 싶어 하는 이야기가 무엇인지 탐색하는 자세가 필요하다.

(1) 부연의 효과

부연의 효과는 다음과 같다.

① 구직자가 말하고 있는 바를 잘 이해했는지 확인한다.

② 구직자의 입장을 이해하려는 상담자의 노력을 알려 준다.
③ 구직자의 생각을 구체화·명료화시켜 준다.

(2) 부연의 일반적 형태

부연은 상담자가 구직자의 이야기를 듣고 나서 "지금 하신 말씀이~라는 내용입니까?"라는 형식으로 질문하는 형식이 된다.

라. 공감(empathy)

상담자가 구직자와 대화를 나누는 동안 최대한 구직자의 입장이 되어 구직자의 방식대로 구직자의 세계를 수용하고 그 생각이나 느낌을 다시 표현해 주는 것을 말한다.

(1) 공감의 종류

공감에는 표현적인 공감과 심층적인 공감이 있다.

① 표면적인 공감: 단순하게 구직자의 말 또는 행동에서 밖으로 드러난 감정을 알아주고 이해해 주는 것이다.
② 심층적 공감: 표면적인 공감보다는 더 나가서 구직자의 감정이나 내면적인 기분을 이해해 주는 것이다. 그러나 가끔 구직자와 충분히 친밀감이 형성되어 있지 않은 경우에는 구직자가 불쾌하게 생각하는 경우도 있으므로 구직자의 태도를 보고 적절하게 사용하여야 한다.

(2) 공감의 효과

공감은 상담에서 많은 긍정적인 효과를 갖게 하고, 상담의 효과를 증진시킨다.

① 공감을 통해 구직자는 상담자가 자신의 편이라는 생각을 하게 되어 방어심리
   가 축소되고 개방적인 표현이 보다 촉진된다.
② 상담자와 구직자 상호 간의 신뢰와 존중, 배려가 작용하여 구직자는 자신을
   더 많이 노출하고 표현함으로써, 의사소통과 상담관계가 더욱 촉진된다.

(3) 공감의 기법

공감의 기법은 다음과 같다.

① 상담자는 가급적 구직자가 알아듣기 쉬운 말로 표현한다.
② 구직자의 목소리와 비슷한 목소리와 톤으로 말하는 것이 좋다.
③ 구직자의 비언어적인 표현에도 관심을 기울여 이해한 것을 표현한다.

마. 질문기법

심층직업상담 과정에서 상담자는 구직자에게 적절한 질문을 통해서 상담과정에
필요한 내용을 알아보고 보다 효과적인 상담을 진행할 수 있다.

(1) 질문에 따른 고려사항

① 질문을 한꺼번에 너무 많이 하지 않는다.

상담자의 너무 많은 질문은 구직자를 위축시키게 되므로 상담 시에는 상담에 꼭 필요한 질문만 엄선하여 실시한다.

② 구직자의 대답을 잘 듣는다.

상담과정에서 질문만큼 중요한 것이 대답이라 할 수 있다. 질문에 따른 구직자의 대답을 잘 듣고 중요한 것은 기록을 해 둔다.

③ 가능한 한 개방적인 질문을 많이 사용한다.

개방적인 질문은 구직자가 자유스럽게 답할 수 있는 열려 있는 질문으로 일방적인 답을 요구하는 폐쇄적 질문에 비해 심리적인 부담감이 적다.

개방형 질문의 예시) "이번 주에는 어느 회사에 면접을 다녀오셨나요?"
　　　　　　　　　　　"요즘 가장 고민이 되는 것은 무엇입니까?"

④ 구직자에 대한 질문은 가급적 구체적으로 한다.

질문이 세부적이고 구체적이면 구직자의 생생한 답변을 유도할 수 있다. 구체적인 질문이 되려면 질문에 맞는 상황이나 조건을 명시하면 된다.

예시) 어제 지원한 지게차 직종으로 ○○씨가 원하는 월 150만원을 무조건 고집하기 보다는 회사가 원하는 월 130만원을 고려하여 월 140만원 정도로 다시 수정하여 제시하는 것은 어떨까요?

⑤ '왜'라는 질문은 가급적 피한다.

구직자에게 무엇을 물어보고 싶을 때에는 " …… 내용이 궁금합니다" 또는 " …… 에 대해 알고 싶은데요"라는 식의 간접적인 질문이 좋다.

구직자에게 행동이나 결과에 대한 이유를 묻는 질문은 구직자가 자신이 무엇인가를 잘못했다고 비난하는 말로 받아들이기 쉬우므로 피한다.

　예시) "지난번에 약속하신 회사에 면접을 가지 않은 이유가 궁금합니다."

　　　　"직종을 자주 바꾸시는 이유에 대해 알고 싶습니다"

　⑥ 이중 질문보다는 한 번에 한 가지 질문을 한다.

　이중적인 질문은 구직자가 혼란스럽고 상담자도 충분한 답을 듣지 못하는 경우가 많다. 특히 남성들은 2가지 이상을 한꺼번에 동시에 생각하는 것을 귀찮아하는 경향이 있다.

　⑦ 질문의 내용이 결과적으로 구직자를 비난하는 내용이 되지 않도록 한다.

　구직자들은 실업을 경험하면서 마음의 여유가 없기 때문에 상담자의 작은 지적에도 마음을 상하는 경우가 많이 있다. 특히 그동안 자신을 이해해 준다고 믿고 있었던 상담자에게 싫은 소리를 듣게 되면 더욱 실망감을 느끼고 상담에 참여하고 싶은 마음이 없어지게 되는 경우도 있다. 아무리 교묘한 상담자의 비난이나 복선(伏線)도 결국은 구직자가 알아차린다는 사실을 명심할 필요가 있다.

바. 조언과 지시

　상담자가 구직자에게 조언과 지시를 위해서는 다음과 같은 절차가 필요하다. 특히 구직자가 나이가 많거나 자존감이 강한 경우에는 상담자가 주도적으로 모든 것을 결정하기보다는 구직자의 의견을 반영하여 의견을 조율하고 설득하는 노력이 필요하다.

(1) 목표확인

상담자는 구직자와 협의하여 최종적인 상담의 목표를 확인한다. 목표는 상담의 방향을 제시해 주고 상담결과에 대한 평가기준을 명확하게 해주는 역할을 하므로 상담자는 조언과 지시가 항상 목표와 어떤 관련성이 있는지를 설명할 수 있어야 한다. 구직자에게 도움이 된다고 크게 관련이 없는 '취업특강'을 듣게 하거나, 직접 관련이 없는 내용을 조언하면 내담자는 실망하게 된다.

(2) 과거노력 검토

구직자의 과거에 한 노력을 검토한다. 만약 구직자가 노력해 보지 않았다거나 또는 잘 모르겠다고 응답한 경우에는 구직자가 문제해결을 위한 동기수준이 낮고, 해결가능성에 대한 '무기력감'을 나타내는 것으로 조언과 지시를 따르더라도 효과를 보기 어렵다.

(3) 과거노력인정

상담자는 구직자가 과거에 직업문제 해결을 위해 시도한 노력 자체는 결과에 관계없이 나름대로 의미가 있었다고 인정하는 자세가 필요하다. 이러한 상담자의 인정과 격려는 구직자가 조언과 격려를 거부감이나 저항 없이 받아들이고 실천하도록 해주는 데 도움을 준다.

(4) 각오와 다짐

구직자가 조언을 받아들일 자세가 되어 있는가를 확인하는 것이다. 이러한 확인을 하게 되면 첫째, 구직자가 상담자의 조언과 지시를 따를 가능성을 높여 주며 둘째, 구직자 자신이 스스로 선택한 것이라는 것을 인식하게 되어 실천가능성을 높일 수 있다.

(5) 계획수립

상담자는 구직자에게 어떤 계획을 세워 실시하라고 지시할 수 있다. 계획을 수립하는 것만으로도 행동의 변화를 가져오는 효과가 있으며, 계획은 현실적이고 실천 가능하며, 반복적이고 내일부터 할 수 있는 내용이 포함될 때 효과적이다.

(6) 구직자의 반응 확인

상담자가 조언이나 지시를 한 후에 이에 대한 구직자의 의견을 물어본다. 구직자의 생각을 들어봄으로써 상담자의 의사가 잘 전달되었는지를 진단해 볼 수 있고, 실행상의 장애들을 미리 검토하여 조언이나 지시를 수정할 수 있다.

(7) 결과보고 요청

상담자는 구직자에게 구직활동에 대한 결과보고를 요청할 수 있다. 구직자에게 결과보고를 할 의무가 있음을 인식시킴으로써 구직자의 취업준비 의욕을 높일 수 있다. 그리고 상담자는 구직활동의 결과를 통해 조언이나 지시의 효과를 확인할 수 있다.

(8) 지지와 격려

직업상담에서는 구직자의 남다른 노력에도 불구하고 취업에 불합격하는 경우가 많이 발생한다. 이러한 경우에 상담자는 결과에 집착하기보다 구직자를 믿고 다시 한 번 도전할 수 있도록 격려해 주는 것이 중요하다.

사. 자기노출(self-referent response)

(1) 자기노출의 개념

자기노출에는 '자기노출·자기공개'와 '자기관여'로 나눌 수 있다.

① 자기표출·자기공개(self-disclosure)
상담자가 구직자가 표현한 진술과 유사한 자신의 과거 경험 및 감정을 특별히 언급하거나, 상담시간(지금, 여기) 이외의 경험이나 감정을 언급하는 것이다.

② 자기관여(self-involving response)
자기관여는 나-전달법(I-Message)을 사용한다. 이 방법은 상담자가 구직자의 진술 또는 행동에 대한 상담자의 즉각적이며 솔직하고 직접적인 반응이다.
나-전달법(I-Message)은 자신의 내면을 표현할 때 주어를 '나'로 하여 그런 느낌을 가지게 된 책임이 상대방에게 있지 않고 표현자에게 있음을 알려주는 진술방식이다.
예시) 약속을 해놓고 아무 연락 없이 오지 않은 구직자를 만나서:

<표 Ⅵ-5> 자기관여에서의 나-전달법

종 류	나-전달법	너-전달법
표 현	오기로 해 놓고 아무 연락 없이 나타나지 않으니까 무슨 일이 생기지 않았나 해서 무척 걱정도 되고, 제가 기다리는 것을 알면서 연락을 안 해 준다고 생각하니 섭섭하였습니다.	어떻게 저에게 전화 한 통 없었나요? 저를 어떻게 보시는 겁니까?
개 념	'나'를 주어로 하는 진술	'너'가 주어가 되거나 생략된 진술
효 과	1. 관계를 저해하지 않는다. 2. 구직자의 방어나 부적응이 일어날 가능성이 적다.	1. 죄의식을 갖거나 자존심을 상하게 한다. 2. 배려받지 못하고 무시당한다는 생각을 갖기 쉽다.

(2) 자기노출의 효과

상담자는 구직자에게 자신에 관한 것을 드러냄으로써 구직자와 더욱 깊은 관계를 맺고 구직자로 하여금 그의 속마음이나 경험을 더욱 깊이 있게 개방하도록 촉진할 수 있다. 적절한 자기노출은 상담자와 구직자가 서로 친밀감을 갖도록 느끼게 된다.

아. 요 약

요약이란 구직자의 여러 생각과 감정을 매 회기 상담이 끝날 무렵 상담자가 하나로 묶어서 최종적으로 정리하는 것이다. 요약의 주요 목적은 구직자에게 미처 의식하지 못한 면을 학습시키고 문제해결의 과정을 이해하게 하며, 자신의 생각과 느낌을 탐색하도록 돕는 것이다. 그리고 구직자로 하여금 자연스럽게 해결책을 강구하게 하는 역할을 하게 된다.

상담자가 구직자의 말을 요약하여 줌으로써 구직자는 상담자가 자신의 말에 주목하고 이해하고 있음을 확신시킨다. 아울러 요약은 상담자에게도 구직자가 한 말의 전체적인 의미를 바르게 인식하고 있는가를 점검하게 하는 효과가 있다.

자. 해 석

구직자로 하여금 자기의 문제를 새로운 각도에서 이해하도록 그의 생활경험과 행동의 의미를 설명하는 것이다.

[그림 Ⅵ-1] 구직능력종합판정표

<table>
<tr><td colspan="10" align="center">『구직능력 종합판정표』</td></tr>
<tr><td colspan="2">구직등록번호</td><td colspan="2" align="center">성 명</td><td></td><td colspan="2">주민등록번호</td><td colspan="3"></td></tr>
<tr><td colspan="2" rowspan="2">희망직종</td><td>1.</td><td colspan="2">2.</td><td colspan="2">3.</td><td rowspan="2">임 금</td><td>월</td><td>만 원</td></tr>
<tr><td></td><td colspan="2"></td><td colspan="2"></td><td>연</td><td>만 원</td></tr>
<tr><td colspan="10">※ 상담자가 상담을 하면서 구직자에게 아래 항목의 내용을 질문하고 해당번호에 O를 해 주세요
전혀 그렇지 않다.　　그렇지 않다.　　보통이다.　　그렇다.　　매우 그렇다.
　　1점　　　　　　2점　　　　　　3점　　　　4점　　　　5점</td></tr>
<tr><td rowspan="4">Ⅰ. 취업의
시급성
(15점)</td><td colspan="6">1. 가장이거나 생계를 책임지고 있으며 별다른 수입이 없다.</td><td>1</td><td>2 3 4 5</td></tr>
<tr><td colspan="6">2. 장기실업자로서 취업이 절실히 필요하다.</td><td>1</td><td>2 3 4 5</td></tr>
<tr><td colspan="6">3. 취업취약계층(여성가장, 고령자, 장애인, 자활 등)에 해당된다.</td><td>1</td><td>2 3 4 5</td></tr>
<tr><td colspan="6">※매우 시급함(11~15점), 보통(6~10점), 시급 안 함(3~5점)</td><td colspan="2">소계______점</td></tr>
<tr><td rowspan="4">Ⅱ. 노동시장
환경
(15점)</td><td colspan="6">1. 구직자에게 적합한 직종과 임금의 구인업체가 거의 없다.</td><td>1</td><td>2 3 4 5</td></tr>
<tr><td colspan="6">2. 희망 직종에 필요한 경력과 자격증을 갖추지 못했다.</td><td>1</td><td>2 3 4 5</td></tr>
<tr><td colspan="6">3. 전체적으로 지역노동시장에서 구직활동에 어려움이 많다.</td><td>1</td><td>2 3 4 5</td></tr>
<tr><td colspan="6">※매우 어려움(11~15점), 보통(6~10점), 양호함(3~5점)</td><td colspan="2">소계______점</td></tr>
<tr><td rowspan="5">Ⅲ. 본인의 구
직의욕
(20점)</td><td colspan="6">1. 심리적 불안감이 많으며 가족 등 대인관계에 어려움이 많다.</td><td>1</td><td>2 3 4 5</td></tr>
<tr><td colspan="6">2. 평소에 취업을 위해 별다른 노력하지 않고 있다.</td><td>1</td><td>2 3 4 5</td></tr>
<tr><td colspan="6">3. 취업기술(서류작성, 면접요령, 용모 등)이 많이 부족하다.</td><td>1</td><td>2 3 4 5</td></tr>
<tr><td colspan="6">4. 워크넷(인터넷)이나 구인정보를 충분히 활용하지 못한다.</td><td>1</td><td>2 3 4 5</td></tr>
<tr><td colspan="6">※높음(4~10점), 보통(11~14점), 낮음(15~20)</td><td colspan="2">소계______점</td></tr>
<tr><td colspan="10" align="center">총계______점　(※ 35점 이상은 심층상담을 권장)</td></tr>
<tr><td colspan="2">구직기본
요소점검</td><td colspan="8">1. 취업에 충분한 건강을 유지하고 있는가? 예( ), 아니오( )
2. 희망직종과 직업적성은 일치하는가? 예 ( ), 아니오( )
　　※ 직업적성을 잘 모를 경우에는 직업심리검사 권장</td></tr>
<tr><td colspan="2">향후
지원계획</td><td colspan="8">심층상담 참여( ), 고용정보제공( ), 취업알선( ), 직업훈련( ), 심리검사( )
집단상담프로그램 참여( ), 기타________________________________</td></tr>
<tr><td colspan="10">♣ 유형 분류·A 유형(35~50점)·B 유형(21~34점)·C 유형(7~20점)</td></tr>
</table>

※ 사용요령

1. 일반 직업상담 창구에서 초기 상담 시에 심층직업상담의 필요성을 파악하기 위하여 실시한다.

2. 심층직업상담을 의뢰할 때 상담자에게 참고자료로 제공한다.

3. 심층직업상담 상담자는 상담을 진행하면서 필요한 내용을 수정할 수 있다.

4. 심층상담이 종결되는 시점에 구직자에게 다시 한 번 질문하여 상담의 효과를 측정하기 위한 사전·사후 검사로도 활용할 수 있다.

A 유형 : 심층상담을 권장하며, 구직의욕과 직업정보, 취업기술에 대한 전반적인 고용지원서비스가 필요한 유형임

B 유형 : 초기상담을 통해 구직자의 의견을 반영하여 특히 부족한 영역에 대한 상담과 지원이 필요한 유형임

C 유형 : 구직자 스스로 취업에 대한 능력과 의욕을 갖추고 있는 경우가 많으므로 적극적인 활동을 격려하고 새로운 정보제공이 효과적인 유형임

VII.

고용복지의 미래

인간은 행복해지기 위해 살아가며 미래의 언젠가에는 그 행복이 이루어질 것으로 여긴다. 물론 행복이라는 개념은 개개인에 따라 다른 기준이 존재하겠지만, 현실에서 행복을 추구하는 가장 기본적인 척도는 자신의 존재감을 느낄 수 있고 그에 합당한 대가를 받는 직업을 가지는 것이 될 수 있다. 그러나 앞서 고용에 관한 다양한 개념과 이론을 통해 살펴보았듯이 직업을 선택하고 유지한다는 것은 쉽지 않은 일이라는 것이다. 게다가 과거처럼 하나의 국가내부에서 고용시장이 생성되고 발전되는 것이 아니라 세계화에 따른 고용시장의 글로벌화와 정보화 사회의 도래로 인한 직업세계의 빠른 변화는 기존의 고용구조를 혁신적으로 재구성하게 하였다. 즉 고용시장도 사회의 변화에 따라 영향을 받게 된다는 것이다. 따라서 우리들은 우리가 살아가고 있는 사회 혹은 가까운 미래사회에 대한 이해를 통해 고용시장의 변화를 짐작해야 하며 이에 따라 적극적인 정책으로서의 고용복지에 대한 미래를 짐작해 볼 수 있을 것이다. 또한 고용구조가 변화하면서 개개인에게 요구되는 고용가능성과 고용지속성의 능력에는 어떠한 것들이 있는지 살펴보는 것도 중요할 것이다.

1. 미래사회의 변화와 고용복지

가. 세계화와 고용복지

미래사회의 변화를 설명하는 데 있어서 가장 핵심적인 개념으로 제시할 수 있는 것은 '세계화'이다. 세계화는 이중적인 의미로 받아들여진다. 세계화가 진행되면 경제적인 장벽이 허물어져 성장을 촉진하고, 내게 맞는 직장을 찾을 수 있는 기회가 확대되며, 보다 저렴한 가격에 동일한 상품을 소비할 수 있는 기회가 많아질 수도 있다. 또한 지구촌이라는 새로운 정치적 공동체가 나타나 보다 거시적인 차원에서 지구의 평화를 논의할 수도 있을 것이다. 이런 긍정적인 해석과 반대로 개별국가의 존엄성이 훼손되고, 초국적 기업의 진출로 나라마다 가지고 있는 독자적인 시장이 무너지며, 전 지구적 차원에서 부의 양극화 현상이 심화되어 결국 몇몇 강대국의 배만 불리는 새로운 불평등이 고착화될 것이라고 예견되기도 한다. 하지만 세계화는 아직 완결되지 않은 지금도 진행되고 있는 거대한 물결이므로 앞으로 긍정적인 차원으로 완성될지, 부정적인 영향력이 높아질 것인지를 단언할 수 없다. 한국사회가 미래의 세계질서에 적극적으로 동참한다는 것을 가정한다면 세계화라는 지구적인 협업과정에서 우리가 어떠한 관점에서 접근하고 참여해야 할 것인지를 결정하는 것은 중요한 문제이다. 또한 사회나 국가가 선택하는 결정은 결국 개인의 미래와도 연결되므로 세계화에 대한 관심도 삶의 차원에서 중요한 문제라고 할 수 있다.

시간의 경제성과 공간이 압축성으로 인해 우리가 활동할 수 있는 시공간은 지금보다 훨씬 더 효율적으로 운영될 수 있을 것이다. 전 세계가 가까워진다는 것은 그 사회가 가지는 문화적 다양성을 받아들일 수 있는 통로가 넓어지고 있다는 것을 의미하며 이는 전 세계가 지구라는 하나의 마을로 묶이는 '지구촌'이 현실이 되었다는 것을 의미한다.

시간과 공간의 압축이 현실화될 수 있도록 가장 핵심적인 역할을 한 것은 '3T'라고 부르는 현상의 보편화이다. 통신수단(telecommunication), 이동수단(transportation), 여행(tour)의 이니셜을 딴 3T는 세계화를 보편적인 현상으로 만든 중요한 매개이다. 20세기에 들어서면서 비약적으로 발전한 통신수단은 일차적으로 물리적인 거리를 압축한 도구였다. 교통수단의 발전은 지역적으로 닫혀 있던 사회문화적 공동체를 열린 공동체로 변화시켰다. 통신과 운송수단의 발전은 개인의 이동을 훨씬 빠르고 원활하게 만들어 주었다. 그리고 여행은 개인이 이 꽃에서 저 꽃으로 손쉽게 문화라는 꽃가루를 전파하는 기회를 제공하였다.

우리에게 세계화는 무역개방, FTA, WTO, 스크린쿼터, 글로벌 리더, 글로벌 스탠더드 등 미처 제대로 이해하지 못하고 있는 용어를 중심으로 하는 새로운 규제와 선진국에 유리할 것 같은 개방의 물결로 받아들여진다. 특히 IMF 외환위기와 구조조정과 실업의 일상화라는 부정적인 경험과 맞물려 위의 단어들은 부정적인 반감이 내재되어 있다. 일반적으로 세계화에 대한 의견을 묻는 질문에서 많은 사람들이 세계화 그 자체를 반대하지는 않지만 세계화로 인해 벌어질지도 모르는 예상치 못한 문제를 경계하고 조심스런 접근을 강조하는 이중적인 시선을 가지는 것은 이러한 과거 경험이 각인되어 있기 때문이다.

[그림 Ⅶ-1] 세계화로 인한 생산네트워크의 변화

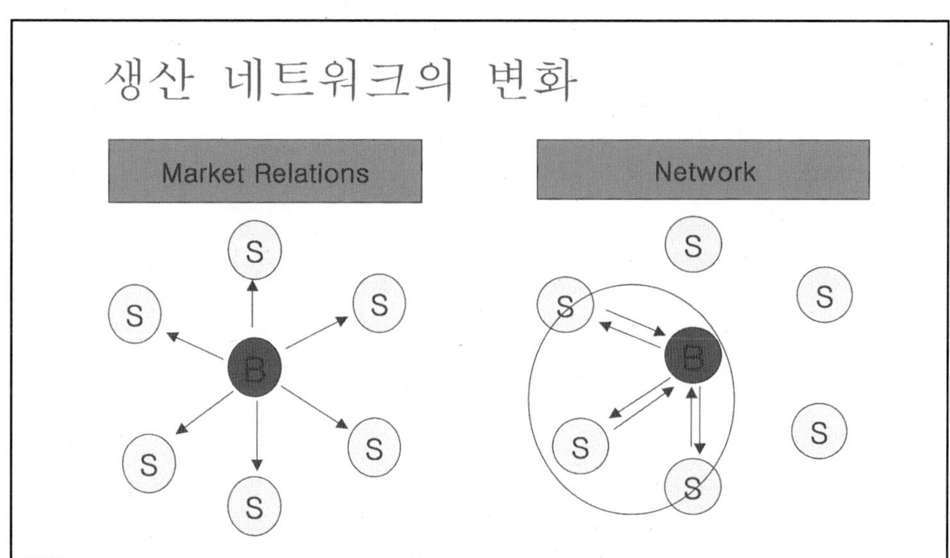

참고: 박동현 외『미래, 미래사회』

지구 전체가 하나의 경제권으로 변경되면서 전 세계 언제, 어디서든지 일할 준비가 된 현대인의 모습이 잘 드러난다. 앞서 본 것처럼 경제의 단위가 하나의 국가나 사회에서 경제블록이나 세계 전체로 확대되면서 시장이 재편되고 있다. 자유화, 민영화, 개방화를 중심으로 한 현실에서 이익을 추구할 수 있다면 어디든지 갈 수 있다. 국가중심의 경제운영 원리에서 시장중심의 경제운영 원리로의 변화는 최저 노동생산비용을 추구하면서 국제적 차원에서 분업이라는 생산과정을 고착화시킨다. 생산의 방식이 변하면서 단일국가 내 노동시장의 원리도 붕괴된다. 노동시장에서 국가라는 경계는 점차 사라진다. 싼값의 노동력을 찾아 외국으로 진출하는 기업들과 높은 임금을 찾아 외국으로 가는 노동자들은 이러한 경계 허물기의 대표적인 사례들이다. 일자리를 찾아서 어디든지 갈 수 있다는 잡노마디즘이 보편화되고 있다. 세계화는 결국 내가 보는 직업정보를 다른 나라 사람도 볼 수 있다는 것이며, 이를 바탕으로 내가 일자리를 위해 외국으로 나가듯이 다른 나라 사람들도 우리나라에 일하러 들어올 수 있다는 것을 의미한다. 결국 직업선택의 무한 경쟁이 시작되었다는 것이다.

한국사회에서의 이런 현상은 물론 국제경제질서의 재편과도 연관되어 있지만 또 다른 측면으로 개인에게는 기회의 희소성과 연결되며 기업에게는 비용의 증가로 연결되기도 한다. 외환위기로 인한 체질 개선은 유연한 노동시장이 보편화되어야 가능한 부분이지만 단기간에 개선을 해야 하는 시간의 부족은 인적 자원의 감소로 나타나게 되었으며 이는 대량 실업사태로 연결되었다. 외환위기 이후에 보편적인 현상으로 자리잡은 잡노마드 현상은 평생직장의 해체와 실업위기의 일상화라는 암흑 속에 무차별적으로 예비취업자들을 던져놓는다. 또한 직장에 들어서는 순간 퇴직하면 뭘 해야 할까를 고민해야 하고 직장을 다니면서 어떤 일을 투잡스로 하면 목돈을 만져볼까, 자녀들의 교육비를 어떻게 충당해야 할까를 동시에 고민한다. 물론 이러한 현상은 한국만의 상황이 아니라 이제는 세계 어느 곳에서도 보편적인 일이 되어버렸다. 전 세계가 유연한 노동시장 시스템으로 진입하는 순간 21세기를 맞이한 사람들은 자신의 미래를 기약할 수 없게 된 것이다. 따라서 고용시장에 대한 공적 접근과 서비스의 강화는 단순하게 실업자를 구제하는 것뿐만 아니라 생활의 안정과 심리적 안정을 통해 안전한 일상생활을 유지하게 하는 원동력이 될 수 있다. 고용복지의 중요성이 국가적 차원에서 요구되는 것은 이러한 이유에서이다.

나. 정보화와 고용복지

정보사회를 이전의 자본주의적 산업사회와는 다른 새로운 부류의 사회라는 주장과 자본주의적 산업사회의 연장선 위에서 정보사회를 파악하는 주장으로 구별된다. 이 두 개의 주장은 사회변동 과정에서 정보사회의 '사회적 독자성'에 초점을 두고, 산업사회와 정보사회 간의 단절성을 강조하는 이론들이다. 다시 말해서, 정보사회는 지금까지의 자본주의적 산업사회와는 질적으로 전혀 다른 새로운 사회라고 보고, 이런 관점에서 정보사회의 사회적 특성 규명에 초점을 맞추고 있다는 것이다.

정보화 사회는 기존의 산업사회와 다른 생산양식을 가진다. 이러한 생산양식은 결국 노동자의 노동의 세계와 고용주의 인적 자원에 대한 관점을 변경시키며 새로운 고용의 형태를 나타나게 한다. 정보사회가 가지는 굴뚝산업으로 대표되는 산업사회와 다른 특징은 다음과 같다.

정보사회는 이윤을 창출하는 생산물이 다르다. 일반적으로 생산의 과정과 결과로 나타나는 것이 '상품'이라는 것으로 나타나고 그 상품은 가시적이면서도 구체적인 형태를 가지고 있다. 반면에 정보사회의 상품인 '정보'는 대량생산이 필요치 않다. 정확하게 말하면 대량생산이 필요하지 않는 것이 아니라 대량생산의 체계와 규모가 필요치 않다는 것이다. 이는 거의 무한대에 가까운 복제가능성 때문이며, 실제로 하나의 정보만 있다면 모든 수요 충족이 가능하다. 그리고 모든 정보가 복제물이기도 하고 원본이기도 하다. 우리가 흔히 사용하고 있는 윈도우나 한글과 같은 프로그램은 결국 등록번호를 가지고 있는가, 아닌가에 따라 정품과 비품이 구별될 뿐이다.

또한 정보는 전달하거나 판매를 해도 없어지거나 줄어들지 않고 그대로 남는다. 일반적으로 상품이 감가상각의 성질을 가지고 이를 만회하기 위해 가격의 적절한 설정과 변화를 중시하게 되는데 정보는 소멸되거나 줄어들지 않는다. 따라서 한 번 만들어진 정보는 항상 동일한 가격을 유지할 수 있고, 최고의 이윤을 지속적으로 창출할 수 있다.

마지막으로 정보는 다른 정보와 합치거나 그 일부를 빼거나, 형태를 바꿈으로써 얼마든지 새로운 정보로 바꿀 수 있다. 이 특징은 기존의 상품들이 한 번 시장에 나오면 그 형태를 변경하거나 용도를 바꿀 수 없는 한계를 뛰어넘는 성질을 가진 다는 것이다. 심지어는 사용하면서 기능을 높이거나 변경할 수 있는 업그레이드의 성질을 가진다는 것이다.

이러한 정보의 새로운 상품적 성격으로 인해 생산과정은 달라지고 이 과정에 참 여하는 노동자의 능력과 사고방식의 전환을 요구하게 되는 것이다. 따라서 정보화 로 인해 고용시장에서의 채용의 방식과 인적 자본으로서의 인간을 선별하는 방법 이나 요구되는 자질이 변화하게 되는 것이다.

〈표 Ⅶ－1〉 정보화 사회와 산업사회의 구분에 관한 견해

담론의 축	구 분
테크놀로지와 사회변동의 관계	기술결정론적 입장 사회구조론적 입장
사회체제의 연속성 여부	단절론 연속론

참고: 박동현 외 『미래, 미래사회』.

정보화와 디지털화에 따른 현대사회의 가장 중요한 특징 중의 하나는 산업구조 의 중심이 제조업에서 서비스업으로 변화하고 있다는 것이다. 즉 경제활동에서 물 질적 재화의 생산보다 비물질적인 서비스 활동이 중요해진다는 것이다. 물론 서비 스 부문 모두가 정보화 및 디지털화와 관련되는 것은 아니다. 서비스 부문에서도 기업의 생산성을 향상시키는 생산자 서비스, 사회구성원들의 복지를 향상시키는 사 회서비스의 비중이 어떻게 변화하는지를 주목할 필요가 있다. 정보화에 따른 경제 활동의 성격 변화를 주도하고 있는 정보산업기술의 관련 기업들은 다음과 같은 특 징을 보이고 있다.

우선, 특정 부문의 시장을 지배해 온 전형적 대기업들이 기존의 독점적 지위를 유지하기 어려워지고 있다. 각 나라, 각 부문 간 시장의 경계가 허물어지고 경쟁이 치열해짐에 따라 기업의 규모와는 상관없이 지속적 혁신능력을 지닌 모험적 기업들이 주도적 지위를 차지하게 된다.

둘째, 조직구조에서도 수직적으로 통합된 위계서열적 기업보다는 해당 분야의 전문가들과의 수평적인 협력을 통해 자신에게 부족한 보완적 자산을 수시로 보충받을 수 있는 네트워크 기업들이 살아남을 수 있다.

경제구조와 더불어 고용구조 역시 변화된다. 사회의 중심적인 직업이 생산을 담당하는 육체노동자에서 정보를 가공하고 처리하는 정보 관련 직업으로 변화되고 있다. 지식노동자의 탄생 역시 이러한 측면에서 중요하다는 것이다.

노사관계의 측면을 보면, 새로운 노사관계는 기술 및 시장 변화에 유연하게 대응하는 능력을 중요시하기 때문에 임금 구성에서 개인의 능력 차이를 중시하는 직능급의 비중이 높아지고 단체교섭도 기업별로 분산되는 경향을 보인다.

〈표 Ⅶ-2〉 디지털과 아날로그의 차이점

	아날로그	디지털
처리방식	연속적, 순차적	불연속, 복합적
가치체계	단일가치의 달성에 중점	복수 가치의 처리에 중점
정보처리속도	느리다	느리다
정보처리방식	일차원적 처리(mono-tasking)	다차원적 처리(multi-tasking)
정보처리경로	단일방향	하이퍼 텍스트
조직형태	상하 분업조직	평면적 네트워크조직

참고: 박동현 외 『미래, 미래사회』.

그동안 조직에 치우쳤던 권력의 무게 중심이 개인으로 이동하고 있음을 시사하고 있다. 디지털이 가져다준 기술적 혜택이 개인의 가치를 극대화시키는 환경을 조성하고 있는 것이다. 더불어 개인 브랜드를 중요시함에 따라 자기계발에 대한 필요성 역시 증가한다. 더 이상 조직에 기대하지 않고 독자적으로 경쟁력을 키우는 개인이 증가하고 있다. 조직문화에서도 개성이 강한 신세대들을 과거의 틀 속에 맞추어 인위적으로 통합하고 획일화하려는 경향이 서서히 사라지고 있다. 실제로 기업의 조직문화를 비롯해서 다양한 공간에서 개인을 배려하는 조직문화로 서서히 변모하고 있다. 개인의 힘이 강해지면서 기존의 조직문화에서도 큰 변화가 감지되고 있다는 것이다. 요즘 대기업에서 가장 고민하는 것 중의 하나가 신입사원 관리문제다. 입사한 지 1년 이내 퇴사하는 비율이 높아 문제가 될 정도라고 한다. 이전 세대들은 조직이 개인을 보호하고 더욱 성장하게 만드는 울타리라고 생각한 반면 디지털 세대들은 그 역할을 온전히 개인에게로 돌린다.

조직에서 개인이 중시되는 이러한 경향은 정보화 시대의 주요한 노동의 형태인 지식노동에서도 나타난다. 즉 지식노동은 조직화된 틀 속에서 개인을 탈피시키고 있다. 육체노동은 조직화된 틀 속에서 생산성이 높은 반면 지식노동은 개인의 자발성과 창의력을 극대화시킬 때 생산성이 높다는 사실이 이러한 경향을 잘 나타내어 주고 있다. 따라서 지식노동자의 증가, 지식정보산업의 성장은 조직형 인간을 개인형 인간으로 전환시키는 데 많은 영향을 주고 있다.

정보화에 따른 고용복지의 문제는 고용시장을 구분하던 지역적인 경계가 무너지고 있다는 점이다. 특히 고용정보가 정보네트워크를 통해 실시간으로 전 세계적으로 확산되면서 모든 사람들에게 고용의 기회가 제공되는 초국적 노동시장의 형성은 정보화에 따른 변화로 지적할 수 있다. 반면에 정보화로 인해 보다 많은 사람들이 자신의 능력을 재개발할 수 있는 기회를 제공받기도 한다. 최근 재직자를 대상으로 하는 원격직업훈련은 기술의 변화에 따른 혜택이라고 볼 수 있다. 정보화에 따른 고용복지는 단순하게 복지정책을 실행하는 데 있어서 편리한 기술적인 편이를 제공하는 것을 넘어서 다양한 방식으로 정보를 제공하고, 새로운 사회에서의 새로운 인간을 만들 수 있는 교육기회를 제공할 것을 요구한다.

2. 고용구조의 변화에 따른 조직의 재구성

가. 고용구조와 고용형태의 변화

세계화와 정보화에 의해 시장이 재편되고 있으며 이로 인해 고용구조가 변화하고 있다. 시장경제의 세계적 확산과 자본주의의 보편화로 인해 기업을 중심으로 하는 경제구조가 일반화되고 있고, 사회전반에 걸쳐 이윤을 핵심적 가치로 인정하는 분위기가 만들어지고 있다. 이로 인해 국가 간 분업구조와 서열이 발생하고, 국가 내부에서도 경제력의 격차가 심화되고 있다. 시장경제의 보편화는 노동세계의 변화를 요구하게 되는데 특히 고용과 관련해서는 노동의 유연성에 대한 요구와 산업구조의 재편이 중요한 논점으로 등장한다. 또한 앞서 보았던 노동시장의 글로벌화로 인해 고급인력 이외의 고용시장은 국제적인 아웃소싱 시스템으로 변화하고 있다. 2006년 기준으로 한국에 있는 불법노동자의 수가 약 25만 명을 넘어선다는 것은 우리나라도 고용시장의 세계화가 진행되고 있다는 것을 반증하는 사례이다.

노동자의 능력에 대한 요구도 달라지고 있다. 다양한 직무를 동시에 처리하며 창의적인 사고를 가진 노동력에 대한 요구는 끊이지 않고 있다. 직업훈련이나 학교에서 일자리로 진입하는 노동시장 이행과정에 대한 논의가 활발한 것은 이러한 변화를 설명하는 것이다.

〈표 Ⅷ-3〉 미래사회에서 요구되는 노동자의 자질

자질유형		주요직업환경 변화양상
지 식	이론적 지식	문제해결의 과정으로서의 작업
	기술적 지식	정보화 기술의 도입
	암묵적 지식	기술의 통합으로 인한 불확실성과 위험상황의 증가
기 능	전문기능	과업의 통합, 탈전문화
	세계화 능력	시장 및 생산의 세계화
	사회적 능력	작업집단 내부 및 집단 간 상호의사소통능력의 향상
	경영적 능력	수평조직 및 분권화에 대한 폭넓은 시각
인지 및 규범적 성향	리더십	협동적인 자율작업조직, 사회적 책임에 대한 인지
	창의성, 기업가 정신	국제경쟁력의 핵심으로서의 질, 시간 및 혁신성
	새로운 유형의 노동자	헌신, 산업시민 정신

참고: 박동현 외 『미래, 미래사회』.

　미래사회에서 요구되는 자질은 과거의 기능 중심의 작업능력에서 벗어나 스스로 창의적인 사고를 하고 위험을 풀어낼 수 있는 문제해결능력을 갖춘 지식, 전문성을 넘어서 작업집단 내부와 외부의 원활한 의사소통을 통해 네트워크를 형성할 수 있는 기능, 세계적인 경쟁력을 확보하기 위해 기술적 측면만이 아닌 사회적 책임과 신뢰 및 헌신을 가능하게 하는 규범성을 동시에 갖출 것을 요구한다.

　고용구조의 변화는 노동유연성의 문제와 연결된다. 한국사회에서 노동유연성의 문제는 구조조정으로 인식되지만 고용구조의 변화는 수량적 유연화와 기능적 유연화, 임금의 유연화로 구분되어 설명할 수 있다. 우선 수량적 유연화의 과정은 우리가 일반적으로 받아들이는 기업규모의 조정을 의미한다. 이때 유연화 과정은 보호해야 할 핵심노동자는 고용안정을 도모하고 주변부 노동자를 유동적인 고용환경을 제공하는 것을 목적으로 한다. 이를 통해 노동시장은 분절화되지만 기업의 입장에서는 인건비 부담을 줄일 수 있는 가장 쉬운 방법으로 채택된다. 두 번째, 임금의 유연화가 있다. 흔히 기업의 부담을 노사가 함께할 때 사용하는 방법으로 임금체계의 변화를 통해 비용의 절감을 꾀하는 방법이다. 하지만 이를 잘못 실시할 경우 노동자의 근로의욕과 동기감을 상실케 할 가능성이 많으므로 적절한 유인책을 개발하고 보상과 처벌의 엄격한 기준을 만들어 두는 것이 장기적인 차원에서 노사가 상생할 수 있는 방법이라 할 수 있다. 세 번째 기능적 유연화의 과정이 있다. 이는 노동자의 적응력을 향상시키거나 새로운 적응력을 개발하는 방법이다. 정보화 시대에 요구되는 노동자의 자질인 다기능공화와 배치전환에 따른 새로운 인력수요의 개발로 이어진다. 정보화 사회의 지식노동자론을 통해 지속적인 교육을 통해 평생직업의 개념을 만들고, 기업의 구조와 기능을 재구성(restructuring)하여 조직의 균형(equilibrium)을 발견하는 방식이다. 대신 장기적인 관점에서 가능한 방법이며 단기적인 차원에서는 그 효과가 발생하지 않는다는 단점을 가진다.

노동유연성의 문제는 결국 고용복지의 개입이 필요한 차원이라고 할 수 있다. 잉여인력에 대한 훈련과 지원, 배치전환, 파견 등으로 인한 노동시간과 비용의 절감, 새로운 조직의 탄생 등은 개별기업이 담당해야 할 문제가 아니며 사회문제로서의 고용안정성의 확보이다. 따라서 이는 공적 부문에서의 지원체계가 필요하며 적극적인 개입으로써의 고용복지가 대두되는 영역이다. 문제는 단순한 지원으로 끝나서는 안 된다는 점이며, 수혜의 대상인 기업이 수혜에 걸맞은 사회적 책임의식을 가져야 한다는 점이다. 즉 기업은 사회적 관계에서 볼 때 하나의 행위자이며 그에 걸맞은 책임을 져야 하는 기업의 사회적 책임에 대한 논의이다.

나. 고용구조와 조직[68]의 변화

고용을 창출하는 직장은 개인을 변화시키고 스스로도 동시에 변화된다. 특히 세계화와 디지털화에 따른 변화는 기존의 "열심히 일하자!"는 대량생산의 효율성을

---

68) 조직의 정의: 분업 및 권한의 계층을 통하여 일련의 목적을 달성하기 위해 일정한 시간 동안 계속적으로 상호작용하는 두 사람 이상의 집단 활동을 위해 계획된 조정체계

찬양하는 일상의 틀을 파괴시켰다. 지식정보화 사회는 효율성을 동반하는 "창의적으로 일하자!"는 원리가 지배하는 사회이다. 우리가 살아가는 사회는 복합조직이며, 사회의 발전으로 인한 조직규모의 확대는 일상생활의 느슨함이 사라지는 것으로 이해될 수 있다. 특히 현대사회는 전문화되고 분업화된 거대한 조직사회이며, 조직은 일상생활을 유지하는 중요한 사회적 단위이다. 따라서 조직의 형성, 운영, 변화과정, 구성원 등을 살펴보고 그 변화를 고려해 보는 것은 중요한 문제이다.

현대사회는 복합적이며 그로 인한 조직의 확대는 조직원의 변화를 초래하였다. 정보처리의 속도가 가속화되고 정보처리의 대상이 다양화되면서 권위적이고 통일적인 조직 원리와 관료제로 대표되는 기존의 조직은 점차 사라지고 있다. 조직은 일방적으로 제공되는 것이 아니라 다양하게 '형성'된다. 새롭게 탄생되기고 하고 기존의 조직에서 분리되기도 하며, 크고 작은 조직의 병합으로 인해 다른 성격의 조직으로 변화되기도 한다. 목적에 따라서 새로운 조직과 내부적인 소규모 조직의 탄생, 거대한 조직들의 M&A가 점차 일반화되고 있다. 조직은 전통적으로 조직 내 분화의 정도를 의미하는 '복잡성'과 정보처리의 규칙과 절차를 의미하는 '공식화', 의사결정의 권한 정도를 의미하는 '집권화'에 의해 유지되어 왔다. 이러한 조직 원리를 대표하는 것이 관료조직과 대량생산사회의 기업조직이었다. 그러나 디지털 사회의 특징을 기반으로 하는 네트워크형 사회에서는 더욱 수평적이며 다원적인 가치를 중요하게 여기게 된다. 열린 의사소통을 기반으로 상호작용을 하고 부분별 책임의 팀별 과제수행이 일반화되며 분권적이고 유연한 조직원리가 나타난다. 이런 사회에서는 대면접촉은 최소화되지만 비대면적 비동시적 참여는 도리어 증가하게 된다. 디지털화는 이러한 참여형 네트워크를 만드는 중요한 기술적 소스를 제공해 주었고, 세계화는 다양한 관련정보의 수집과 동시간적인 참여를 가능하게 하였다. 이에 따르면 네트워크형 조직사회에서의 핵심은 효율적인 분업을 위해 조직을 어떻게 설계할 것인가를 따지는 게 아니라 의사결정 즉 정보처리를 위해 어떻게 조직을 설계할 것인가를 더욱 중요하게 여긴다. 이렇게 만들어진 조직은 목표(the goal)를 달성하고 상황에 적절하게 대처할 수 있는 유연성을 가지게 되면서 조직원들의 의사결정을 용이하게 한다.

  새로운 조직설계의 원리가 구현되면 병렬처리 즉 복수업무처리인 진정한 멀티태스킹의 사회로 전환되고 전혀 성격이 다른 일들이 동시에 처리될 수 있는 듀얼 - 코어 프로세싱이 현실화된다. 새로운 조직은 분업화와 전문화에 따른 문제해결 방식을 넘어서 TFT(Task - Force_Team)의 형태로 문제해결에 필요한 혹은 새로운 생산영역을 개발하는 효율성을 추구하게 된다. 20세기 후반부터 논의되기 시작한 지식경영은 보다 역동적인 조직의 진화과정에 입각한 자기발전적 조직화의 과정이며 조직정비(Remodeling)를 거쳐 현실화되는 것이다.

〈표 Ⅶ - 4〉 산업사회와 네트워크 사회의 조직구성 전략비교

	산업사회	지식사회
전환점	생산성혁명(산업혁명)	지식혁명(디지털혁명)
조직의 수명	비교적 길다	과업중심으로 점차 짧아진다
경영전략	내부화, 내부완결 제작	외부화, 멀티 아웃소싱
조직근무기간	평생직장 - 연공서열제	노마드적 직장 - 능력별 대우
경력관리 경로	수직적 내부승진제	수평적 과업책임제
금기사항	공금횡령, 태업, 하극상	비창의적, 지식횡령
슬로건	work harder!!!	work smarter!!!

  참고: 박동현 외 『미래, 미래사회』.

  조직 원리의 변화는 개인에게 생활의 변화와 직업에 대한 가치를 변화시킨다. 더욱 유연한 조직으로의 변화는 조직 전체의 지속 가능성은 높이지만 성과와 효율성을 중심으로 하는 조직 내부의 생명력은 단축시킨다. 잡노마드 사회는 결국 평생직장의 신화가 붕괴된다는 것이고 이는 조직이 개인에게 장기적인 투자와 미래를 보장하지 않는다는 것을 의미한다. 개인의 가치는 점차 개인이 스스로 만들어가는 것이 되어 버렸다. 조직을 위해 자신의 시간을 희생하는 것은 더 이상 바람직한 직장문화의 미덕이 아니다. 직업은 선택이며 노동을 통해 자기실현을 해 나가는 과정으

로 인식된다. 자족적 직업선택의 상황은 일보다는 여가를 우선시하거나 돈보다는 삶의 가치와 여유를 중시하는 생활습관의 보편화로 이어질 수 있다. 정신없이 변화하는 속도를 좀 더 늦추는 라이프스타일의 문화속성은 이렇게 새로운 삶의 해방구로 받아들여지기도 한다.

네트워크형 조직사회에서는 이러한 여유를 조장하기도 한다. 끊임없는 창의성과 혁신성은 수직적이고 경직된 사회에서는 발전할 수 없다. 구글(google)처럼 회사가 집보다 더 많은 휴식과 편안함을 안겨주기 위해 노력하는 것도 이러한 변화의 일면이다. 실제로 취업선택의 기로에서 가장 중요하게 여기는 것이 회사의 복리후생 시설에 관련된 사항이다. 월급 얼마 더 받는 것보다는 편하게 일할 수 있는 직장을 선호하는 것이 최근의 추세이다. 따라서 아랫사람이 알아서 분위기 파악을 하고 조심했던 직장문화는 거꾸로 상사가 부하직원의 눈치를 보는 상황으로 역전되기도 한다. 물론 다면적 인사평가의 결과이기도 하지만 조직 내 커뮤니케이션을 중시하는 지금의 상황에서 조직원과의 의사소통이 되기 위해 새로운 세대의 기호와 눈높이를 맞추고 부하직원의 자기계발을 지원하는 회사가 늘어나는 것은 더 이상 낯선 풍경이 아니다.

3. 인적 자원의 개발과 고용복지

가. 인적 자원관리와 직무분석

고용문제는 개인에게는 자아의 실현과 생계의 유지를 가능하게 하고, 사회 전체적으로는 유기적인 사회네트워크를 형성하게 하며 사회불안감을 감소시키는 측면을 가진다. 기업에게는 적재적소에 필요한 인재를 투입하고 생산과정에 참여케 함으로써 지속 가능한 경영을 가능하게 하는 필수적인 요소이다. 따라서 적절한 인재를 발굴하고 개발하는 것은 개인과 기업, 그리고 사회 전체가 상생할 수 있는 조건이 될 수 있다. 인적 자원관리에 대한 문제는 이러한 문제의식에서 출발한다.

그렇다면 인적 자원관리란 무엇인가? 인적 자원관리란 경영의 목적달성을 위해 조직구성원의 능력을 개발 및 유지하여 일에 몰수할 수 있도록 구성원에게 동기를 부여하는 일련의 기법으로 채용, 훈련, 인적 자원개발, 직무환경과 작업분위기의 조성, 적절한 작업능력의 측정과 관리에 관한 부분으로 정의할 수 있다. 인적 자원을 확보할 수 있는 방법으로

1) 필요인력수요의 결정: 경영계획이나 전략회의 등을 통함 – 회사의 경영적 차원

2) 기존인력의 파악: 내부 인적 자원에 대한 유효한 정보가 포함된 기술목록의 작성

3) 인력의 수요공급비교와 실행계획의 수립

4) 예측과 감사

5) 직무분석

등이 사용된다.

인적 자원의 개발과정에는 선발과 유지의 차원이 존재한다. 인적 자원의 확보 방안에서 필수인력의 수요를 결정하고 이를 선발하는 방식은 내부모집, 외부모집, 시험과 면접에 의한 공개선발 등으로 나타난다. 그러나 인력을 보강하는 것만으로 인적 자원을 개발하는 것이 아니라 적절한 배치와 직무만족을 이끌어내는 것도 중요한 점이라 할 수 있다. 특히 고용불안정이 점차 높아지고 있는 현대사회에서 자신의 직무에 대한 이해와 만족은 기업에게도 개인에게도 중요한 문제이다. 일반적으로 직무만족은 직무나 직무경험에 대한 평가로부터 비롯되는 감정상태로 정의된다. 즉 직무만족은 자신의 직무수행과정에서 진심으로 만족을 느끼게 되는 심리적 · 생리적 · 환경적 상황의 총합이다. 또한 이직과 결근, 조직에 대한 적응과 스트레스, 노조활동의 증가, 작업집중도의 차이 등은 직무만족과 직무수행의 관계를 나타내는 결과이다.

인적 자원에게 적절한 보상과 처벌을 통해 직무동기를 불러일으키기 위해 직무분석을 실시한다. 직무분석의 개념과 필요성은 다음과 같다.

1) 한 사람의 종업원이 수행하는 일의 전체를 직무라고 하며, 인사관리나 조직관리의 기초를 세우기 위하여 직무의 내용을 분석하는 일을 직무분석이라고 한다.

2) 1990년대 후반 이후 우리 기업들의 인사 철학은 '사람 중심'에서 '성과 중심', '직무 중심'으로 변화하고 있으며 특히 국내 대기업들이 직무 체계를 정비하고, 성과와 역량에 기반을 두어 평가, 보상 및 승진급 등을 결정하는 직무 중심 인사 시스템을 도입하고 있는 것이 현실이다.

3) 과거 우리 기업들이 사람 중심으로 인사 관리를 해왔기 때문에 직무에 관한 정보가 취약한 경우가 많기 때문에 기업들이 직무 중심의 인사를 실현하는 과정에서 우선 직무의 특성과 수행 요건 파악, 직무의 상대적 가치 평가가 중요한 이슈가 될 것이다.

4) 직무분석에 의해 얻어진 정보는 새로운 종업원들을 모집하고, 선발하고, 배치하고, 교육하고, 수행을 평가할 때 매우 유용하게 사용된다.

5) 직무에 관련된 정확한 자료들이 확보되면 실제적인 인력수급과 개발에 관한 데이터들이 형성될 수 있으며 이를 토대로 다양한 방법으로 고용복지정책을 수립할 수 있다.

이를 위해 필요한 직무분석의 기본 항목은 다음과 같다.

① 직무내용(목적 · 개요 · 방법 · 순서)

② 노동부담(노동의 강도 · 밀도)

③ 노동환경(온도 · 환기 · 분진 · 소음 · 습도 · 오염)

④ 위험재해(감전 · 폭발 · 화재 · 고소 · 재해율 · 직업병)

⑤ 직무조건(체력 · 지식 · 경험 · 자격 · 개성)

⑥ 결과책임(직무를 수행하지 않았을 경우의 인적 · 물적 손해의 정도)

⑦ 지도책임(후진자 지도의 책임)

⑧ 감독책임

⑨ 권한

등이다. 직무분석의 방법에는 실제담당자에 의한 자기기입(自己記入), 분석자에 의한 관찰, 면접청취, 통계, 측정, 검사 등이 있다. 어느 것이나 모두 주도면밀한 준비와 세심한 주의가 필요하다. 직무분석의 결과는 직무기술서나 직무명세서로 종합·정리되어, 채용·승진·배치전환·교육훈련·임금·안전위생 등 인사관리나 직무분담·부서편성·지휘감독 등의 조직관리에 자료를 제공한다.

[그림 Ⅶ-2] 직무분석의 절차

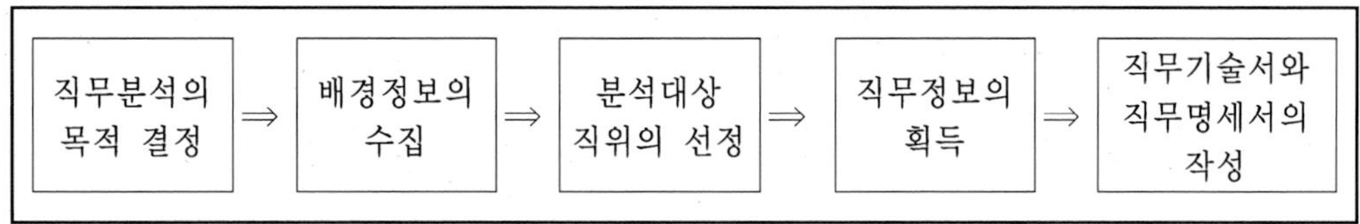

최근 들어 직무 중심의 인사 시스템을 도입하면서 과거 문제점을 개선하고 효과적으로 직무 분석을 수행하는 우리 기업들이 점차 증가하고 있다. 이러한 사례들을 기반으로 효과적인 직무 분석을 위한 실행 포인트를 살펴보기로 한다.

1) 실행 포인트1: 활용 범위를 명확히 규정하라

1990년대 후반 이후로는 성과 지표 도출과 역량 추출, 직무 가치 평가 등을 통해 직무 중심 인사시스템 구축에 직무 분석이 널리 활용되고 있다. 특히, 채용, 배치/전환, 평가, 보상, 육성 가운데 모두가 아닌 일부 인사 제도를 구축하기 위해 직무 분석을 수행하는 경우도 점점 늘어나고 있다.

2) 실행 포인트2: 직무 분석의 활용을 제도화하라

직무 분석의 목적을 명확히 한다고 해서 실제 활용된다는 보장은 없다. 직무 분석의 활용성을 높이기 위해서는 직무 분석이 실제 활용되는 과정을 프로세스화하여 제도로 구축하는 것이 필요하다. 예를 들면, 직무 공백(Job Opening)이 발생하였을 때, 직무 분석 결과 산출된 직무 기술서와 직무 역량 요건, 직무 평가 결과 등을 반드시 채용 공고에 포함시키도록 하고, 직무 역량 요건에 따라 후보자들을 평가하여 선발하도록 제도를 구축할 수 있다.

3) 실행 포인트3: 조직 단위보다는 일 중심으로 분석하라

우리 기업에서는 유사한 일을 다른 조직에서 수행하는 경우가 많이 있다. 예를 들면, 비교적 규모가 큰 대기업에서는 본사에 인사 부서가 있으며, R&D나 영업 조직에도 인사 업무를 수행하는 인력이 배치되어 있는 경우가 있다. 이러한 경우에는 이들을 하나의 직무로 간주하여 직무 분석을 수행하는 것이 더 바람직하다. 왜냐하면 이러한 직무 분석으로 인해 구성원들의 교육 훈련이나 경력 개발 등 육성에서의 효율성이 높아지며, 인력 운용의 유연성도 제고될 수 있기 때문이다.

4) 실행 포인트4: 직무를 폭넓게 정의하여 분석하라

서구 전통적인 직무의 개념과 비교해 볼 때 2가지 이상의 직무를 우리 기업의 구성원들이 동시에 수행하는 경우가 많다. 예를 들면, 인사 부서의 직원들이 채용이나 평가, 보상, 교육 훈련 등 특정 직무에 전문적으로 배치되어 일을 하기보다는 한 사람이 채용과 평가, 보상을 동시에 맡아 수행하는 경우가 많다는 것이다. 이처럼 구성원들에게 관련된 다양한 업무를 동시에 수행하게 함으로써 관련 전문 기능을 두루 습득하도록 하는 것은 우리 기업의 장점이다. 따라서 이러한 장점을 살려서 폭넓은 직무 분석을 수행하는 것이 바람직하다.

5) 실행 포인트5: 핵심 직무(Key Job)를 중심으로 분석하라

기업은 모든 직무를 똑같이 관리하기보다는 전략적 가치가 높은 핵심 직무를 집중 관리하는 것이 바람직하다. 선진 기업의 경우에는 핵심 직무가 전체 직무 수 가운데 약 20% 정도를 차지한다고 한다. 이러한 핵심 직무를 집중적으로 분석하고 관리하는데 직무 분석의 자원을 쏟는 것이 전략적인 면에서도 더 효과적일 것이다.

6) 실행 포인트6: 지속적인 업데이트(Update) 프로세스를 구축하라

직무상에 변화가 발생하였을 때 직무 분석을 통해 직무 정보를 업데이트할 수 있는 프로세스와 매뉴얼을 구축하고 정례화하는 것이 바람직하다. 예를 들면, 어떠한 경우에 업데이트를 하며, 누가, 언제, 어떤 방법으로 업데이트를 수행할 것인지 등을 미리 규정해 둘 수 있을 것이다.

7) 실행 포인트7: 유능한 직무 분석 전문가를 육성하라

직무 분석을 제대로 수행하기 위해서는 직무 분석 기법을 잘 알고, 경험이 풍부한 전문가가 필요하다.

8) 실행 포인트8: 프로세스 혁신을 항시 염두에 두고 분석하라

어떠한 목적으로 직무 분석을 수행한다 하더라도 기본적으로는 업무 프로세스의 혁신을 함께 병행하는 것이 바람직하다. 비교적 직무 중심 인사가 잘 정착되고 있는 국내 대기업인 P사나 A사의 경우에도 직무 분석 정보를 IT화하기 이전에 약 1~2년에 걸쳐 직무 프로세스 혁신을 먼저 수행하였다고 한다.

[그림 Ⅶ-3] 직무명세서 작성을 위한 분석 절차

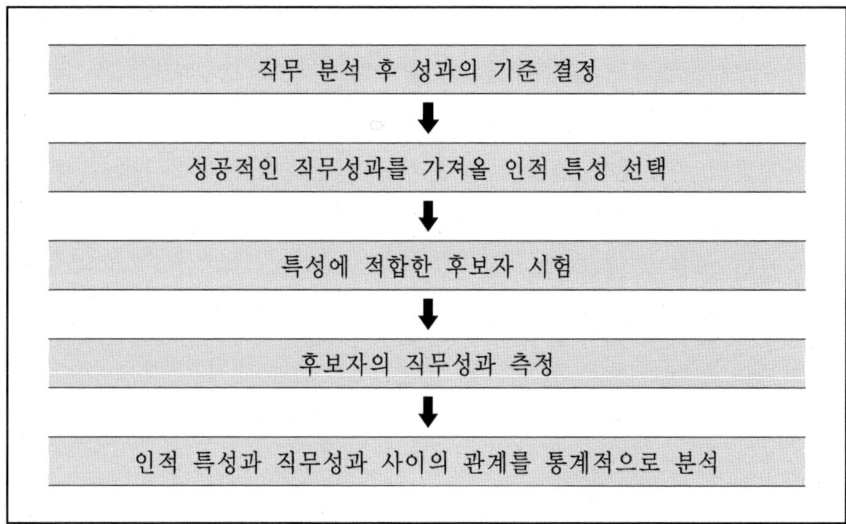

나. 경력개발과 고용안정성

21세기의 급격한 경영환경변화는 기업의 생존방식에 커다란 변화를 가져왔다. 글로벌화와 정보화로 요약되는 무한경쟁시대에 살아남기 위해서 기업은 스스로의 경쟁력

확보를 위하여 다양한 노력을 기울이고 있다. 하지만 자신의 경쟁력을 위해서 노력하고 있는 것은 단지 기업에 국한된 것은 아니다. 기업의 구성원들인 개개인의 인식과 행동 변화 역시 그 이전에 비해서 뚜렷하게 바뀌게 되었다. 특히 IMF라는 극한상황 속에서 개인의 역량과 차별화된 경쟁력만이 자신과 가족의 행복을 지킬 수 있음을 확인하면서, 평생직장이 아니라 평생직업으로서 자기관리의 중요성이 확인되었다.

이 같은 자기 직업과 진로에 대해서 언급할 때에는 흔히 경력개발(Career Development)이라는 표현을 사용하곤 한다. 먼저 경력이란 한마디로 말하면 한 개인이 거쳐 온 일과 직업의 길을 의미한다. 그리고 경력개발이란 자신이 원하는 방향으로 계획하고 찾아가는 것을 말한다. 일반적으로 누구나 쉽게 할 수 있는 초보적인 일보다는 전문적인 일을 할 때에 많은 보상을 받는다. 하지만 전문적인 일의 경우는 오랜 숙련과 경력이 필요한 경우가 많다. 끊임없는 자기개발과 능력의 연마를 통해서만이 많은 이들이 선호하는 전문가의 반열에 올라갈 수가 있는 것이다. 바로 여기에서 경력개발의 중요성과 가치가 돋보인다. 현대사회의 경력관리의 중요성을 상승시킬 수 있는 방법은 다음과 같다.

1) 경력관리의 주체는 개인이다.

과거 성장주도의 대량생산 경제시대는 개인의 생산성이나 효율성이 전체 생산성에 흡수되어 덜 중요시되었으나, 요즈음 같은 디지털 시대에는 양보다는 질을 추구하므로 한 개개인의 성과나 능력이 조직 전체의 경쟁력 향상에 직접적 영향을 미치므로 효과적인 개인경력관리의 필요성이 더욱더 중요시된다.

2) 정보화 시대는 개인에게 다양한 직무수행능력을 요구한다.

구조조정이나 조기퇴출이 빈번한 기업 풍토 속에서 갑자기 본인에게 닥칠 줄 모르는 불행을 사전에 예방하고 성공적인 전직이나 재취업을 위해서는 평소에 본인의 실력과 능력함양은 물론 효과적인 Presentation Skill, 이력서 작성기법, 연봉협상 능력, 면접 시 유의사항 등에 대한 준비가 필요하다.

3) 본인의 경력관리에 도움이 되는 직장을 찾아야 한다.

기업이나 정부의 노력은 시간과 비용이 많이 들지만 지금 시점에서 가장 시급한 사안은 개인 스스로의 의식전환이다. 사회적 인지도가 높은 회사만을 무조건 선호할 것이 아니라 본인의 경력관리에 도움이 될 만한 회사를 선택해야 할 것이다. 왜냐하면, 어느 회사에 다니느냐보다는 무슨 일을 하고 있느냐가 미래에 당신의 몸값을 결정할 더욱 중요한 기준이기 때문이다.

4) 세계화 시대에 맞는 마인드와 실력이 필요하다.

IMF 관리체제 이전 청장년의 취업에 큰 기여를 해왔던 대기업 공채가 경력중심의 수시채용으로 전환되면서 외국기업에 대한 관심이 부쩍 높아지고, 디지털 혁명에 따른 기업의 세계화 추세에 맞추어 글로벌 스탠다드에 맞는 유연한 사고방식이나 성과급 인사제도의 이해, 해고에 대한 사전준비, 외국어 구사능력 향상은 필수 사항이다.

경쟁력 제고를 위한 체크 포인트로는 다음과 같은 사항이 있다.

1) 재취업 시 중요시되는 체크포인트

① 전직 후 담당해야 할 직무나 업무 성격, 의무나 책임의 한계, 보고채널, 같이 일할 동료나 상사, 회사가 본인에게 요구하는 성취목표, 급여 및 복리후생제도 등 제반 사항을 물어보아야 한다. 간혹 입사 시 본인이 담당해야 할 업무와 입사 후 본인이 수행할 업무가 틀려서 또다시 전직을 하게 되는 경우가 발생할 수 있다.

② 입사회사에 대하여 동종업계 평판, 전임자의 전직사유 등에 관하여 체크해야 한다. 특히 직원들이 자주 옮기는 회사는 문제가 있을 수도 있으므로 사전에 철저히 체크를 해야 한다. 그러나 모든 전직은 본인 스스로 결정하여 그 결과에 대하여 아무도 책임질 수 없으므로 신중히 결정하시되 주의할 점은 너무 안일한 접근 방법보다는 좀 더 적극적이고 도전적인 자세로 임해야 한다.

2) 자기 경쟁력 제고를 위한 제안

① 트렌드를 따르지 마라. - 트렌드는 이미 트렌드가 아니다

② 자신의 이력서를 자주 작성하라(한 장짜리 이력서는 버려라)

   - 끊임없는 자기관심

－ 준비된 자세: 장단점 파악이 용이

－ 자신의 상품성을 극대화하라

－ 항상 고용 가능한 상태로 만들자

③ 자신의 업무를 출발점으로 새로운 업무를 찾아라

－ 현재 자신의 업무는 내가 가장 잘할 수 있는 업무다.

－ 생소한 분야에 대한 도전은 시간관리에 마이너스 요인이다.

－ 적응도 120% 내에서 새로운 기회를 구하라.

④ 정보를 만들자

－ 정보는 책이나 인터넷에 있는 것이 아니라 사람에게 있다.

－ 사람들 속으로: 내가 속해 있는 분야의 인맥 / 내가 관심 있는 분야의 인맥

－ 참여할 수 없다면 스스로 만들어라.

⑤ 개인 브랜드 만들기

－ 목표를 설정하라

－ 가능성을 타진하라

－ 차별적인 마케팅 전략을 세워라: 홍보, 장단점 분석(SWOT), Needs 분석

⑥ 인생의 제무재표를 만들어라

－ 투자비용과 시간을 산정하고 회수 가능성 여부를 검토하라

[그림 Ⅶ-4] 경력개발의 5단계

1) 자기를 확인하라: 출발점의 확인 → 자신을 확인하기 위한 심리검사와 프로그램 이용

2) 정보를 수집하고 분석하라 → 주위의 모든 인맥과 전문가를 동원해서 필요한 정보를 수집

3) 목표를 설정하라 → 목표를 설정하면 성공 가능성이 배가

4) 경력개발 코스에 들어가라 → 시간을 투자해 교육과정과 자격증을 취득

5) 구체적인 Job Search → 새로운 업무에 대한 자신감

참고문헌

강순희. 정윤형(2001), "과거 실업경험은 현재 실업에 영향을 미치는가", 경제학 공동학술대회 / 한국노동경제학회 발표문.

강철희 · 김교성 · 김영범(2001), "적극적 노동시장정책의 실업 감소 효과에 관한 연구", 한국사회복지학 제45권 pp.7∼39.

경인지방노동청(2004a), 심층직업상담 사례집. 인천: 경인지방노동청

경인지방노동청(2004b), 심층직업상담 교육교재. 인천: 경인지방노동청

경인지방노동청(2004c), 직원 1인 1구직자 후견인제 심층상담 일지. 인천: 경인지방노동청

경인지방노동청(2005), 취업을 향한 새로운 도전. 인천: 경인지방노동청

경제협력개발기구. 1998.『THE OECD JOBS STUDY ― 증거와 설명 ―』

고혜원 외(2002), "인적 자원개발 및 평생직업교육훈련 국제동향 분석", 한국직업능력개발원.

구인회(2002), "빈곤층의 사회경제적 특성과 빈곤이행: 경제위기 이후의 시기를 중심으로"『한국사회복지학』, 통권 제48호. pp.119 – 149.

근로자직업능력개발법 · 근로자직업능력개발법 시행령 · 근로자직업능력개발법 시행규칙

금재호. 조준모(2000),『실업구조의 변화와 정책과제』, 한국노동연구원.

김만수(2004),『실업사회』, 갈무리.

김명언 · 노연희(1998), "실직자의 정서적, 인지적, 신체화 반응 및 대처 행동",『한국심리학회지: 일반』, 제17 – 1호, p.115.

김명언 · 장재윤 · 조성호 · 노연희(2003), "성취프로그램의 효과: 구직효능감 변화를 중심으로",『한국심리학회지: 산업과조직』, 제16 – 2호, p.181.

김병숙(2008),『직업상담심리학』, 서울: 시그마프레스

김봉환 · 정철영 · 김병석(2006),『학교진로상담』, 서울: 학지사

김성중 · 성제환(2002),『한국의 고용정책』, 한국노동연구원.

김성중 · 성제환(2005), 『한국의 고용정책』, 한국노동연구원.

김수곤 · 이주호(1989), 『인력개발과 고용정책, 노동경제 40년사』, 한국경영자총협회.

김승택 · 노상헌 · 신현구(2006), 『민간고용서비스 활성화 방안연구』, 한국노동연구원.

김영기. 박재규(2000), "IMF관리체계하에서 실직 가능성과 삶의 질 변화" 『보건과 사회과학』, 제6 · 7집, 통합호.

김유배(1994), "노동시장 변화와 인력수급관리", 대한상공회의소.

남재량(2006), "청년 니트의 실태와 결정요인 및 탈출요인 연구", 한국노동연구원

노대명 외(2002), 『저소득층 자활사업 실태조사』, 한국보건사회연구원.

_________ (2004), 『자활정책 · 지원제도 개선방안 연구』, 한국보건사회연구원, 한국노동연구원.

노동부 · 삼성경제연구소(2001), "근로자 직업훈련의 비전과 발전전략".

노동부(각 연도), "직업능력개발사업 현황".

노동부 · 삼성경제연구소(2001), "근로자 직업훈련의 비전과 발전전략".

노동부(2002a), 「희망을 만드는 사람들」(일지),

______ (2002b), 「희망을 만드는 사람들」(참고자료)

______ (2002c, 2003), 고용안정센터 컨설팅자료집(Ⅰ, Ⅱ)

______ (2005) 『고용보험10년사』

______ (2006) 『고용보험법령 연혁집』

______ (2007) 『노동부와 함께하는 중소기업인력 지원 사업』

______ (2007) 『실업급여수급자 재취업지원 및 실업인정 업무매뉴얼』

______ (2007) 『2008년도 취업지원민간위탁사업 추진계획』

______ (2007) 『사업주와 근로자의 든든한 동반자 고용안정사업』

______ (2008) 『2008년도 사회적일자리사업 시행지침』

______ (2008) 『실업급여 수급자를 위한 취업희망카드』

______ (2008) 『노동부 고용지원센터 2008년도 자활지원사업안내』

______ (2008) 『노동부고용보험법령집』

______ (2008) 『고용보험법 시행령 및 시행규칙 개정내용 설명자료』

노화준(2003), 『정책평가론』, 법문사

류진석(2004), "노동연계복지의 경향과 특징", 『사회복지연구』 제25권 pp.65~89.

박동현(2006), 삶의 위기로서의 실업과 일상생활의 재구성, 부산대학교 사회학 박사논문.

박동현(2007), "실업의 일상화에 따른 사회적 삶의 유형과 위기관리 전략의 재구성", 『사회연구』제2호 통권 제14호.

박동현 외(2007), 『미래, 미래사회』, 동아대학교 출판부

박재홍·유연숙(2006), "교육서비스품질이 서비스만족과 진로탐색행동에 미치는 영향", 이화여자대학교 경영연구소, 경영논총, 제27-2호, pp.33-61.

박찬임(2006), 『한국형 사회정책 모형연구』, 한국노동연구원.

박찬임·박성재·김화순·김종일(2007), 『취약계층 고용서비스 이용실태 및 서비스 강화방안』, 한국노동연구원.

방하남(1998), 『실업급여 수급자들의 급여수급 및 재취업 실태분석』, 한국노동연구원.

______ (1999), 『실업급여 수급자들의 급여수급 및 재취업 실태분석(Ⅱ)』, 한국노동연구원.

______ (2001), 『한국노동패널 기초분석보고서(Ⅳ)』, 한국노동연구원.

______ (2002), 『노동패널 기초분석보고서(Ⅳ)』, 한국노동연구원.

배무기(1989), 『노동경제학』, 경문사.

배무기(1981), 『일본의 고용정책과 한국경제에의 정책적 함의, 한국의 노사관계와 고용』, 경문사.

배민근. 송태정(2006), "사회경제고통지수로 본 삶의 고통".

부산지방노동청(2007), 『사회적 기업 육성법 안내』

______________(2007), 『부산경남 대학취업지원기능확충사업 안내』

______________(2008), 『기업에서 꼭 알아야 할 노동관계법 실무』

서상선(2002), 『한국직업훈련제도의 발자취: 제도화 과정에 얽힌 뒷이야기들을 중심으로』, 대한상공회의소.

심윤종 외(1992). 『산업사회학』, 경문사.

유홍준(2000), "경제위기가 직업세계 및 일상생활의 사회적 관계에 미친 영향", 『비교사회』, 제3호.

오성욱·김동섭·서호원(2002), 『직업안정법 해설』, 중앙경제사.

오성욱·이승구(2008), 청년구직자의 구행행동 특성과 취업의사결정 유형에 관한 연구. 한국진로교육연구. 21(1). 167-189. 한국진로교육학회.

오성욱·이승구(2008), 구직자의 고용가능성 요인 탐색 및 취업효과측정에 관한 연구 -

인천지역고용지원센터를 중심으로-. 진로교육연구 21(3). 87-104 한국진로교육학회

우성진·신용수(2001), 『직업상담의 이론과 실무』, 서울: 홍익출판사.

이승구·이제경(2008), 한국대학생의 취업목표에 따른 취업준비행동 및 첫 직장 만족도 차이. 진로교육연구. 21(3). 1-26 한국진로교육학회

이기성(2002), 『인적 자원 개발과 평생직업교육훈련 국제동향 분석』, 한국직업능력개발원.

이병렬(1999), 『스웨덴·영국·미국의 빈곤정책 비교연구』, 고려대학교 대학원 박사학위논문.

이병희(2000), "반복실업과 실업의 장기화", 『노동경제론집』제23권. 한국노동경제학회.

이우관(2002), "선진산업국의 실업구조와 특징", 『직업과 노동의 세계』, 박영사.

이원덕(2003), 『한국의 노동』, 한국노동연구원.

이장호(1995), 『상담심리학』, 서울: 전영사.

이장호·금명자(1992), 『상담연습교본』, 서울: 법문사.

이제경·이승구(2007), 취업청소년의 진로기대 및 취업준비행동. 한국진로교육연구. 20(3). 121 – 137. 한국진로교육학회.

임석준(2004), "세계화와 고용불안정성의 시대", 『당대비평』제26호.

장홍근(2000), 『공공직업안정기관의 취업알선, 직업상담 실태와 효과분석』, 노동부.

장홍근 외(2003), 『전환기의 직업훈련체제 재정립』, 한국직업능력개발원.

전기호(1983), 『노동경제학』, 무역경영사.

정무권(1994), "적극적노동시장정책의 정치경제: 한국에서의 제도적 정착을 위한 모색", 『한국정책학회보』제7권 제3호, pp.121～157.

정연택(1997), 직업안정기관의 국제 비교 연구, 한국노동연구원 고용보험연구센터.

정인수(2003), "실업구조와 실업대책", 『한국의 노동 1987～2002』, 한국노동연구원.

조우현(1998), 『노동경제학 – 이론과 개혁정책』, 법문사.

최경수(2001), 『노동시장 유연화의 고용효과 분석』, 한국개발연구원.

최대식(2000), 『피구의 실업이론 연구』, 문영사.

최동선(2003), 대학생의진로탐색행동과동기요인및애착의관계분석. 서울대학교 박사학위논문.

최일섭. 조성희(2000), 『실업과 가족해체』, 집문당.

최종태(1982), 현대노사관계론, 경문사.

한국직업능력개발원(1999). 주요 국가의 직업교육훈련 동향.

한국고용정보원(2005. 8.). HRD－Net DB.

홍경준(1997), 복지국가의 유형에 관한 질적 비교분석: 개입주의, 자유주의 그리고 유교주의 복지국가, 한국사회복지학, 제38호, pp.309～335.

日本 勞働省(2002), "職業能力開發政策の方向と槪要".

21st Century Committee(2002). "A Nation of Opportunity: Building America's 21st Century Workforce".

Aplelbaum, S. H. and A. Hare(1996), "Self－efficacy as a mediator of goal setting and performance: Some human resource applications", Journal of Managerial Psychology, Vol.11, No.3, p.33.

Bandura. A.(1978), "Self－efficacy: Toward a unifying theory of behavioral change", Psychological Review, Vol.84, pp.191－215.

Bandura, A.(1977), Social learning theory, Englewood Cliffs, NJ: Prentice－Hall. pp.25－35.

Bandura, A.(1982), "Self－efficacy: Mechanism in human agency", American Psychologist, Vol.37, pp.122－147.

Bandura, A.(1986), Social foundations of thought and action, A social cognitive theory, Englewood Cliffs, NJ:Prentice－Hall, p.23.

Bandura, A. and R. Wood(1989), "Social cognitive theory of organizational management", Academy of Management Review, Vol.14, p.361－384.

Bandura, A.(1997), Self－efficacy: The exercise of control, New York: W. H. Freeman and company, pp.15－25.

Bandura, A.(1989), "Regulation of Cognitive Processes through Perceived Self－Efficacy." Developmental Psychology, September, pp.729－735.

Bandura, A.(1990). Mechanisms of moral disengagement. In W. Reich Ed. Origins of terrorism: Psychologies, ideologies, theologies, and states of mind, Cambridge, England: Cambridge University Press, pp.161－191.

Bean. C.R.(1997). "The Role of Demand management policies in Reducing

Unemployment", *Unemployment Policy*: Government Option for the Labour Market, CEPR Conference Volume, Cambridge University Press.

Bowles S. & Gintis H.(1987) "Democracy and Capitalism", New York, Basic Books.

Braverman, H.(1974) Labor and Monopoly Capital, Monthly Review Press.

Callan T., J. Walsh & K. Coleman(2006) Exploring Tax and Welfare Policy Otions: Model Based Analyses, Policy Research, Series, Dublin: ESRI.

Caplan, R., A. D. Vinokur, R. H. Price and M. Van Ryn(1989), "Job seeking, reemployment and mental health: A randomized field experiment in coping with job loss", Journal of Applied psychology, Vol.74, p.759.

CBI(Confederation of British Industry)(1999), Making Employability Work: An Agenda for Acton, London: CBI.

Ciulla. J.B.(2000). *The Working Life.* 안재진 옮김. 2005, 『일의 발견』. 다우.

CLFDB(Candian Labour Force Development Board)(1994), Putting the pieces together: towards a coherent transition system for canada's labour force. Ottawa: Canadian Labour force Development Board.

Cobb, S, "Social Support and Health Through the Life Coursd", In Matilda W.Riley(ed.), *Aging from Birth to Death: Interdisciplinary Perspectives,* Boulder: Westview Press.(1979), pp.93~106.

Corcoran. M & Hill. M.S,(1985). "Reoccurrence of Unemployment among Adult Men". *Journal of Human Resources.* XX, 2

Crundall I, Foddy M.(1981) "Vicarious exposure to a task as a basis of evaluative competence" Social Psychology. Quarterly Vol.44, pp.331 – 338.

Donkin. R.(2001). *Blood Sweat & Tears.* 박정현 옮김. 2005. 『피 땀 눈물』. 바다출판사.

Duncan G. Catherine Marsh, Carolyn Vogler.(1994), *Social Change and the Experience of Unemployment.* Oxford University Press.

Eden, D., and A. Aviram(1993), "Self – efficacy training to speed reemployment: Helping people to help themselves", Journal of Applied Psychology, Vol.78, p.352.

Elster. J.(1986). *Rational Choice.* 김성철 외 옮김.(1993). 『합리적 선택』, 신유.

Esping－Andersen, G.(1990), The three worlds of welfare capitalism, Princeton, NJ: Princeton University Press.

European Foundation for the Improvement of Living and Working Conditions(2005). Impact of training on people's employment. http://www.workforce21.org.

Feltz, D. L. and C. A. Riessinger(1990), "Effects of in vivo emotive imagery and performance feedback on self－efficacy and muscular endurance", Journal of Sport & Exercise Psychology, Vol.12, pp.132－143.

Finn, D.(2000) From full employment to full employablity: a new deal for Britain's unemployed?, International Journal of Manpower, 21, 384－399.

Fugate Mel, Angelo J. Kinichi, and Blake E. Ashforth(2004), "Employability: A psycho－social construct, its dimensions, and applications", Journal of Vocational Behavior, Vol.65, pp.14－38.

Gazier, B.(2001), Employability: the complexity of a policy notion, in: P. Weinert, M. Baukens, P. Bollerot et al.(Eds) Employability: From Theory to Practice, pp.3～23. New Brunswick, NJ: Transaction Books.

Gould, D. & M. Weiss(1981), "The effects of model similarity and model talk on self－efficacy and muscular endurance", Journal of sport Psychology. Vol.3, pp.17－29.

Gist, M E. & Mitchell, T. R.(1992) "Self－efficacy, A Theoretical Analysis of its determinants and malleability", Academy of Management Review, Vol.12, p.472.

Groot Wim and Henriette Maassen van Den Brink(2000), "Education, training, and employability", Applied Economics, pp.573－581.

Hillage, J. & Pollard, E.(1998), "Employability: developing a framework for policy analysis", Research Brief 85, Department for Education and Employment.

Jahoda.M, Lazasfeld.P.F, Zeisel.H.(1960). *Die Arbeitslosen Von Marienthal*. Allensbach und Bonn. 이홍탁 역(1983). 『마리엔탈의 실업자들』, 탐구당.

Jones, G. R.(1986), "Socialization tactics, Self－efficacy, and newcomers' adjustments to organizations", Academy of Management Journal, Vol.29. No.2, p.262.

Jordaan, J. P.(1963). Exploratory behavior: the formation of self and occupational self. In D. E. Super, R. Statishersky, N. Mattin, and J. P. Jordaan(Eds.), Career development: Self−concept theory(pp.42−78). New York: College Entrance Examination Board..

Kahn, R. L., "Aging and Social Support", In Matilda W. Riley(ed.), *Aging from Birth to Death: Interdisciplinary Perspectives,* Boulder: Westview Press(1979), pp.77−91.

Kai Erikson and Steven Peter Vallas.(1999). *The Nature of Work: Sociological Perspectives.* YALE University Press New Haven and London

Kanfer, R., and C. L. Hulin(1985), "Individuals Differences in Successful Job searchs Following lay−off", Personnel Psychology, Vol.38, p.835.

Keep. E.(2002). "The English Vocational Education and Training Policy Debate− Fragile 'Technologies' or Opening the 'Black Box': Two competing visions of where we go next", Journal of Education and Work, 15, pp.457−479.

Keynes.J.M.(1936). *The General Theory of Employment, Interest and Money,* Macmillan

Kildal, N.,(2001), "Workfare Tendencies in Scandinavian Welfare Policies", ILO Working Paper, February, Geneva.

Lampert, H.(1994) Sozialpolitik, 윤여덕 역, 사회정책론, 서울: 민영사.

Lister, R(2001). Work for those who can, security for those who cannot: a Third Way in social security reform or fractured social citizenship? in: R. Edwards and J. Glover(eds) Risk and Citizenship: Key Issues in Welfare, 96−115. London: Routledge.

McQuaid & Lindsay(2005). "The Concept of Employability", Urban Studies, 42(2), pp.197−219.

Morris. L.(1990). *The Workings of the Household.* Polity Press.

OECD(1994) Job Study :Facts, Analysis, Strategies, Paris. OECD.

Pfeffer, J.(1998). Human equation, 휴먼 이퀘이션, 윤세준, 박상언 역, 서울: 지샘.

Ryn, M. V., and A. D. Vinokur(1992), "How Dit it Work? An examination of the mechanic thorough which an intervention for the unemployed promoted job−

search behavior". American Journal of Community Psychology, Vol.20, No.5, p.577.

Riffkin. J.(1996). *The End of Work.* 이영호 옮김. 『노동의 종말』. 민음사.

Ruthman. R.(1987). *Working, Sociological Perspectives.* New Jersey, Prentice Hall.

Schunk, D. H.(1989), "Self-efficacy and achievement behavior", Educational Psychology Review. Vol.1, pp.173-208.

Sinclair. P.(1987). *Unemployment.* Basil Blackwell

Torfing J.(1999), Workfare with welfare: recent reforms in the Danish welfare state, Journal of European Social Policy, Vol.1. pp.5~28.

UNDP.(1994). *Human Development Report,* New York: Oxford University Press.

Wanberg, C. R.,J. Watt and D. J. Rumsey(1996), "Individuals without jobs: An empirical study of job-seeking behavior and reemployment", Journal of Applied Psychology, Vol.81, No.1, p.76.

Wim Groot and Henriette Maassen van Den Brink(2000), "Education, training, and employability", Applied Economics, pp.573-581.

WHO Regional Office for Europe, 1983, Summary Report from Workshop on *Health Policy in Relation to Unemployment in the Community,* ICP / RPD 804-3

김수원　강원대학교 경영학박사
　　　　現 한국직업능력개발원 부연구위원
　　　　"중·고령자 능력개발을 위한 제2의 인생설계 지원프로그램 연구"
　　　　"현장훈련실시 현황 분석 및 활성화 방안" 등

박동현　부산대학교 사회학박사
　　　　現 동아대, 부산대 출강
　　　　"실업의 일상화에 따른 사회적 삶의 유형과 위기관리 전략의 재구성"
　　　　"미래, 미래사회" 등

오성욱　경기대학교 경영학박사
　　　　現 한국고용정보원 부연구위원
　　　　"고용서비스품질"
　　　　"구직서비스 유형별 취업효과 평가 연구" 등

이승구　한국기술교육대학교 테크노인력개발대학원 박사과정 수료
　　　　現 노동부 부천종합고용지원센터 직업진로지원팀장
　　　　"진로탐색과 생애설계"
　　　　"심층직업상담 매뉴얼(노동부)" 등

한태욱　동아대학교 정책과학대학원 사회복지학석사
　　　　사회복지사 1급, 직업상담사 2급
　　　　現 노동부 부산북부종합고용지원센터 취업지원2팀장
　　　　"취업대상자의 자활지원서비스에 관한 연구" 등

고용복지론

초판인쇄 | 2008년 12월 31일
초판발행 | 2008년 12월 31일

지은이 | 박동현 외
펴낸이 | 채종준
펴낸곳 | 한국학술정보㈜
주　소 | 경기도 파주시 교하읍 문발리 513-5 파주출판문화정보산업단지
전　화 | 031) 908-3181(대표)
팩　스 | 031) 908-3189
홈페이지 | http://www.kstudy.com
E-mail | 출판사업부　publish@kstudy.com

등　록 | 제일사 115호(2000. 6. 19)
가　격 | 30,000원

ISBN　978-89-534-0705-3 93000 (Paper Book)
　　　　978-89-534-1710-6 98330 (e-Book)